韓国政治・社会における地域主義

森 康郎
Mori Yasurou

社会評論社

本書を母マリア・ヘレナ森柳子に捧げる

はじめに

　大韓民国は1987年に民主化を成し遂げ第6共和国を成立させた。建国以来はじめて政変によらずに民主的な選挙により政権交代を実現したのである。民主化以降2007年までに合計5回の大統領選挙が実施され、国会議員選挙は2008年に実施された第18代国会議員総選挙を含め合計6回の国会議員選挙を実施してきた。この間に地方選挙も実施されている。これらの全ての選挙において表出した有権者の特異な投票行動は、韓国政治学の分野で「地域主義」と表現されている。本書は、韓国政治における重要な論点である「地域主義」の現象を政治意識調査結果の分析を通して解明することにある。

　大統領選挙、国会議員選挙、地方選挙など本来的には選挙の性格、選挙時点での政治状況などが異なっているのであるから有権者は同じ投票行動をとる必然性はないはずである。しかし、民主化以降に実施された各種選挙において同様の地域偏在化現象を確認できる。すなわち、特定の地域を支持基盤とする政党が各種選挙で排他的に支持を集めるという現象を把握することができるのである。このことは韓国政治の未成熟を示すものであるとか、韓国政治文化の後進性を象徴するものであると論じられることがある。しかし、否定的に論じられることが多い中で、「地域主義」を韓国独自の政治文化であるとして肯定的に把握する作業もあってよいと考える。本書では、「地域主義」を否定的に把握するのではなく、韓国の政治文化に起因する必然的な現象であると理解している。政治意識調査の結果からは、経済的な地域格差が原因であると考える有権者が多いことは確かであるが、調査結果を詳細に検討して見ると、その背景に韓国人の社会的性格としての競争性が内包していることに気づく。

「地域主義」に関する先行研究は、「地域主義」の原因を様々な静態的要因に根拠を求めようと努力しているが、本書では有権者の投票行動を動力学的に把握し、ある種の化学反応のような動力学的なモデルとして理解するべきであると主張している。「地域主義」の内実は化学反応における活性化エネルギーのように把握することが問題の本質の解明に役立つと考える。有権者個々人の様々な価値判断のベクトル和として表出するものが有権者の投票行動である。したがって、個人の価値判断を外形的に把握するためのツールが必要となってくる。本書では、「우리（ウリ）共同体」意識という新たな用語を提示し、これから派生してくる特徴的な社会的性格を抽出している。韓国人の社会的性格に関しては、内容の多くが先学の研究成果に頼っていることを述べておかなければならない。しかし、その多くは先学の方々により指摘されている次元も多く含まれているが、若干の独自性も提起できたと考えている。

　次に、今回実施した政治意識調査について述べなければならない。韓国においては「地域主義」の問題は社会的に敏感な問題として把握されており、韓国人研究者が全国的な規模での「地域主義」に関する政治意識調査を実施することは困難であるとの指摘を韓国人研究者から以前より何度となく耳にしてきた。このような理由からか、韓国政治において極めて重要な問題であるにも拘らず、全国規模で実施された社会調査はほとんどない。したがって、今回実施した政治意識調査は意義のあるものであると考える

　政治意識調査の具体的な内容に関しては、序章の第3節に詳しく述べてあるので実施の詳細は該当部分を参照していただきたい。2010年5月に「地域主義」に関する政治意識調査を全国規模で実施したが、この政治意識調査は実施より1年ほど前から企画し様々な困難を克服して実現に至ったものである。先行研究の中では全国規模で実施した政治意識調査は最近では皆無といってよく、社会調査に基づいて議論を進めている研究も限定された範囲でのみ行われた結果を利用したもので分析にも限界がある。この点を韓国の政府高官や研究者に質問すると、韓国国内においては「地域主義」の問題は非常にデリケートな側面を抱えており、全国規模で「地域主義」を正面から捉えた社会調査は困

難であるとの返事が一様に返ってきた。もちろん、政治状況の変化に伴い今後は実施される可能性は否定できないが、現時点においては皆無であると評価して差し支えない。この点において、本書の結果は「地域主義」の研究に若干でも貢献できるものであると内心自負している。

調査の企画は、実施時期より1年ほど前から段階的に計画を進め、実際に面接調査を実施したのは2010年5月1日から5月28日までの約1ヶ月である。この時期を設定したのは、2010年6月2日に統一地方選挙が実施されることになっていたので、マスコミなどの世論調査とどのような差異が生ずるのかに関しても検証を試みる目的を持っていたからである。最近の世論調査はコンピューターを利用した電話による世論調査が主流を成しているが、その信憑性には疑問があることが指摘されている。今回の調査は、経験豊富な面接員が直接に訪問して面談の上で質問事項を読み上げ、調査員が調査用紙に記入するという方法を採用した。事前の打ち合わせの中で、経費は膨大にかかるがこの方法が最も信頼性が高いという結論に達し、個別面接調査を採用した。調査実施機関は、韓国において政治意識調査や市場調査で実績のあるマクロゲイト社(本社所在地：ソウル特別市永登浦区汝矣島洞14－32)に依頼した。

次に、本書の構成に関しては序章の第4節に述べてあるので参考にしていただくとして、要点だけを記しておくことにする。第1章では憲法改正を軸として統治制度の変遷に関して分析を加えた。「地域主義」の本質は、韓国人の社会的性格である競争性に起因するものであるが、競争性を強化している要因として統治制度の問題を無視することはできない。このことは今回の政治意識調査からも裏づけられる。大統領制度と選挙制度に内包する競争性を強化する要因も決して無視することはできない。韓国は制憲憲法を制定してから現在までに9次にわたる憲法改正を行っているが、そのほとんど全てが統治制度及び選挙制度に関するものであり、世界各国の事例を見ても極めて特徴的である。もちろん、憲法改正は権力者の権力維持のための恣意的なものではあるが、国民もそれを是認している現実があることを忘れてはならない。本文の中でも引用しているが、韓国人の性向として権威主義的な傾向が強いことが調査結果から

も指摘されている。すなわち、韓国人は権力集中を比較的に許容しているといえ、この権威主義的性向は上昇志向性と関連をもち、さらには競争性を強化して分派性と結びつくのである。

　第2章と第3章においては、建国以来の大統領選挙と国会議員選挙の結果分析から「地域主義」の問題に検討を加えている。通説的には民主化以降になって「地域主義」が表出すると評価されているが、民主化以前の権威主義政権時代にも地域主義的な現象は発見できる。これをどのように解釈するかが課題である。例えば、1971年の大統領選挙の結果分析の解釈の仕方で「地域主義」の解釈も異なってくる。この大統領選挙の際の有権者の投票行動に対して地域主義的な傾向を積極的に評価するならば、従来とは異なった解釈も成立する余地がある。さらに、2002年に実施された大統領選挙において、嶺南地域出身者である盧武鉉が湖南地域において圧倒的な勝利を収めることができたかの理由については、歴史的に形成されてきた嶺南地域と湖南地域の地域葛藤の問題としては単純に割り切れない。そこには、金大中の神話的覇権主義の影を考慮しなければならないのではないだろうか。すなわち、盧武鉉を湖南地域の「우리（ウリ）共同体」の中に包摂する要因があったはずである。第2章と第3章において、全ての大統領選挙と国会議員選挙の選挙結果の分析をあらためて検証しているのは、以上のような観点を解説する目的を持っている。

　第4章と第5章においては、今回実施した政治意識調査の分析を通して「地域主義」の要因分析を行っている。この部分が本書の特徴であるといってよく、政治意識調査の結果は「地域主義」を多元的に解釈するべきであることを示唆している。政治意識調査の結果に多角的な分析を加えると、経済的な地域格差、政治家の地域葛藤への煽動、地域住民の相手側に対する否定的意識などが「地域主義」の原因であると有権者は考えていることがわかる。すなわち、「地域主義」の原因を単一の要因に限定して考えることは妥当ではなく様々な要因が複雑に交錯した多様体を形成しているといえる。したがって、要因分析を通して考えられることは、様々な要因がどのような相関関係を持っているのかという点に注目するならば、動力学的なモデルとして理解するべきであることを

示唆しているといえる。そこで、第6章においてはモデルの提示を試論的に行った。

第6章では、先行研究の言説を辿ることにより、政治意識調査の結果を踏まえながらその限界を指摘しつつ「地域主義」の発生メカニズムに関して考察を加えている。「地域主義」の原因を静態的な要因に求めることには限界があり、伝統的に形成されてきた地域葛藤を背景に韓国人の社会的性格である競争性が作用して有権者の特異な投票行動が表出したと考えるべきである。

韓国人の社会的性格を分析するにあたり、韓国社会を「우리（ウリ）共同体」構造と表現し、そこに内在する韓国人の社会的性格を抽出している。特に第5節において、「地域主義」の表出を動力学的なモデルとして把握し、本書の展開を踏まえて表出メカニズムを試論的に提示した。すなわち、地縁、血縁、学閥、姓貫などの社会学的変数は「우리（ウリ）共同体」を形成する触媒機能をはたし、多元的な「우리（ウリ）共同体」の多重構造は平衡状態を維持している。ところが、特定の問題解決のために平衡状態がバランスを失い地域帰属意識が喚起されることがある。すなわち、地域が利害の当事者となる場合には地域帰属意識が強化され地域主義表出エネルギーとして蓄積されるのである。すなわち、先行研究が発掘したような単一の要因に「地域主義」の根拠を求めるべきではなく、先行研究の指摘する要因は地域主義表出エネルギーを強化する役割を担っていると考えられる。本質的には、「地域主義」とは韓国人の社会的性格の断面である競争性の発露と考えて差し支えない。すなわち、地域の利害関係が強く作用する場合には「地域主義」は強化されるであろうし、地域の利害関係に勝る課題が登場する場合には「地域主義」は弱化すると考えられる。

韓国政治・社会における地域主義

目次

はじめに……3

序章 ────────────────────── 13
　第1節　問題の所在………13
　　⑴ 問題意識／13
　　⑵ 韓国の「地域主義」の歴史的背景／15
　第2節　「地域主義」に関する先行研究………19
　第3節　本書の研究方法と意義………26
　　⑴ 本書の研究方法／26
　　⑵ 政治意識調査の概要／27
　第4節　本書の構成………30

第1章　大韓民国の成立と統治体制の変遷 ────── 35
　第1節　統治体制の構築と憲法の役割………35
　第2節　大韓民国憲法の制定過程………38
　第3節　混乱期の文民政権下での憲法改正………41
　　⑴ 第1次憲法改正（1952年7月7日）／41
　　⑵ 第2次憲法改正（1954年11月29日）／45
　　⑶ 第3次憲法改正（1960年6月15日）／47
　　⑷ 第4次憲法改正（1960年11月29日）／50
　第4節　経済発展期の軍事政権下での憲法改正………51
　　⑴ 第5次憲法改正（1962年12月26日）／51
　　⑵ 第6次憲法改正（1969年10月21日）／53
　　⑶ 第7次憲法改正（1972年12月17日）／55
　　⑷ 第8次憲法改正（1980年10月27日）／58
　　⑸ 第9次憲法改正（1987年10月29日）／60

第2章　大統領選挙と「地域主義」 ──────── 63
　第1節　権威主義政権時代の「地域主義」の形態………63
　第2節　第13代～第15代大統領選挙と「地域主義」の形態………74

(1) 第13代大統領選挙と「地域主義」の検討／74
　　(2) 第14代大統領選挙と「地域主義」の検討／75
　　(3) 第15代大統領選挙と「地域主義」の検討／77
　第3節　第16代大統領選挙と「地域主義」の形態………79
　第4節　第17代大統領選挙と「地域主義」の形態………87

第3章　国会議員総選挙と「地域主義」―――― 93
　第1節　権威主義政権時代の国会議員総選挙………93
　　(1) 第1代国会議員総選挙と「地域主義」／93
　　(2) 第2代国会議員総選挙と「地域主義」／94
　　(3) 第3代国会議員総選挙と「地域主義」／95
　　(4) 第4代国会議員総選挙と「地域主義」／96
　　(5) 第5代国会議員総選挙と「地域主義」／98
　　(6) 第6代国会議員総選挙と「地域主義」／99
　　(7) 第7代国会議員総選挙と「地域主義」／101
　　(8) 第8代国会議員総選挙と「地域主義」／102
　　(9) 第9代国会議員総選挙と「地域主義」／104
　　(10) 第10代国会議員総選挙と「地域主義」／106
　　(11) 第11代国会議員総選挙と「地域主義」／107
　　(12) 第12代国会議員総選挙と「地域主義」／109
　第2節　民主化以降の「地域主義」………110
　　(1) 第13代国会議員総選挙と「地域主義」／110
　　(2) 第14代国会議員総選挙と「地域主義」／113
　　(3) 第15代国会議員総選挙と「地域主義」／115
　　(4) 第16代国会議員総選挙と「地域主義」／117
　　(5) 第17代国会議員総選挙と「地域主義」／120
　　(6) 第18代国会議員総選挙と「地域主義」／123
　第3節　国会議員選挙と「地域主義」………125

第4章　「地域主義」の政治経済的要因―――― 129
　第1節　「地域主義」の経済的要因………129

第2節　「地域主義」の政治的要因………139

第5章　「地域主義」の社会文化的要因 ──────── 165
　　　第1節　「地域主義」と社会文化的要因……165
　　　第2節　「地域主義」と韓国の政治文化……191
　　　　⑴　文化と市民意識／192
　　　　⑵　政治と市民意識／195
　　　　⑶　「地域主義」と韓国特有の政治文化理論／199
　　　第3節　「우리（ウリ）共同体」の概念と構造……201
　　　第4節　競争社会と「우리（ウリ）共同体」……210

第6章　韓国政治における「地域主義」の特徴と課題 ──── 217
　　　第1節　韓国の「地域主義」研究の言説と課題……217
　　　　⑴　地域間の経済格差と「地域主義」／217
　　　　⑵　歴史的な地域葛藤と「地域主義」／229
　　　　⑶　偏在的な人材登用と「地域主義」／231
　　　第2節　統治制度と「地域主義」
　　　　　　──法制度的要因分析の視点を踏まえて……236
　　　第3節　民主化闘争と「地域主義」……245
　　　第4節　韓国社会の「地域主義」の固定化
　　　　　　──政治意識調査の分析を踏まえて……248
　　　第5節　韓国政治と「地域主義」の構図……259

終章 ──────────────────────────── 269

注……275
参考文献……295

あとがき……313

序章

第1節　問題の所在

(1) 問題意識

　大韓民国は1987年の6・29民主化宣言を受け、第9次憲法改正を実施し大統領直接選挙制を採用した。同年12月の大統領選挙において盧泰愚が当選し、翌年2月25日に第13代大韓民国大統領に就任して第6共和国が成立した。建国以来はじめて政変によらずに民主的な選挙により政権交代が実現し、第6共和国成立以後2007年に実施された第17代大統領選挙までの20年間に韓国国民は5人の大統領を民主的な選挙によって選出してきた。2007年12月19日には第17代大統領選挙が実施され、ハンナラ党の李明博が圧倒的な勝利を収め2008年2月25日に第17代大韓民国大統領に就任した。第17代大統領選挙に至るまでの韓国の政治体制の変化の中で、特に民主化以降の韓国政治を大きく規定してきた要因に地域対立・地域葛藤の問題がある。大統領選挙、国会議員選挙、地方選挙など本来的には選挙の性格や争点も異なることから有権者は同じ投票行動をとる必然性はないはずである。しかし、韓国の民主化以降の各種選挙における有権者の投票行動には同一の地域偏在化現象を把握することができる。

　人間社会において対立や葛藤は日常茶飯事の出来事である。しかし、人間生活を左右する政治の場においては人間の対立や葛藤は少し意味合いが異なる。なぜならば、政治領域における人々の対立や葛藤は国民生活に重大な影響を与

えるからである。政治領域における対立や葛藤が単に政策や思想が異なる政治家同士の問題に局限化していれば他の国々の政治状況と特に異なる点はない。しかし、韓国の場合はこの対立や葛藤が地域単位で発生し、しかもこの対立が民主化以降から第17代大統領選挙に至るまで有権者の投票行動を規定してきた。これは、政治学の領域では「地域主義」と呼ばれている。「地域主義」の概念は解放以降の韓国政治を論じる上で最も重要な概念であり、今日まで有権者の選挙行動に大きな影響を与えている要素であると把握されている。実際、選挙に関する多くの研究においても韓国の民主化以降の選挙において有権者の投票行動を大きく規定してきたのは「地域主義」であったと一般に評価されている。[1]要するに、「地域主義」という用語は韓国政治において特有の意味で用いられ「特定の地域を排他的な支持基盤とした政党が選挙で当該地域出身者の票を集める構図」のことを意味する。[2]「地域主義」は理念や政策とかなりの距離を置いて表出するもので、韓国政治文化の後進性を象徴するものであると従来から考えられてきた。[3]

　詳しくいえば、韓国政治は「地域主義」を特徴とする政党で構成されてきたという歴史的経緯がある。朝鮮半島東南部である釜山広域市、大邱広域市、蔚山広域市、慶尚北道、慶尚南道からなる嶺南地域を支持基盤とする嶺南政党、朝鮮半島西南部である光州広域市、全羅北道、全羅南道からなる湖南地域を支持基盤とする湖南政党、朝鮮半島中南部の大田広域市、忠清北道、忠清南道を支持基盤とする忠清政党である。この3政党が民主化以降の韓国政治を左右し有権者の投票行動を規定してきた。すなわち、嶺南地域の居住者・出身者は嶺南政党を基本的に支持し、湖南地域では湖南政党が絶対的な支持を集めるという構図が民主化以降の全ての選挙で表出したのである。つまり、「地域主義」は韓国の有権者が選挙の時、投票行動において最も重要な判断材料として機能してきたと理解できる。したがって、「地域主義」の内実を分析することなしには韓国政治の本質を理解することは困難である。本書では、韓国政治において重要な意味をもつ「地域主義」の実態を市民の意識調査に基づいて把握することにより韓国の「地域主義」の要因を探ることを目的とする。特に、本書は

既存の「地域主義」に関する先行研究が経済、歴史、文化的要因という3つの領域で個別に論及されてきた現実を踏まえ、これを克服するために「地域主義」に関する意識調査という実証的研究を通じて「地域主義」の要因を把握し分析することを試みる。その前提として次項においては「地域主義」が論じられるようになった歴史的背景を概括的に検討する。その後、次の第2節において韓国の「地域主義」に関する先行研究の動向と問題点を把握する。

(2) 韓国の「地域主義」の歴史的背景

前述したように、韓国社会の対立を助長してきた「地域主義」の要因を把握することは、韓国特有の政治経済と社会文化の特徴を理解する上で重要な課題であると思われる。ただし、本書は戦後の韓国政治の現場で表出した「地域主義」を意識調査に基づいて検討することを本来の目的としているため、それ以前の時代において「地域主義」がどのように戦後の「地域主義」と関連しているのかを把握することは直接の課題ではない。したがって、「地域主義」に関する韓国学界の先行研究の内容を具体的に検討する前に本書の理解に必要な限りで「地域主義」の歴史的背景について考察したいと思う。

政治学の領域で議論される「地域主義」の概念をみると、「地域主義」とは特定の実態を伴うイデオロギーを意味するものではなく特定地域間の地域対立を慣用的に呼び習わしているものとして理解されている。具体的にいえば、韓国の「地域主義」も嶺南地域と湖南地域の間の地域葛藤をイデオロギー的対立ではなく両地域の地域対立を表現する慣習的用語として捉えられていると思われる。それでは、韓国の「地域主義」を代表する嶺南地域と湖南地域の間の地域葛藤の源流をいつの時点に求めるべきであろうか。韓国における学界の通説は、「地域主義」の源流を高麗時代の『訓要十條』に根拠を求めている。『訓要十條』とは高麗の太祖王建が建国の時に後世に残した指針である。王建は『訓要十條』の第八條において、「地域主義」と関連する記述として、車嶺山脈以南の地域を反逆の地と規定して湖南人の登用を制限するようにと言い残してい

る。このように王建が百済の故地である湖南地域の人々の登用を制約した理由は、高麗が全国を統一する過程における、高麗や新羅に対する百済の恨みは深刻であり、百済の政治的基盤であった湖南地域は反乱を起す可能性が高いので注意を怠るべきではないと思ったからである。すなわち、嶺南地域と湖南地域の間の地域対立を示唆する記述が『訓要十條』の中に存在したために韓国の学界ではこの時期を「地域主義」の源流として捉えるようになったのである。

　韓国の学界の通説を辿って地域対立を指摘する時代を把握すると、朝鮮王朝時代の政治思想を支配した朱子学をめぐる地域間の対立がある。朝鮮王朝は建国当初から朱子学を統治理念として定めていた。しかし、政治的支配権をめぐる党派の対立が深刻化する中で、朱子学者も李滉の流れを汲む主理派と李珥の流れを汲む主気派に分かれ対立するようになった。主理派は嶺南地域を中心とする学派を形成した一方、主気派は畿湖学派として湖南地域を中心に形成された。要するに、地縁血縁により学説が固定化され党争の遠因を醸成することになったのである。その中で、党派抗争の象徴的な事件である己丑獄事以降、その事件を首謀した湖南地域（全羅道）出身者の登用を極端に制限する事態を招来したのである。その後、1592年4月に起こった豊臣秀吉による朝鮮侵略を機に嶺南地域と湖南地域の間の地域対立を反映する論争が勃発する。具体的にいえば、豊臣秀吉の朝鮮侵略に関する情勢判断の過ちを追及する政治闘争であった。湖南地域に基盤をおいた西人派の李珥は10万人の軍隊を養成する国防の必要性を説いたが、嶺南地域に基盤をおいていた東人派が平和に波風を立てるものだとして排撃し異なる主張を述べていた。その時、東人派の通信使副使は対日安心論を展開し反対派の意見を圧殺したのである。朝鮮王朝時代の党派争いは国難の状況下であっても妥協をすることはなく、自派の保全が最重要課題であり、その結果として国家の存亡を左右する危機に直面することになった。この時期の地域間の対立は朝鮮時代の地域対立を象徴する事件として捉えられている。

　その後、朝鮮時代後期に入り地域間抗争の根源的な原因となっていた支配階級である両班の数が過剰に増加する現象が現われた。本来、官吏登用試験であ

る科挙に合格することは自分自身の出世のためにも必要不可欠の条件であったが、自分が所属する一門の繁栄にとっても重要であった。そして、朝鮮王朝の500年間、両班の子弟は科挙の合格のために身を削ってきたことに起因して上昇志向性と権威主義的性向を形成するようになったのである。しかし、弱小家門の出身者たちを中心として、強大な力を持つ門閥が形成する党派に寄生して身の安全と立身出世を考える道を選ぶのではなく、苦労して文科に合格するよりも生員・進士のままでいるほうが社会的体面を保つことができるという風潮まで朝鮮時代の後期には生れるようになった。そして、多くの生員・進士が文科を受験しないまま在地両班としての道を選んだのである。その結果、在野の知識人の増大は社会変革の必要性を主張する湖南地域（全羅道）の人々と、依然として中央政府の官史としての地位を確立し権力を保持する嶺南地域の人々という対立構造を形成するようになった。

　このような中央政府の官史と在野の支配階級の間での対立（党派の争い）が深刻化する中で一般民衆の経済的状況は疲弊し、朝鮮王朝末期において権力者たちの綱紀の乱れや党派抗争と社会に蔓延する不正腐敗は深刻な社会不安を醸成するに至った。その結果、社会不安が臨界点に達した19世紀に入ると全国各地で民乱が頻発した。民衆蜂起は全国広範囲に勃発しているが、朝鮮王朝末期の民衆反乱は湖南地域で特に多く発生した。その理由は、湖南地域は穀倉地帯であり農水産物に恵まれていた地域であったために官吏の収奪が過酷を極めたためである。特に、民衆蜂起の中で19世紀に急激に拡大した最大の民衆蜂起である東学農民革命（東学の乱）はその代表的な民衆革命である。

　東学は人乃天思想という平等主義の思想に基づき下層農民も両班も平等な人間であることを理念として掲げ、民衆が自立した人間として生まれ変わることにより、その内在的自立から支配階級への抵抗を図る運動を展開したのである。しかし、東学農民革命が朝鮮末期における地域葛藤を代表する現象として考えることができる理由はなぜだろうか。その理由は、東学農民革命が全国的に拡散している中でも特に湖南地域に集中しており、武装闘争を展開したリーダーの代表格である全琫準をはじめとする指導者の多くが湖南地域（全羅道）

出身であったからである$^{(13)}$。その後、東学農民革命の敗北を受けて支配勢力に対する民衆の抵抗は1896年に始まる義兵闘争（対日抵抗運動）へ転換するようになる$^{(14)}$。ここでいう義兵とは民衆が自らの意思で救国のために決起した民軍であり、それは朝鮮民族の伝統的な反侵略の愛国闘争の形態を意味する$^{(15)}$。ここでも、義兵闘争が地域葛藤を象徴する民衆闘争として捉えることができる理由は義兵の多くが抑圧されていた湖南地域を中心に展開されたからである。具体的にいえば、義兵闘争において全羅道の方が慶尚道よりも戦闘回数及び参加人員とも格段に多かった。数値からみると、戦闘回数においては全羅道が820回と最も多いのに対して慶尚道は222回であった。さらに、義兵に参加した人数を比較すると、全羅道は23,155人であったのに対して慶尚道は4,601人であり湖南地域が5倍以上も参加人数が多かったのである$^{(16)}$。この結果に基づいてみると、この時期の地域葛藤の特徴は長い間にわたり支配勢力によって抑圧されてきた湖南地域の民衆の抵抗性が強く、その抵抗性が東学農民革命、義兵闘争という民衆蜂起という形で表出されたと説明できる。

　日本の植民地統治に置かれた後、嶺南地域と湖南地域の地域対立は日本が第2次世界大戦に敗北するまで表出することは少なく、底流に潜んだ状況だった。その理由は、日本の植民地支配に抵抗した人々は国内や海外でそれぞれの闘争組織を構築して独立運動を展開し、歴史的な地域葛藤を乗り越え民族の共通の敵と戦うために連携したからであると考えられる。更に、思想的な側面においても朝鮮王朝の時代とは異なった潮流に晒されることになった。植民地支配の時期から社会主義・共産主義思想と民主主義思想という政治イデオロギーが独立運動を展開するエリートたちを中心に受容され、朝鮮王朝時代のように地域対立を誘発した朱子学的思想は影響力を喪失し、嶺南地域と湖南地域の対立を招来した政治理念は影を潜めるようになった。すなわち、社会主義と民主主義という政治イデオロギーに立脚して独立運動を展開するエリート間の対立は植民地時代にも存在したが、地域葛藤に起因する対立は発生する余地が無かった$^{(17)}$。しかし、日本の植民地支配が継続する間は政治理念による対立の間隙に隠れていた地域対立が解放後に再び登場することになった。

以上は、ごく簡単に辿った「地域主義」を生み出す韓国の地域対立の歴史的概観である。こうした歴史的要因が現状とどのように繋がっていくかに関しては今後の課題とすることにして、ここではその流れを概観する範囲にとどめ、本書はそこに接近する一助として、以下の各章では解放後に新しく構成された韓国の政治体制を踏まえた上で「地域主義」が選挙結果として表出する実態を把握することで地域葛藤の要因を分析していきたい。

第2節　「地域主義」に関する先行研究

　「地域主義」は韓国政治における重要な論点として把握されるのみならず、韓国社会において様々な問題を誘発する深刻な社会問題として把握されるべき問題である。韓国政治において「地域主義」は、特定の地域を排他的な支持基盤とした政党が選挙で当該地域出身者の票を集める構図を指し特殊な意味合いを持つ用語として伝統的に定義されてきた(18)。しかし、論者の視点によって「地域主義」に関する概念規定に相違があり、今もそのような議論が続いているため、「地域主義」の定義に関して一般的な共通認識が形成されているとは言い難い。したがって、先行研究を整理するに際して、通常使用されている「地域主義」の持つ意味内容を拡大して地域感情、地域葛藤、地域偏見、地域に対する固定観念という概念をも包摂させ先行研究を概観し整理することにする。なお、議論の混乱を避けるために、政治的側面から議論されるときに用いられる特定の地域を排他的な支持基盤とした政党が選挙で当該地域出身者の票を集める構図のことを意味する場合にだけ「地域主義」という用語を使用することとし、広義の意味で用いる場合は地域葛藤、地域感情などの用語を適宜使用することにする。

　韓国の政治学・社会学研究において「地域主義」に関する先行研究は、民主化後の1990年代より活発に研究が行われている。それ以前にも嶺南地域と湖南地域の地域対立・地域葛藤の問題に関する研究は取り扱われてきているが、

あくまでも歴史的に形成された地域葛藤の問題に焦点が絞られ、選挙分析とは異なる視点で論及されたものである。この理由は、「地域主義」が有権者の投票行動の特異性の問題として認識されたのが民主化以降の1987年12月に実施された第13代大統領選挙と1988年4月に実施された第13代国会議員総選挙から以後のことであるからである。一方、日本国内に、「地域主義」に関連する研究が論じられ始めたのは、1997年12月に実施された第15代大統領選挙で金大中が当選してから以降のことであるといえる。したがって、日本における「地域主義」に関する体系的な研究は極めて限定されたものである。

地域主義に関する概説的な記述がなされているものとしては、2004年に大西裕が各国の選挙政治の比較をした著作の中で限定的に紹介しているものが唯一である。大西裕自身が記述するように、この論考に関しても韓国の著名な社会学者である李甲允の著書に基本的に依拠して構成されているものであり、実証的資料に基づき総合的な分析を加えたものではない。他の先行研究は個別の選挙結果を分析する中で「地域主義」の問題を論じているに過ぎない。更に、日本国内で発表された研究成果の中で、先行研究を体系的に整理して総合的な見地から「地域主義」の問題を取り上げているものは尹敬勲の研究が存在するに留まる。韓国における先行研究に関しても日本と同様な傾向があり、解放後から2010年までの選挙結果の分析を総合的に実施して「地域主義」の問題を取り扱っている先行研究は、検索の結果皆無である。

現在までの「地域主義」に関する研究は様々な形態でなされている[19]。代表的な研究としては、現実に地域葛藤あるいは地域差別がどのような様相で起きているのかという現状を分析し「地域主義」に関する問題に内在化している客観的事実を抽出しようとする研究である。詳しく例をあげると、大統領選挙や国会議員選挙における有権者の地域主義的投票行動に関する研究[20]、国家権力者の出身地域の人材を主に登用したことを問題視した研究[21]、地域間の経済格差などに関する研究[22]、「地域主義」が始まった淵源を明らかにする目的から歴史史料を分析する研究[23]、などがある。特に、この中で、政治権力の配分過程で嶺南地域圏に対する過度な独占、政治指導者（政治エリート）の権力獲得と維持を目

的とした政治的葛藤、経済発展過程における地域偏重政策などの政治経済的、社会構造的次元で「地域主義」の原因を分析し、解消するための方策を提示する研究が韓国学界の中で主要な研究として評価されている。(24)更に、近年多数の韓国の研究者により行われている研究は、地域感情、地域葛藤、地域偏見、地域固定観念などの概念を用いて分析している事実から分かるように、地域住民が地域との関係性において主観的に認知し行動する社会心理的過程に関心を示す社会心理学的な視点から考察を加えた研究である。これらの先行研究の内容をより詳しく把握すると、以下のように説明できる。

　第一は、産業化の過程で地域間の社会経済的発展に格差が生じたことを「地域主義」の原因として指摘する研究である。(25)この研究は、地域間の不均衡な社会経済的な発展、特に嶺南地域と湖南地域間の格差の問題として分析している。すなわち、産業化の過程で地域間に社会経済的格差が生じたのは、過去30年間にわたり政府主導型の経済成長政策を実施してきた結果であると主張する。これまでに獲得してきた既得権を保持しようとする嶺南地域の人々の思惑と、疎外と後進性に対する不満からの脱却を目指す湖南地域の人々の願望が嶺南地域と湖南地域の葛藤を生み、その結果として「地域主義」という現象が出現したという捉え方である。

　しかし、この研究には地域主義的な政党間の対立が地域間の社会経済的発展の格差を単純に反映してはいるが、嶺南地域と湖南地域の間の経済格差よりは首都圏とその他の特定地域の間の格差がより深刻であるのに、その他の地域（例えば江原道）と嶺南地域の地域対立が深刻ではないという事実に関する説明がされていない。すなわち、社会経済開発の格差という視点は地域間の対立の様子を十分説明していないという反論がなされてきた。この反論に対しては、「地域主義」の深刻な対象地域が嶺南地域と湖南地域の対立であるにも拘らず、当該両地域の検討をせずに他の地域との比較をすることは議論のすり替えに過ぎないとの再批判も予想される。

　社会経済的な格差が生じた理由は、政府が傾斜的な経済発展政策を採用したことにある。政府は国家経済の発展を促すために傾斜的な経済発展政策を採用

し、基幹産業の育成や社会インフラ整備を特定地域に対して重点的に実施した。投資を特定地域に集中させた結果として直接的な経済効果が現れ、それに追従する形で民間部門の投資が促進されて特定地域間の経済発展に格差が拡大する結果を招来したことは事実である。1960年代後半からの韓国経済の急速な発展は日韓基本条約の締結とベトナム派兵により外貨導入の道筋を付け制度的にも工業化の条件が整備されたことにある。経済発展の基本的条件を備えた上で、韓国政府は第2次5カ年計画を策定し輸出志向型の工業化政策を推し進めた。北朝鮮と対峙する政治状況の下で、どのようにして経済発展を成し遂げるかが最重要課題であった時代状況を勘案すると、地域覇権主義的な発想から傾斜的な経済発展政策が採用されたとは考えにくい。すなわち、縁故主義的な発想からの地域偏重政策を採用する余裕などなかったと考える方が合理性はあると考える。経済格差が「地域主義」に与えた影響を無視するのではなく、充分に考慮した上で「地域主義」の要因を検討するべきである。

　第二は、「地域主義」の要因を韓国の古代の歴史から起源を探る研究である[26]。この研究は「地域主義」の源泉を三国時代に求めている。特に、百済の中心地が現在の湖南地域ではないことから、高麗太祖の『訓要十條』に注目して後三国時代にその源泉を求める場合が多い。また、『訓要十條』の政治的意図を指摘し、『訓要十條』は太祖が親授したものではなく朝鮮王朝時代に捏造されたものであるという見解もある。この時代から官吏登用上の差別が存在し、1000年間続く嶺南支配構造が形成された結果として湖南地域は周辺勢力として位置付けられ常に被支配対象であったため、その抵抗の歴史が地域葛藤をもたらしたのであると説明している。更に、歴史的視点から「地域主義」を捉えた研究は、地域葛藤の遠因を経済的地域格差という側面の他、湖南地域の人々に対する非湖南地域の人々の偏見が長い歴史の中で形成され、固定観念及び偏見という根拠のない非科学的な迷信として人々の心の中に蓄積されたものであると説明している[27]。

　しかし、この捉え方は民主主義国家における選挙投票行動は合理性を持った一般大衆の行動であるという視点が欠如しているため、歴史的に形成された特

権階層の地域差別感情が現在まで残存し直接的に影響を与えると考えるには無理があると考えられる。したがって、このような歴史的資料だけで「地域主義」を説明することは限界があるといえる。

　第三は、権威主義政権時代に政治社会における特定地域に偏った人材登用が行われたために地域葛藤が生じたと説明する研究である(28)。この研究は、1961年の軍事革命以降は慶尚道出身者が政権を担ってきたために、嶺南地域の出身者が優遇された反面、湖南地域の出身者は冷遇されたことを指摘し、政治闘争からくる人事構成の地域的な不均衡だけでなく権力を通して社会経済的な格差をも招来したのであると把握している。詳しくいえば、嶺南地域出身者の比率が他の地域出身者より政治社会的な人材登用が急激な伸長をみせていることを根拠として、権威主義政権時代の指導者層が自己の地域出身の人材を優遇した偏向的な人事政策が「地域主義」の原因であると考えている。

　政府官僚人事の地域的偏重は統計的な結果から説明されていることは事実である。しかし、人事の地域的偏重が行われていた当時、嶺南地域であれ湖南地域であれ、またその他の地域であれ、一般庶民が人事の地域偏重の実態をどれ程理解していたかは疑問である。要するに、一部の湖南地域の人々が自分たちは疎外されているという漠然とした感覚は持ちえても、その事実認識が一般大衆にまで浸透し、それが直接的な原因となり極端ともいえる地域主義的投票行動に結びつくとは考え難い。したがって、人事の状況から「地域主義」を分析することは少し論理の飛躍があるといえる。

　第四は、政治家と有権者の政治的行為の産物であり合理的行動として解釈すべきであるという研究である(29)。すなわち、地域の人々が自分の地域出身者に投票するという行為は、自らの地域の利益と自分の利益を獲得するための自然的かつ合理的投票行為であると説明しており、「地域主義」は有権者の合理的選択の産物であると説明している。この見解は既存の韓国地域主義研究の主流を形成している。

　選挙に当選するために政治家は手段を選ぶことはなく、既存の対立を利用するだけでなく新たに対立点を身勝手に作り出すことは古今東西に共通する。一

盧三金時代の金大中と金泳三の対立が「地域主義」を深化させたとの主張は客観的に見て妥当性のあるものである。しかし、この見解は嶺南地域と湖南地域の地域対立・地域葛藤を前提にして議論を進めており原因論とはかけ離れるものである。本書で明らかにしようとすることは「地域主義」が表出する要因とメカニズムであり、地域対立・地域葛藤の形成された要因分析を行うことである。

　第五は、社会心理学的アプローチから、伝統的に継続している地域の人々の間の固定観念及び偏見が存在すること自体が「地域主義」の原因であると指摘する研究である。これらの研究は、地域間の普遍的な心理的態度の特徴を分析し出身地域が同じであれば出身地域が異なる場合よりも好ましく思う傾向があるが、非湖南地域の人々は湖南地域の人々に対して好感度が低く、同時に批判的である事実を抽出した。湖南地域の人々と嶺南地域の人々の間に存在する競争意識や、湖南地域の人々に対してそれ以外の地域の人々が持っている差別意識が地域葛藤や偏見を助長していると説明している。特に、社会心理学的視点から分析した研究は、各地域集団に対する人々の固定観念や偏見の内実を把握しようとする研究[30]、各地域集団に対して人々が持っている社会的距離感を検出する研究[31]、他地域に対する好感度を分析しようとする研究[32]、という形で細かく分析できる。更に、近年韓国の学界で発表された研究としては、嶺南地域の人々と湖南地域の人々に対する固定観念が当該地域住民の行動を内的あるいは外的に規定し評価、判断することにより先入観を形成するのに影響を与えていることを指摘している研究がある[33]。そして、人々の地域偏見的な態度は地域住民に対する感情よりも地域に対する既存の固定観念により従属的に作用することを明らかにした研究もある[34]。その他の先行研究としては、社会アイデンティティ理論に依拠し、韓国の地域住民に対する固定観念と感情及び評価は出身地域により内部集団・外部集団に分類しようとする韓国人の社会的性格に起因する偏頗的な情報処理の結果と強く関連性がある事実について実験を通じて示した研究[35]、嶺南地域と湖南地域の人々の内部集団の社会的地位に対する評価、地位の安全性認知及び集団性、相対的集団剥奪感に対処する集団戦略の関

係を分析している研究もある。出身地域による内部集団・外部集団としてのカテゴリー化は、内・外集団の構成員に対する印象と感情形成において自己の所属する集団に対して偏愛感情を形成するだけではなく、集団に関連する情報評価も内部集団に対しては好意的な固定観念を形成し、逆に外部集団に対しては非好意的な固定観念を強化する方向に形成される一般的傾向が存在することが知られているが、このような認知心理学的過程が韓国の地域住民の認知過程からも起きていることを明確に示している。

　これらの研究は嶺南地域と湖南地域の地域偏見の形成過程を解明することには大きな貢献をしていることは事実である。しかし、これらの研究は心理学的な研究としては成果を認めることができるが、「地域主義」が政治現象である視点を没却していることから、有権者の投票行動の異常性を説明する方法としては限界があると思われる。

　上記で検討した先行研究の中で、特に韓国学界で注目されている見解の一つは、「地域主義」は政治家と有権者の政治的行為の産物であると捉えた李甲允の研究である。李甲允の分析をみると、1987年の大統領選挙と翌年の国会議員選挙を契機に、政党及び政治指導者たちの選挙戦略と有権者の投票行動の結果として「地域主義」が前面に浮上したと主張している。特に、民主化以降の韓国の選挙結果は、過去の特定地域に対する偏見と固定概念とは異なり、選挙という政治行動を通じて生じた「地域主義」は区分する必要があると指摘している。

　既存の韓国の「地域主義」に対する先行研究の内容をみると、多様な視点から「地域主義」の原因を解明しようと取り組んできたという点は、韓国社会において「地域主義」が重要な問題であり、解決すべき問題であることを意味する。このような先行研究の中で、地域格差論や地域感情論の視点から「地域主義」の遠因を探る研究は、社会学的研究の手法を用いて経験的データに基づき分析したという点は成果であると思われる。しかし、選挙結果と政治過程において出現した「地域主義」の出現理由及び変容した理由を説明するには十分とはいえない。また、社会心理学的なアプローチに基づく先行研究は、地域葛

藤の形成過程を把握することに一定の成果をあげたと思われる。ただし、「地域主義」が政治現象であるという点に注目すると、政治行動を心理学的分析だけで結論づけるには少し難しい部分があると思われる。すなわち、経済、文化と歴史的要因を踏まえていないことは課題であるといえる。

　本書では、上記の「地域主義」に関する先行研究の課題を踏まえた上で、「地域主義」の問題をあくまでも政治現象であるという視点に基づき、大統領選挙や国会議員選挙において表出した「地域主義」の現象を、政治、経済、社会文化の3つの側面から実証的調査に基づき検討することを試みることにした。そうすることで、韓国社会に内包する地域葛藤問題が、近年どのように変化してきたのかを把握し分析する。

第3節　本書の研究方法と意義

(1) 本書の研究方法

　先行研究を分類して詳細に検討を加えると、先行研究の各々が「地域主義」の説明に部分的成功しているに過ぎないことを発見する。すなわち、全ての「地域主義」の事象を総合的に説明するには限界をもっている。したがって、選挙に対応して説明方法を変化させるか、「地域主義」の変容という表現を用いて本質の解明から目を逸らす傾向が見受けられる。本書では先行研究の成果を踏まえながらも、「地域主義」はあくまでも政治現象であるという観点から分析することを心掛け、制度的側面、社会文化的な側面からの視点も考慮して動力学的なモデルとして検討を試みた。

　伝統的な政治学は規範的、法学的、制度論的であったが、20世紀になり政治過程論が重要性を増してきている。政治過程論は政治アクターの相互作用の動態を分析し政治現象を説明する接近法である。政治現象であるという立場に立脚すると、「地域主義」の現象を説明するためには韓国の歴史的に形成され

てきた地域葛藤と無縁ではないことに気づく。政治を論じる時に当該国や当該地域の歴史的側面を無視しては真の理解を得ることが困難である理由は、政治は支配と服従の中での人間の多様な価値観と信念が交錯する空間におけるハビトゥス（habitus）に他ならないからである[39]。したがって、韓国人のアイデンティティの性質と特徴を整理し「우리（ウリ）共同体」という用語を提示して韓国の社会構造を「우리（ウリ）共同体」構造と規定し、「우리（ウリ）共同体」構造がいかにして韓国人のアイデンティティを形成し特徴として位置づけることができるかを解説する。

　本書は「地域主義」の問題を単なる原因追求に留まることなく総合的に捉えて、その表出システムを分析するために次の3つの方法から問題の考察を試みる。第一は、「地域主義」の表出形態を過去の選挙結果の分析に基づき分析し、既存の合理的選択理論が「地域主義」の原因であるとする先行研究の問題点を指摘する。更に、統計データに基づき「地域主義」は、単純に政治的投票行動だけで分析し切れない複雑な要因が内在しているという事実を説明する。第二は、「地域主義」の要因を韓国社会の構造的問題であるという仮説を検証する方法として韓国の政治文化・思想とはどのようなものなのかを把握するために、韓国特有の「地域主義」の遠因を探る。第三は、「地域主義」に関する課題を実証する方法として面接調査を選択し、韓国全土にわたり国民の政治意識調査を実施した。

(2) 政治意識調査の概要

　21世紀に入って10年が過ぎた2010年、韓国社会が抱えている様々な社会現象の中でも長年社会問題として指摘されてきた嶺南地域・湖南地域を中心とする地域対立、地域葛藤の問題を把握する目的で実証研究の手法である設問調査を用いて検証した。政治分野に関する認識及び態度、経済分野に関する認識及び態度、そして社会分野に関する認識及び態度というカテゴリーに設問を分類し設問用紙を作成した。本調査は細分化された多様な設問内容を含むもので

【図表０－１】地域別の標本数　　　　　　　　　　　　　　　　　　　　　（単位：件）

ソウル 仁川 京畿	釜山 慶尚南道	大邱 慶尚北道	光州 全羅南道	全州 全羅北道	大田 忠清道	江原道	済州道
200	200	100	200	100	100	50	50

出所）2010年5月に実施した政治意識調査に基づき筆者作成。

あり立体的な分析作業を行うことを目的とした。

　実際の調査は、2010年6月2日に行われた統一地方選挙の1ヶ月前に当たる2010年5月1日から28日までの約1ヶ月間にわたって実施した。全国の満19歳以上の有権者1,000人を対象とし性別・地域別に標本を割り当てた後、当地域内から無作為抽出によって選択した。【図表０－１】は地域別に割り当てた標本数を示している。

　調査は済州道地域を含めた全国の有権者1,000人を個別訪問して面接調査を行う方法により実施した。全標本に対する地域別の割り当てはソウル・仁川・京畿道地域で200人、大田・忠清道地域で100人、光州・全羅南道地域で200人、全州・全羅北道地域で100人、釜山・慶尚南道地域で200人、大邱・蔚山・慶北道地域で100人、江原道地域で50人、済州道地域で50人とした。今回の研究において最大の関心地域である嶺南地域と湖南地域の標本を他の地域よりも多く選定し各々300人を配分した。高い精度の研究結果を目指し両地域に関しての調査結果の信頼性を高めるよう工夫し重点的に標本を振り分けた。したがって、全国単位の調査結果は参考として用いることは十分に可能であるが全国地域別の人口比配分による無作為抽出（確率抽出）ではないので韓国社会全体の結果として一般化することには無理がある。しかし、地域間の比較及び分析や地域内での結果については統計的に価値ある数値として分析・解釈できる。

　【図表０－２】は調査に応じた回答者の特性を示している。男女別構成比は男女が各々50％になるように調査開始時に設定した。

　年齢構成は満35～39歳が134件（13.4％）であり最多の調査対象であったのに対し、満55～59歳は64件（6.4％）と最少の標本数であった。満25～29歳は106件（10.6％）、満30～34歳は74件（7.4％）、満40～44歳は118

【図表０−２】標本の特性　　　　　　　　　　　　　　　　　　　　　　　（単位：件、％）

		事例数	比率			事例数	比率
	全体	1,000	100.0		全体	1,000	100.0
性別	男性	500	50.0	最終学歴	中卒以下	132	13.2
	女性	500	50.0		高卒	416	41.6
年齢	満19〜24歳	90	9.0		大学在学	90	9.0
	満25〜29歳	106	10.6		大卒（大学院）以上	362	36.2
	満30〜34歳	74	7.4	結婚の可否	既婚	768	76.8
	満35〜39歳	134	13.4		未婚	232	23.2
	満40〜44歳	118	11.8	一家の1ヶ月平均所得	100万ウォン以下	57	5.7
	満45〜49歳	102	10.2		100〜199万ウォン	114	11.4
	満50〜54歳	106	10.6		200〜299万ウォン	232	23.2
	満55〜59歳	64	6.4		300〜399万ウォン	269	26.9
	満60〜64歳	132	13.2		400〜499万ウォン	202	20.2
	満65歳以上	74	7.4		500万ウォン以上	126	12.6
地域	ソウル・京畿道・仁川	200	20.0	所得階層	中産層	342	34.2
	釜山・慶尚南道	200	20.0		庶民層	658	65.8
	大邱・慶尚北道	100	10.0	元の籍（父親の故郷）	ソウル特別市	42	4.2
	光州・全羅南道	200	20.0		京畿道・仁川	41	4.1
	全州・全羅北道	100	10.0		江原道	51	5.1
	大田・忠清道	100	10.0		大田・忠清道	153	15.3
	江原道	50	5.0		釜山・大邱・慶尚道	294	29.4
	済州道	50	5.0		光州・全羅道	353	35.3
職業	自営業	197	19.7		済州道	50	5.0
	ブルーカラー	208	20.8		北朝鮮・その他	16	1.6
	ホワイトカラー	230	23.0	嶺・湖南地域別	嶺南地域	300	30.0
	専業主婦	225	22.5		湖南地域	300	30.0
	学生	90	9.0		その他の地域	400	40.0
	無職	50	5.0				

出所）2010年5月に実施した政治意識調査に基づき筆者作成。

件（11.8％）、満45〜49歳は102件（10.2％）、満50〜54歳106件（10.6％）、満60〜64歳は132件（13.2％）、満65歳以上は74件（7.4％）であった。

職業別の構成は、ホワイトカラーが230件（23.0％）で最も多く、専業主婦が225件（22.5％）、ブルーカラーが208件（20.8％）、自営業が197件（19.7％）、学生が90件（9.0％）、無職が50件（5.0％）という結果であった。

最終学歴に関する構成は、中学卒業以下が132件（13.2％）、高等学校卒業が416件（41.6％）、大学在学生が90件（9.0％）、大学及び大学院卒業以上が362件（36.2％）であり、高等学校卒業の学歴が最大の分布を示し、次に大学

及び大学院卒業以上が続き大学生も換算すると45.2％が大学生以上の標本ということになり韓国社会の高学歴化を示すものである。

月額の平均所得に関する構成は、100万ウォン以下が57件（5.7％）、100～199万ウォンが114件（11.4％）、200～299万ウォンが232件、300～399万ウォンが269件（26.9％）、400～499万ウォンが202件（20.2％）であり、500万ウォン以上は126件（12.6％）という結果であった。

父親の故郷に関する標本特性を整理した結果、父親の故郷が光州・全羅道地域であるという回答者が353件（35.3％）であり最多の標本数を示した。第2番目に多かったのは釜山・大邱・慶尚道地域の294件（29.4％）であった。続いて大田・忠清道地域の153件、江原地域と済州道地域は各々51件（5.1％）、50件（5.0％）でありほぼ同率の標本数であった。首都圏であるとの回答は83件（8.3％）であり地方から首都圏に人口が集中してきた状況を示している。なお、父親の故郷であるから北朝鮮という回答も当然あり、16件（1.6％）であった。

第4節　本書の構成

本書は、序章及び終章を除き本文は全6章で構成されている。序章では本書の目的と問題提起、研究方法、先行研究の考察、論文の構成などを説明する。第1節では、本書の目的と問題提起を行い、韓国社会の病弊とまでいわれる地域葛藤の問題を取り上げる意義を述べる。また、韓国社会の対立を助長してきた地域葛藤の歴史的形成過程に関して、「地域主義」の歴史的背景という視点から概説を行っている。第2節では、「地域主義」に関する現在までの先行研究を概説し検討を加えている。先行研究の多くは1987年の民主化以降から第15代大統領選挙までを論及し、第16代大統領選挙を「地域主義」の変容として把握する先行研究は少数に留まる。第17代大統領選挙に表出した「地域主義」を詳細に分析した論考に関してはさらに限界がある。第3節では、本書の

研究方法に関しての解説を行っている。本書においては2010年5月に実施した政治意識調査の結果分析も取り入れ分析を試みていることから、政治意識調査の概要についても解説を加えている。第4節では、本書の構成を概説している。

　第1章は、大韓民国の成立以降の権力者たちが憲法改正を繰り返し統治体制や選挙制度を恣意的に変更することにより自己の権力保持を図っていたことを明らかにすることを目的とし、第1節から第4節の全4節で構成されている。第1節では、国家の最高規範である憲法改正の歴史を整理して概観する。第2節では、大韓民国憲法の成立過程について解説を行っている。第3節では、李承晩政権下での憲法改正の歴史を辿ることにより、権力者の恣意的な意図により統治制度と選挙制度が猫の目のように変遷してきた実態を把握することを目的としている。第4節では、韓国の経済発展期における軍事政権下での憲法改正過程を辿ることにより、国民の願いであった大統領の直接選挙制度が採用されることはなく権力者の権力維持の意図から憲法改正が行われ選挙制度も変遷した実態を明らかにする目的を持っている。更に、権威主義的な政治体制の下で、地域間の経済格差とはじめとする様々な偏重が実施されたことにより、地域葛藤が増幅されてきた事実を明らかにする。

　第2章は、大統領選挙において表出した「地域主義」の現実を把握することを目的とし、第1節から第4節の全4節から構成されている。第1節では、日本の植民地支配から解放されて以降の権威主義政権時代の有権者の投票行動の特徴を分析することを目的としている。第2節では、民主化以降の第13代大統領選挙から第15代大統領選挙までの「地域主義」の形態を把握することを目的としている。第3節では、2002年に実施された第16代大統領選挙と「地域主義」の形態を把握することを目的とし、「地域主義」の膠着化現象を明らかにし盧武鉉の当選要因が「地域主義」の利用であったことを示す。第4節では、2007年に実施された第17代大統領選挙と「地域主義」の形態を把握することを目的とし「地域主義」が深刻化している実態を明らかにする。

　第3章は、国会議員選挙において表出した「地域主義」の実態を明らかにす

ることを目的とし、第1節と第2節から構成されている。第1節では、権威主義政権時代に実施された全12回の国会議員選挙の実態を把握することを目的としている。第2節では、民主化以降に実施された第13代国会議員総選挙から2008年2月25日に実施された第18代国会議員総選挙までの有権者の投票行動を分析することにより、「地域主義」の深刻な実態を把握することを目的としている。

　第4章から第6章は「地域主義」を実証的に分析することを目的とし、2010年5月に実施した政治意識調査の結果を整理して実証的な分析を行うことを目的としている。第4章は、政治意識調査における設問項目の中で「地域主義」の政治経済的要因に関する結果を分析して整理している。第1節では、「地域主義」の原因を経済政策の差別的偏重に求める見解が有力説を形成していることから、その点に細心の注意を払い分析を試みている。第2節では、政治意識調査における設問項目の中で「地域主義」の政治的要因に関する結果を分析して整理している。「地域主義」の原因を政治的な観点から議論する見解が現在の通説を形成しているといえ、特に政治家の作為や地域住民の合理的選択理論が主流をなしている。したがって、合理的選択理論の妥当性を検討する意味からも詳細な分析を行っている。

　第5章は、本書の主張の一部を形成する「地域主義」の社会文化的な要因に関して行った政治意識調査の結果を詳細に分析している。第1節では、「地域主義」の社会文化的要因を検討する目的で実施した政治意識調査の結果分析を中心に議論を展開している。第2節では、「地域主義」の社会文化的要因を形成する韓国人の社会的性格を論じる前提として、政治学における政治と文化に関する一般理論と議論の展開を把握することを目的としている。第3節では、「우리（ウリ）共同体」の概念を新たに提示し、「우리（ウリ）共同体」の概念と構造について解説を加え、「우리（ウリ）共同体」の構造の中核を構成している「한（恨）」の情念に関する解説を行っている。第4節では、利害関係と「우리（ウリ）共同体」の概念がどのような関係を持つのかに関して論じている。更に、韓国の社会的特性としての競争性が「우리（ウリ）共同体」構造とどの

ような関係を持ち、競争性から派生する対立性・分派性などが形成されるのかというメカニズムを論じている。更に、朱子学的思考法に起因する権威主義的性向や韓国社会に内包する上昇志向性に関しても論及している。

第6章は、言説を辿ることにより先行研究の限界を指摘しつつ「地域主義」の発生メカニズムを解析することに努力している。第1節では、主要な先行研究の問題点を指摘することにより「地域主義」を動力学的なモデルとして把握する必要性を論じている。第2節では、制度的な側面の要因分析も必要であることを今回の政治意識調査は示すものであることを踏まえて、先行研究において論及されることの少ない大統領制に内在する要因分析を行っている。第3節では、民主化以降の韓国の政治状況が政治家の地域葛藤の政治利用を促し「地域主義」に発展した状況に関する考察を行っている。第4節では、先行研究で指摘されてきた要因の重要度を検出する目的で、政治意識調査の結果に回帰分析の手法を取り入れて再度の分析を試みている。第5節では、これまでの議論を踏まえた上で「地域主義」の表出を動力学的なモデルとして理解することにより合理的な解釈が可能であることを試論として展開している。

終章は、第1章から第6章までの議論を振り返ることにより本書の結論を導き出している。更に、「地域主義」と今後どのように向き合っていけばよいのかについて論及している。

第1章　大韓民国の成立と統治体制の変遷

第1節　統治体制の構築と憲法の役割

　本節は、日本の植民地統治から解放されて以来、韓国の統治制度の構築が「地域主義」とどのように関係しているのかを把握する前提として、統治制度を形成する上で軸となる憲法の制定と改正による韓国特有の統治制度の性格と特徴を検討する。更に、憲法改正の歴史的変遷を辿ることにより、韓国における憲法改正が権力者の恣意的な動機に起因したものであること、更に韓国の政治文化に特徴的な競争性・抵抗性を抽出することを目的とする。すなわち、憲法改正の過程を辿ることにより憲法改正が時の権力者の恣意的な意図に基づいて実施され、近代立憲主義からすると憲法違反の暴挙がいかに平然と行われてきたかを明らかにし、大統領に強大な権力を集中させている韓国大統領制度に内在する問題が、いかに韓国の政治文化に特徴的な競争性・抵抗性を助長する原因となっているかを解明する目的を持つものである。

　【図表1－1】は、韓国の憲法改正の歴史を一覧表にしたものである。韓国憲法は、制憲憲法から40年間に9回もの大幅な改正を経て、現行憲法である第6共和国憲法に至っている[40]。またこの間には、幾度もの戒厳令宣布と軍部のクーデターを経験している。憲法は国家を構成する国民の社会契約であり国家の最高規範である。したがって、憲法は国家の基本法であり、最も法的安定性を求められるものである。それ故に、憲法改正に関しては一般の法律よりも改正に高いハードルを設定している硬性憲法が多く、韓国憲法も硬性憲法に分類される。すなわち、法的安定性の見地からは9回という憲法改正の回数は比較

【図表1－1】憲法改正の歴史的変遷

憲法改正（提案者）	原因	提案 表決 公布	主要内容	備考
制憲国会（憲法起草委）	大韓民国政府樹立制憲	1948.6.23 7.12 7.17	大統領中心制（国会で選出、任期4年、重任可能）一院制国会（議員任期4年）	草案は議院内閣制二院制国会、李承晩の要求で修正
第1次改正（政府）	李承晩大統領が再執権	1952.5.14 7.4 7.7	大統領直接選挙制・二院制国会（民議院議員任期4年、参議院議員任期6年）	野党多数国会、非常戒厳令宣布、国会議員監禁、与野党折衷案（抜粋案）可決
第2次改正（自由党）	李承晩大統領三選	1954.9.8 11.27 11.29	大統領重任制限撤廃 国務総理制廃止 国務委員連帯責任廃止	改憲必要議席（135.3）に不足（135）を四捨五入で改憲可能と与党単独議決
第3次改正（民議院）	4・19革命以後	1960.6.11 6.15 6.15	議院内閣制・大統領国会選出（任期5年重任可能）・憲法裁判所新設・地方自治体長選挙制	民主党張勉政権誕生
第4次改正（民議院）	4・19革命完遂要求の世論吸収	1960.10.17 11.28 11.29	不正選挙関連者・反民主行為者処罰不正蓄財者処罰	遡及立法
第5次改正（最高会議）	5・16クーデター後	1962.11.5 12.6 12.17 12.26	大統領中心制（任期4年重任可能）一院制国会（議員任期4年・比例代表制）憲法裁判所廃止	朴正煕政権誕生・遡及立法（政治活動浄化法）
第6次改正（共和党）	朴正煕大統領三選	1969.8.7 9.14	大統領三選許容	与党単独変則可決
第7次改正（政府）	朴正煕大統領終身執権（維新）	1972.10.27 11.21 12.27	大統領中心制強化（統一主体国民会議の間選制・任期6年再選無制限・権限強化）維新政友会議員の大統領指名・憲法委員会の新設・地方議会選挙実施保留	非常戒厳令宣布
第8次改正（政府）	10・26事態以後第五共和国出帆	1980.9.29 10.22 10.27	大統領中心制（任期7年単任・選挙人団間選制）・比例代表制改定 基本権保障強化	非常戒厳令拡大・「新軍部」政権誕生
第9次改正（与野共同）	6月民衆闘争と6・29民主化宣言	1987.10.12 国会議決 10.27 国民投票	大統領直選制（任期5年単任）・国会権限強化・基本権保障拡大 憲法裁判所復活	最初の与野党合意改憲・15年ぶりの大統領直選制

出所）金浩鎮『韓国政治の研究』68頁、三一書房、1993年より引用。

的多いと評価できるが、世界の主要国と比較して憲法改正の頻繁性を韓国憲法改正の特徴として指摘することは妥当性に欠ける。韓国憲法改正の最大の特徴であり、他の主要国の憲法改正の事例と比較しても特異な点は、主要な改正点が統治機構と選挙制度に関するものであるという事実であり、権力者の恣意的な動機の下に実施され主権者たる国民の意思を無視した強引な手法で実施された事実である。主要国の憲法改正の事例を検証しても韓国のような事例はなく、韓国の憲法改正の変遷は異常な歴史的経過を辿っている(41)。

憲法改正の主要な特徴として、韓国の著名な憲法学者である権寧星は①西洋先進国に比べて改憲の頻度が高いこと、②憲法改正の主たる内容が、大統領の執権延長のための重任禁止条項の修正・削除や、大統領の選挙方式が間接選挙から直接選挙に、または直接選挙から間接選挙に変更されたこと、③改憲方式が四捨五入改憲など変則的であること、④改憲を推進する勢力がほとんどいつでも政権担当者や政権与党であったこと、⑤憲法改正の正当性や政権の正統性を担保するために国民投票という手続きを必要としたこと、⑥憲法改正前後に戒厳令宣布や非常事態の宣布が行われる傾向にあったこと、⑦改憲の際に既存の政治家の政治活動を制限し不正蓄財の返還を求めるための遡及立法の根拠を憲法付則に規定したことを指摘している(42)。

しかし、西洋先進国に比べて改憲の頻度が高いという権寧星の指摘は検討する余地がある(43)。具体的にいえば、韓国における憲法改正の特徴は統治機構に関する改正が全てであるという点であり、権力者の恣意的な動機に基づく憲法違反の改正が平然と行われ国民も基本的には支持してきた事実である。この事実は、立憲的憲法の特色である成文憲法、硬性憲法という形式や性質を具備してはいるが、実質的な意味での近代立憲主義憲法であるとはいえないことを意味し、戦前のドイツの法治国家の観念を想起させるものである。なぜならば、戦前のドイツの法治主義や法治国家の観念は、民主的な政治制度と結合して構成されたものではなかったからである。それ故に、ドイツではナチスの苦い経験とその反省に基づいて、形式的法治主義から実質的法治主義へと移行し、現在では実質的法治主義は英米法における法の支配の原理と同一の意味を持つよう

になっている。このような意味において、第6共和国憲法になって初めて韓国国民は実質的な意味における近代立憲主義憲法を獲得したと評価できる。

また、憲法改正の中でも第3次憲法改正、第5次憲法改正、第7次憲法改正、第8次憲法改正、第9次憲法改正は、改正というよりは新憲法の制定と考え、制憲憲法を第1共和国憲法、第2共和国憲法、第3共和国憲法、第4共和国憲法、第5共和国憲法、第6共和国憲法と表現する論者もいる[44]。しかし、本書では憲法の法的な検討よりは統治制度の変遷過程に注目して憲法改正の経緯を辿ることを目的とし、いかに権力者の恣意的な意図の下に憲法改正が行われたのかを明らかにし、不正と暴力によって圧殺された国民の意思を抽出することを目的としているので、韓国憲法を記述する際に多くの論者が表記する方式にしたがい改正の表現を用いることにする。

第2節　大韓民国憲法の制定過程

韓国最初の近代的憲法は、1899年に公布された全9条からなる大韓国国制である。大韓国国制は国家形態として専制君主国であることを宣言し、君主の大権事項を列挙した欽定憲法であった。大権事項として統帥権（第5条）、立法権（第6条）、恩赦権（第6条）、管制権（第7条・第8条）、行政命令権（第7条）、栄典授与権（第8条）、外交権（第9条）を規定し、全ての権力が皇帝に集中されていた。そこには、基本的人権に関する規定も存在せず議会や臣民の協議制度もなかった[45]。

1910年の日韓併合条約により韓国は日本の植民地になった。1919年の3・1独立運動を契機として上海に多くの独立運動家が集結し、上海は独立運動の活動拠点となった。3・1独立運動のさなかの4月11日に上海で組織された臨時議政院において前文と10ヶ条からなる臨時憲章が採択され、4月13日に上海のフランス租界で大韓民国臨時政府が樹立された。その後の審議を経て、臨時憲法が9月6日に成立し9月11日に公布された。この臨時憲法は前文と8章

58条からなり、その後改正を重ねて臨時憲法（1925年4月7日）、臨時約憲（1940年10月9日）、臨時憲章（1944年4月22日）と名称を変えたが、形式的には近代立憲主義の憲法の基本原理を具備したものであった。[46]

　日本が1945年8月14日にポツダム宣言を受諾したことにより、朝鮮半島は実質的に日本の植民地支配から解放された。日本の敗戦を受けて呂運亨らの民族運動家たちは朝鮮建国準備委員会（建準）を結成し独立国家の樹立を目指した。しかし、8月16日に米ソで北緯38度線を占領分担の境界線とすることが確認されたことにより南北分断体制が生じることになり、南北分断は現在まで継続し、南北統一は朝鮮民族の悲願となっている。9月6日に全国人民代表者会議が開催され、李承晩を主席とし呂運亨を副主席とする朝鮮人民共和国の樹立が宣言された。しかし、アメリカ政府は朝鮮人民共和国の成立を認めることはなく、10月10日に「軍政庁は南朝鮮における唯一の政府である」と宣言した。朝鮮人は独立国家の樹立を希求したが、米ソを始めとする連合国はカイロ宣言を根拠として朝鮮の独立には消極的であった。なぜなら、1943年11月のカイロ宣言には、「三大国は、朝鮮の人民の奴隷状態に留意し、やがて朝鮮を自由独立のものにする決意を有する」と明記されていたからである。つまり、米・英・中の3国首脳は、朝鮮の独立は「やがて（in due course）」もたらされるものであり、それまでの間は信託統治の下に置くと考えていたからである。アメリカ、イギリス、ソ連の3国は、1945年12月16日にモスクワで外相会談を開き、米・英・中・ソの4ヶ国により5年以内の期限で信託統治を実施し、朝鮮の独立のための臨時政府を樹立するという韓国問題に関する4項目の決議書を採択した。[47]この決定は、国内政治を左右対立と大混乱に追い込んだ。

　1947年3月にトルーマン・ドクトリンが発表され、世界は冷戦時代に突入することになった。東西冷戦の影響を受けてアメリカは信託統治案からの方針転換を余儀なくされ、1947年11月に開かれた国連総会において、国連の監視の下での南北朝鮮の総選挙を実施する案が可決された。しかし、南北朝鮮の総選挙実施はソ連の反対で実現せず、アメリカが南朝鮮単独選挙案を支持したことにより単独選挙案が国連で議決される運びとなった。国連の議決に基づき朝

鮮駐留米軍政府は南朝鮮単独選挙を実施することを決定し、1947年3月17日に国会議員選挙法を軍政法令第175号として臨時立法議会で制定した。この選挙によって当選した国会議員が1948年5月31日に憲法制定議会を構成し、6月3日に李承晩を議長に選出して憲法起草委員会が構成され、6月3日から6月22日まで16日間にわたり憲法草案が審議された。

　この憲法草案は6月23日に制憲国会に上程され制憲憲法（第1共和国憲法）は可決成立し、1948年7月17日に公布し即日施行された。7月20日に制憲国会において国会議員による間接選挙を実施し李承晩が大統領に選出された。この制憲憲法によると、大統領は国会の間接選挙により選出し、任期は4年で1回限りの再任を認めたものであった。更に、国務総理は国会の認証を得たうえで大統領が任命することになっていた。以上のような経過を経て制憲憲法は制定され、李承晩が大統領に選出されて同年8月15日に大韓民国の樹立を国際社会に宣布した。

　当初の憲法草案は、国会を二院制とし議院内閣制を採用するものであった。この憲法草案を推進したのは当時唯一の政党であった韓国民主党であったが、起草委員会の審議過程で李承晩の強力な反対に遭遇することになった。憲法制定議会の議長であった李承晩は、統治構造はアメリカ型の大統領制にするべきだと考えており、議院内閣制を採用する憲法草案には反対であった。解放直後の韓国社会のように政治的にも荒廃し社会的にも混乱していた状況の下では、李承晩の主張は理にかなっていた。なぜならば、議院内閣制を効率的に運用するためには、健全なる政党の存在と習熟した運用技術が要求されるが、この前提条件が欠落する状況の下では、議院内閣制の採用は行政権の弱体化を招来する結果となる危険性が高いと考えられるからである。李承晩の強硬な姿勢に屈服する形で一院制国会と大統領制が最終的に採用されたことは李承晩の政治的な勝利を意味するものであり、投票結果は在籍国会議員の91.8%に当たる180票を獲得しての圧倒的な勝利であった。政治的妥協をすることで李承晩の支持勢力となった韓国民主党は29議席の弱小勢力に過ぎず、第1代国会議員の中で最大の勢力を誇ったのは85名の無所属議員たちであった。したがって、李

承晩は無所属議員の圧倒的な支持を受けたことになる。この事実は李承晩自身のカリスマ性とアメリカの後ろ盾に加え、解放後の混乱した秩序を回復するためには強力な指導力が必要とされる状況の下で、新生韓国を創造しようという国民の熱意が李承晩への支持に繋がったものと考えられる。

第3節　混乱期の文民政権下での憲法改正

(1) 第1次憲法改正（1952年7月7日）

　憲法制定直後から統治機構を大統領制から議院内閣制に変更しようという憲法改正の動きがあった。当時唯一の政党であった韓国民主党は建国以前から李承晩を支えてきたのであるが、指導者層は保守的民族主義者でありアメリカ帰りの李承晩とは思想的に相容れないものであった。憲法制定に際して、韓国民主党は議院内閣制を採用し大統領は形式的な元首にとどめておくつもりであった。しかし、大統領中心制を強硬に主張する李承晩に議院内閣制推進派は政治的妥協をしたのである。組閣に当たって韓国民主党は自分たちの思惑とは違って人事で冷遇されたことから、李承晩大統領の対応を不満に思う韓国民主党は他の勢力を吸収して1949年に民主国民党を結成し、1950年1月28日に議院内閣制導入のための憲法改正案（第1次改憲案）を国会に提出した。しかし、この第1次改憲案は憲法改正に必要な在籍議員の3分の2以上の賛成を得ることができずに否決された。

　1950年4月12日に制憲国会は国会議員選挙法を制定・公布し、1950年5月30日に第2代国会議員総選挙が実施された。1950年に国会議員選挙が実施された理由は、制憲憲法によると国会議員の任期は4年と定められていたが（憲法第33条）、制憲国会の議員に限って任期は国会開会から2年と定められていたためである（憲法第102条）。この選挙の結果、与党系は総議席210議席中の57議席しか獲得できず、無所属議員を含めて李承晩大統領に反対する勢力

の圧勝に終わった。この事実は、1952年に実施される予定の次期大統領選挙において李承晩が選出される可能性が希薄になったことを意味した。なぜならば、憲法の規定（憲法第53条第1項）上、大統領は国会における国会議員による間接選挙で選出されることになっていたからである。更に、李承晩大統領に対抗する勢力が総議席数の約73％を獲得したことにより、この選挙結果は反対勢力が主張する議院内閣制への憲法改正が可能になる状況が生まれたことを意味した。

　1950年6月25日に北朝鮮軍が南下を開始し朝鮮戦争が勃発した。国連の安全保障理事会は、北朝鮮の行為は平和の破壊であると断定し38度線以北への撤退要求を決議した。しかし、北朝鮮政府は国連安全保障理事会の決議を無視し、北朝鮮軍は破竹の勢いで侵攻して6月28日にはソウルを占領した。北朝鮮軍はその後も進撃を続け、9月までに釜山・大邱地域を除く韓国全域を武力制圧した。この事態を受けて、同年8月18日に韓国政府は釜山を臨時首都に定めた。しかし、戦局は9月15日の仁川上陸作戦の成功により転換した。9月28日には国連軍は電撃的にソウルを奪還し、勢いづいた国連軍は38度線以北へ進撃を開始し、遂には平壌を占領して中国国境の鴨緑江流域に迫った。この事態を受けて、中国は100万の大軍を参戦させた。この中国の参戦により戦況は再び一変した。その後の激しい戦闘の後に両勢力は38度線をはさんで膠着状態に陥った。この状況の打開を図るためにソ連のマリク国連大使は休戦を提案し1951年7月から休戦交渉が始まった。しかし、李承晩大統領が休戦協定に反対したために休戦交渉では韓国代表は単なるオブザーバーとして参加が認められたに過ぎなかった。休戦交渉は難航を極めたが、国際情勢の変化などの理由から交渉に進展が見られ、1953年7月27日に板門店において休戦協定が調印された。当然に韓国政府はこの休戦協定には署名していない。

　朝鮮戦争中の1951年11月30日に、李承晩大統領は大統領の選出方法を国会議員による間接選挙から国民による直接選挙に変更し、国会を二院制にすると共に大統領自らが任命する上院を新設することを目論んで憲法改正案（第2次改憲案）を国会に提出した。しかし、この第2次改憲案も1952年1月18日

に否決される結果となった。投票結果は在籍議員163人中、賛成19人、反対143人、棄権1人という圧倒的多数による否決であった。憲法によると大統領の任期は4年と規定されており、早晩大統領選挙を実施せざるを得ないことは明白であった。しかし、憲法の規定にしたがって国会議員の間接選挙により行われるとすると、議会内の勢力分布からして李承晩が大統領に再選される可能性はなかった。なぜなら、李承晩の支持勢力は、院内の19議席という少数派に過ぎなかったからである。自己の権力維持の活路を国民の直接選挙に求めた李承晩であったが、国会の議席構成から強力な統治遂行が困難な状況に陥った。このような政治状況のもとで、李承晩大統領は統治能力回復のために民主主義の破壊ともいうべき暴挙を企てた。

1952年4月17日に李承晩大統領反対勢力は、議院内閣制を導入する改憲案を提出した。これに対して、李承晩は5月6日に国務総理に張澤相を任命し、野党の議院内閣制導入改憲案を支持する勢力に対する反撃を開始した。5月14日に大統領制を支持する勢力は、前回提出したものと同じ内容の大統領直接選挙制・国会両院制への憲法改正案を提出した。これにより2つの憲法改正案が拮抗する状況となったが、採決に持ち込めば李承晩大統領反対勢力の改正案が可決されることは議席構成からして確実であった。この事態に対処するために李承晩は国会議員召還運動を展開し、上京してきた国会議員を国会議事堂に軟禁するという暴挙に打って出た。混乱した状況を打開するために、張澤相内閣は双方の主張を取り入れた妥協案（抜粋改憲案）を作り国会に上程した。民主国民党をはじめとする議院内閣制推進派は強く反対したが、1952年7月4日に警官隊が包囲する中で、強引に憲法改正案は可決された。この憲法改正案は、1952年7月7日に公布された。この改憲は、以上のような経緯から抜粋改憲と呼ばれている。抜粋改憲は李承晩の権力保持のための恣意的な動機に基づいた改正であると評価せざるを得ない。

抜粋改憲に対して、韓国の著名な憲法学者である金哲洙は、「抜粋憲法は野党提案の議院内閣制と政府提案の大統領直選制を抜粋してこれを折衷したものである。しかし、野党案と政府案は各々公告されたが、これを抜粋・折衷した

改憲案は公告されることなく、国会での正式な会議を経ることなく可決されたことは公告の手続きを違反した改憲であるといわれている。さらに国会議事堂が二重三重に包囲され非常戒厳令が宣布された中で、国会議員の討論の自由もなく強行されたことに投票の自由に対する瑕疵がある点で違憲といわなければならない」と述べ違憲性を指摘した。

また、韓国の著名な憲法学者である許營もこの抜粋改憲に対して、「この抜粋改憲案は、政府・与党の大統領直選制及び両院制国会案と野党改憲案の中の議院内閣制的要素である国務院不信任制を一緒に採択した内容であった。しかし、内容面からも体系的正当性を無視し、大統領制的要素と議院内閣制的要素を無理に混合しているだけではなく、その改憲手続きにおいても憲法の規定と法原理に背く違法・違憲である。憲法が定める公告手続きを経ない改憲案を通過させたのみならず、国会の意思決定も会議の手続きや自由討論が省略されたまま、暴力的手段を用い強圧的に行われた。我が国の憲政の不法慣行は正にこの時から根を下ろしたのである」と述べて違憲性を強く指摘した。

近代立憲主義の下での憲法とは国家権力の濫用を抑制し国民の権利・自由を守る基本法のことである。すなわち、近代立憲主義憲法は、国家権力に対する個人の自律的領域の確立のため、国家権力の抑制手段として機能するものでなければならない。それ故に、1789年のフランス人権宣言16条が、「権利の保障が確保されず、権力分立が定められていないすべての社会は憲法をもつものではない」と規定しているのは立憲的意味の憲法の観念を典型的に表現しているものと評価されているのである。そもそも、何ゆえに憲法は必要であるのか。それは、権力には常に濫用の危険が伴うからに他ならない。権力が濫用されると個人の権利や自由を侵害してしまう危険性が生じる。そこで、国家権力の濫用を制限し国民の権利・自由を守る基本法が必要となる。この点にこそ憲法の意義を見出すべきである。

このように考えてくると、抜粋改憲は形式的な手続き上の憲法違反であるに留まらず、民主主義において尊重されなければならない議論の自由を侵害し、自由な投票までをも侵害したことは憲法の破壊であると評価せざるを得ない。

しかし、韓国の憲法学者の論調は比較的に穏やかなものである。[52]

(2) 第2次憲法改正（1954年11月29日）

　1954年に経済条項改正案提出撤回事件が起こる。この事件は次のような経過を辿ったものであった。1954年1月23日に李承晩政権は経済条項を自由化する憲法改正案を提出した。その理由は、憲法の経済条項が極めて統制経済の色彩を帯びているので外国からの投資に対して不利であるというものであった。国内外の経済状況を勘案すると経済条項を自由化するという主張には合理性があった。しかし、1954年3月9日になって李承晩は憲法改正案を突然に撤回した。この撤回の真の理由は、同年に実施される国会議員選挙で勝利すれば李承晩の大統領三選を可能にする憲法改正への道が開けることになるからに他ならなかった。すなわち、経済条項修正問題を憲法改正の大義名分に利用できると考えたのである。1954年5月20日に第3代国会議員総選挙が実施された。李承晩は大統領終身制への道を開くために国会において憲法改正に必要な議席数獲得を目指した。選挙においては不正に入手した投票用紙を用いて特定候補への一括投票が行われたり、不在者や死亡者の名義で投票されたり、投票箱がすり替えられるなど、ありとあらゆる不正な手段がとられた。選挙結果は総議席203議席中、与党の自由党が133議席（選挙後の入党者を含む）を獲得して自由党の圧勝に終わったが、改憲に必要な議席数にはわずかに届かなかった。この事態を受けて、自由党は入党工作を続け6月には136議席を確保するまでになり、憲法改正を実施できる条件を整備した上で、9月8日に自由党は憲法改正案を国会に提出した。[53]

　しかし、自由党の思惑に反して、同年11月27日に行われた採決の結果は、賛成135票であった。すなわち、憲法改正に必要な「3分の2以上」には1票足りない結果に終わったのである。議長は否決を宣言し憲法改正案は否決された。しかし、2日後の11月29日になって自由党議員のみが出席した民議院において11月27日の否決の宣布が取り消され可決の宣布がなされた（四捨五入

第1章　大韓民国の成立と統治体制の変遷

改憲)。憲法改正の主要な内容は①国民投票制の加味、②純粋な大統領制、③自由経済体制に適合する経済条項の大幅修正、④大統領が欠けたとき副大統領が継承する制度、⑤初代大統領に対する重任制限規定の撤廃の５点であった。

　四捨五入改憲に対して、前述の憲法学者金哲洙は「第２次憲法改正は形式面においては、四捨五入という数学的な議論を憲法改正に導入し、否決宣言を逆転させる決議をした改憲であって、定足数に満たない違憲の改定であり、実質的な面からは初代大統領に限って重任制限を撤廃するという平等原則に違反する違憲無効の憲法改正であるということができる」と述べて違憲無効であることを主張した。また、前述の憲法学者である許營は「第２次憲法改定は改憲に必要な議決定足数を無視した違憲・不法の改憲であった。数学で用いる四捨五入の計算方法は、法規範の解釈には適用できないという基礎的な法原理を無視したためである。法規範の領域では数の計算においては、端数はいつでも１という整数であると評価することはローマ法以来の確固たる慣行である」と述べ四捨五入改憲の違憲性を指摘した。また、前述の憲法学者権寧星も「四捨五入改憲は①初代大統領に限って重任制限を撤廃することは平等原則に違背し、②国会の表決が可否同数である場合には、少数者保護と現状尊重の原則にしたがい否決とみなさなければならず、可決と処理した点から憲法違反の改憲であると考えるしかない」と述べ、少数者保護と現状尊重の原則から違憲性を指摘した。

　３分の２以上の「以上」とは、ある数量を基準として、それと同じかそれを越える数量を示す語である。したがって、整数にならない場合には、切り上げてそれを超える次の整数を指すことになる。なぜなら、個人の尊厳を認める近代立憲民主主義の下では端数の人格を予想することはできないからである。このことは許營が指摘するようにローマ法以来の確固たる慣行である。更に、権寧星が指摘するように、少数者保護と現状尊重の原則の観点からも明確な憲法違反である。なぜなら、多数決主義的民主主義に対立する概念としての立憲民主主義は、少数意見を十分に尊重した自由な討論・審議が必要不可欠な大前提であるからである。

このような改憲が行われたこと自体、韓国大統領の権力の強大さを象徴すると共に、韓国政治の未成熟さを露呈しているといえる。更に、李承晩の権力への執着がこのような憲法違反の改正に道を開いたことを指摘しなければならない。すなわち、第2次憲法改正においても権力者の恣意的な動機に基づいて憲法改正が行われた。なお、韓国の憲法学者は重任制限規定の撤廃は違憲であるとしているが、論調は比較的に弱いことを指摘しておきたい。[58]

(3) 第3次憲法改正（1960年6月15日）

李承晩は任期中に2回もの憲法改正を行い三選への道筋を作った。これは、大統領終身制への道を開くものでもあった。1956年5月15日に第3代大統領選挙が実施された。選挙において野党候補申翼煕が選挙運動中に突然死亡するという事件の発生や政府による激しい選挙妨害もあって、野党陣営は苦しい戦いを強いられた。政権側の当初の目論見どおりに李承晩が当選したが、選挙結果は李承晩にとって厳しいものであり当選はしたものの批判票は60％にも及んだ。批判票に韓国国民の政権側の不正に対する厳しい姿勢を感じとることができる。更に、副大統領には民主党の張勉が当選し、正副大統領が与野党に分裂するという異常な事態を迎えた。この事態を受けて、李承晩政権は体制の崩壊への危機感から国民を弾圧し独裁体制を強化していった。

1960年3月15日に実施された第4代大統領選挙においては、野党民主党の派閥争いや民主党公認候補の急死などの理由から、李承晩の当選が当初から確実であった。そこで注目されたのが副大統領選挙であった。選挙結果は李起鵬の勝利に終わり、3月17日に李承晩大統領、李起鵬副大統領の当選を国会は宣言した。この選挙において、李承晩と与党自由党は事前投票、投票箱のすり替え、買収、脅迫などありとあらゆる不正を画策した。政権側の不正に野党は反発して不正選挙を糾弾し選挙の無効を主張した。更に、この不正選挙に対する国民の怒りは燎原の火の如く拡散し、全国規模での抵抗運動が勃発した。

4月19日には、ソウルの各大学や高校から集まった数万人の学生がデモを

行い、大統領官邸を包囲した。その上、学生を中心とした市民の抗議行動は全国の都市に広がりを見せた。これに対して、政府は戒厳令を宣布するなどして対応したが、ソウル市内の騒乱は収まる気配を見せなかった。この事態を受けて、戒厳司令官はデモ隊との話し合いを李承晩大統領に進言し、更にアメリカ政府の圧力もあって李承晩大統領は四面楚歌の状態となり、4月27日に大統領辞任を発表することになった。4月26日に国会は憲法改正と総選挙を実施することを決議して、5月2日に許政過渡政府が樹立された。李承晩は5月29日にアメリカに亡命した。6月11日に憲法改正案が国会に提出され、6月15日に圧倒的多数の賛成で改正案は成立した。この改正が第3次憲法改正であり第2共和国憲法と称されるものである。

　第2共和国の政府形態は典型的な議院内閣制であった。李承晩政権の独裁政治への反省から大統領への権力集中を防止し、国政全般にわたり内閣が責任を持ち、国民の真正な多数意思を国政に反映させることができる責任内閣制を第2共和国は採用した。また、大統領は間接選挙によって選出され、形式的・儀礼的権限のみを持つだけであった。行政権は国務院に帰属し国務院の首班である国務総理は民議院の同意によって任命され、国務院は民議院に対して連帯責任を負う一方で民議院解散権を持っていた。国会は民議院と参議院で構成され、大統領の選挙権を持っていた。⁽⁵⁹⁾

　第2共和国憲法に基づく議院内閣制は、議院内閣制の理念的形態であると考えられている古典的・英国的な議院内閣制に該当するものであった。したがって、議会に対する内閣の連帯責任と内閣の国会解散権を規定すると同時に執行部の二元的構造に立脚して、国家元首としての大統領と実質的な行政権を担当する機関としての国務院を規定し、議会と行政部間の共和・共助関係のための規定を設けた。しかし、政党政治に不慣れであったために制度がうまく機能せず、1961年の軍事クーデターを招来する結果となった。

　議院内閣制が成功しなかった理由は様々な側面から考察できる。韓国の著名な憲法学者である韓泰淵はその失敗の理由として①議院内閣制実施の前提になる韓国社会にあるべき社会的与件の欠如、②与党である民主党の分裂による張

勉内閣の弱体性、③政局の混乱に起因する社会秩序の紊乱などを指摘している[60]。また、議院内閣制の運営面からの問題点に関して、国家元首の地位と機能が完全に無視されて元首の象徴的地位だけが強調され、しかも大統領の固有の権限まで否定されたために、憲法上の国家機関としての国家元首の地位と役割が全く発揮されなかったとの指摘もある[61]。本来ならば、共和制の下での議院内閣制においては大統領の地位と役割は象徴的な地位に留まることなく、議会と内閣が対立した場合は議会と内閣の対立を調整する役割を期待されているのであり、両者間の対立と葛藤を解消し両者の関係を円滑に維持させることが重要な役割であった。しかし、韓国の第2共和国憲法の下では君主に代わる大統領の選出が議会の間接選挙の方式を採用したことに伴い、大統領の地位は相対的に弱化し議会に従属する結果を招来した。本来ならば、議会と政府が緊密な関係を保ちつつ協調的な国政運営を遂行すべきなのであるが、議会と政府は自分勝手な方向を向き意見を異にしたことから多数党の政策が遂行できなくなり、国会が機能不全を起こした[62]。このように本来的には議院内閣制に期待されている長所が有名無実に終わりその機能を発揮できなかった理由は、明確な理念と実践を持たない政党が政府と国会の勢力を掌握することばかりに明け暮れ、国政への一貫した施策が欠如していたためである。このような議院内閣制の運用上の要因のために政局は不安定と混迷を繰り返し、最終的に第2共和国は幕を下ろした。

　要するに、大統領制の独裁化の流れは4・19革命に起因する議院内閣制の自由主義的な流れに移行したが、当時の時代背景や社会的条件は、高度な政治的技術を必要とする議院内閣制を定着させるには幾つかの難しい問題点を抱え込み、議院内閣制を成功させるために必須な前提条件である民主的な政党制の確立ということが欠如していた状態での議院内閣制の採択は単なる試行錯誤を意味するだけであった[63]。

(4) 第4次憲法改正（1960年11月29日）

　李承晩政権の強権に抑圧されていた国民は、新憲法が保障する表現の自由の下で抗議行動を活発化させた。国民の不満の原因は、処罰法規が欠如していたために3・15不正選挙の実行犯に対する処罰ができないことにあった。国会は10月17日に不正行為者に対する処罰を可能にする特別法を設けるために憲法を改正することを提案して11月29日に改正案は可決された。改正は憲法付則として制定され、主要な内容は① 1960年の3・15不正選挙関連者と4月革命弾圧者に対する処罰、② 1960年4月26日以前に反民主的行為をした者に対する公民権の制限、③ 1960年4月26日以前の不正蓄財者に対する刑事上・行政上の処罰のための特別法の制定、④これらの事件を処理するための特別裁判所と特別検察部の設置などである。すなわち、第4次憲法改正は事後処罰を認めるという罪刑法定主義の原則を真っ向から否定するものであった。

　事後処罰の禁止規定を否定する例外規定を認めた憲法改正は違憲であると考えられ、憲法改正には何らかの限界があるのかという問題を巡っては、古くから公法学者の間で限界説と無限界説の対立があるが限界説が正当である。憲法を始源的に創設する憲法制定権力と憲法によって与えられた憲法改正権とは区別されなければならず、憲法制定権力の主体やその定めた基本原理は憲法改正権の限界を画するものである。罪刑法定主義は国民の同意に基づく処罰という民主主義原理を基礎とする。更に、罪刑法定主義の派生原理として事後処罰禁止の原則が存在する。したがって、事後処罰の禁止は民主主義の派生原理であるため、いかなる場合にも遡及処罰は認められるべきではない。この見解は日本の憲法学界における通説でもある。また、ドイツ連邦共和国憲法が、国民主権と人権の基本原則に影響を及ぼす改正は許されない（ドイツ連邦共和国基本法第79条）と定め、フランス第5共和国憲法が、共和政体を改正することはできない（フランス第5共和国憲法第89条）と定めているのも同様の趣旨である。しかし、興味深いことに韓国の憲法の教科書には、この憲法改正に対す

る違憲論が解説されていないものが多い。解説を加えていても、前述の憲法学者金哲洙のように「しかし、この規定は遡及立法による処罰及び参政権と財産権などを制限できるようにした点で違憲であるという議論が多かった」と述べるに留まっている(67)。また、前述の憲法学者許営も著書の本文では違憲性について何も触れておらず、脚注において「この憲法改正は一般的な法原理に含まれる刑罰不遡及の原則を無視したものであるために、憲法改正の限界と関連して決して問題がないことはない。しかし、その当時、この憲法改正案が民議院と参議院において圧倒的な賛成で通過したほど、反民主的行為者に対する国民の怒りは非常に大きいものであった」と当時の状況を客観的に述べているに過ぎない(68)。

　第4次憲法改正は韓国憲法変遷史において異彩を放つ改正であったといえる。李承晩政権の下で抑圧されていた国民は、新しい第3次憲法改正（第2共和国憲法）が保障する表現の自由を享受することになり国民の抗議行動が活発化し、政府は表現の自由を規制する立法まで検討しなければならない程の社会的な混乱が生じた。3・15不正選挙実行犯に対する処罰が軽すぎるという不満が国民の抗議行動の最大の理由であり、政府としては3・15不正選挙実行犯に対する処罰を検討せざるを得なくなり、憲法違反の改正を実施することになった。この事実は韓国社会が「法治国家」ではなく「理治国家」であることの証左である。第4次憲法改正は国家権力の恣意的な動機に起因するというよりは、国民の道徳的な倫理感から「理」を追求しようとする朱子学的観念が韓国人の社会的性格の根幹にあることを示唆するものである。

第4節　経済発展期の軍事政権下での憲法改正

(1) 第5次憲法改正（1962年12月26日）

　第2共和国は政党の組織と活動が非民主的・非効率的であったために、政局

は不安定であり社会秩序は混乱を極めた。この状況の下で、1961年5月16日未明に朴正煕少将を中心とする軍部はクーデターを起こし、第2共和国は終わりを告げた。軍事クーデターは32年間に及ぶ軍人支配の始まりでもあった。クーデター決起直後の5月16日午前5時に、クーデター勢力は中央放送を通じて軍事革命委員会の組織を報じながら6項目からなる5・16革命公約を発表した。(69) 軍は直ちに軍事革命委員会を組織して立法・行政・司法の三権を掌握し、大韓民国全域に戒厳令を宣布した。続いて、軍事革命委員会は国会と地方議会を解散させ、それに伴い5月18日に国務総理張勉は政権を軍事革命委員会に移譲した。翌5月19日に軍事革命委員会は国家再建最高会議に名称変更して革命内閣を組織する一方で、全ての政党と社会団体を解散させた。その後は6月6日に国家再建最高会議で制定・公布された国家再建非常措置法にしたがって統治が行われた。(70) すなわち、国家再建非常措置法の制定により第2共和国憲法は破棄され、政府は総退陣すると共に国会は解散し憲法裁判所は機能を停止した。したがって、第2共和国憲法は国家再建非常措置法に違背しない範囲でのみ効力を維持した。この国家再建非常措置法はナチスの授権法にならったものである。(71) 1961年7月3日に朴正煕が国家再建最高会議の議長となり名実共に朴正煕が三権を掌握した。

　朴正煕政権は5・16革命公約にしたがい、1962年7月11日に民政移譲のための準備として最高会議議員9名、民間人・学者専門家21名で構成される憲法改正のための憲法審議委員会を設置した。憲法審議委員会は7月16日から作業を開始し、10月23日には憲法要綱が決定された。この憲法案は、同年11月5日に公告され12月6日に国家再建最高会議における議決を経て、12月17日に実施された国民投票で79％の賛成を得て確定され、同年12月26日に公布された。しかし、憲法附則にしたがい第5次改正憲法は1963年12月17日から施行された。このような経緯を辿り第5次憲法改正が行われた。しかし、第5次憲法改正は第2共和国憲法（第4次改正憲法）に定められた憲法改正手続に準拠して改正されたものではなく、改正国家再建非常措置法にしたがって旧憲法を全面的に改正したものである点に特色がある。したがって、形式的に

は第 5 次憲法改正であるが実質的には第 3 共和国憲法の制定である。[72]

　この憲法は自由権、生存権、参政権などの国民の基本権を体系的に整理し、現代的な政党政治を確立するために政党条項を設け、国会を一院制にして国会の組織と運用を簡素化して国会の権限を非常に弱くした。更に、三権分立に基礎を置く大統領中心制を採択して行政の迅速性と効率性に配慮し経済科学審議会議、国家安全保障会議などを設置した。また、司法権を強化して司法権の独立を確保し、大法院に違憲立法審査権を付与して司法権優位の原則を確立した。また、憲法改定には国民投票を必須条件にした。しかし、この憲法は国家権力が分散してはいるもののアメリカ型の権力分立的な大統領制とは異なり、大統領に行政権だけではなく国家緊急権、法律案拒否権などを付与し行政権優位の傾向を持つものである。更に、実際の政治においても政党優越の傾向を持ち与党党首である大統領の権限は非常に強力であった。[73]

(2) 第 6 次憲法改正（1969 年 10 月 21 日）

　朴正煕は 1963 年 2 月 28 日に 2・28 宣誓を発表して民政不参加を宣言したが、3 月 16 日には憲法施行を 4 年間延期して軍政を継続する内容の 3・16 声明を突然に発表し前言を翻した。しかし、内外の強い反対に遭遇し、4 月 8 日に朴正煕は 3・16 声明を撤回せざるを得なくなった。結局、朴正煕は 7 月 27 日に声明を発表して 1963 年中の民政移行を表明し、朴正煕は退役して民主共和党総裁に就任した。

　1963 年 10 月 15 日に軍事革命政府は第 5 代大統領選挙を実施し、民主共和党の候補者である朴正煕が約 470 万票、野党民政党の候補者である尹潽善も約 455 万票という大量得票を獲得したが、15 万票の僅差で朴正煕が当選を果たした。同年 11 月に実施された第 6 代国会議員総選挙では与党民主共和党が 175 議席のうち 110 議席を獲得して圧勝し、1963 年 12 月に朴正煕が大統領に就任して第 3 共和国が成立した。

　李承晩政権時代から、日本と韓国の間の政治課題は日韓正常化問題であっ

た。難航していた日韓正常化問題は第3共和国が成立してから急速に進展し、1965年6月に日韓基本条約が調印され両国の国交が樹立された。この条約により日本は無償経済協力3億ドル、政府借款2億ドル、商業借款3億ドルを供与することが取り決められた。また韓国は、ベトナム戦争への参加を表明し、アメリカから多額の援助を引き出した。これらの資金を経済開発に投入して1960年代に驚異的な経済発展を遂げた。日韓基本条約締結問題やベトナム派兵問題に関して国内での強い反対があったにも拘らず、朴正煕大統領は強硬な姿勢で反対勢力に対応した。

1967年5月3日の大統領選挙において朴正煕は尹潽善を抑えて第6代大統領に再選され、同年6月8日に実施された第7代国会議員総選挙においても朴正煕大統領が率いる民主共和党が国会の3分の2を超える129議席を獲得して圧勝した。大統領選挙と国会議員選挙において朴正煕と与党が大勝利を収めることができた理由は、経済発展に対する国民の期待感であり朴正煕が掲げる経済発展計画を経済界のみならず国民の大多数も支持していた結果である。しかし、第3共和国憲法の第69条第3項では、「大統領は1回に限り重任することができる」と規定されていた。そこで、長期政権を目論む朴正煕は、第7代国会議員総選挙の勝利を背景に憲法第69条の三選禁止規定の緩和を盛り込んだ憲法改正に向けて動き出した。

1969年8月7日に民主共和党は、三選禁止規定緩和を目指した憲法改正案を国会に提出した。野党の激しい反対にも拘らず同年8月9日に公告され、9月14日に国会の別館会議室で与党議員のみが出席するという異常事態の下で強行可決された。それに続いて、朴正煕大統領は改正案を10月17日の国民投票に付し、総有権者の投票率77.1％、賛成65.1％で改正案は確定して10月21日に公布された。これが第6次憲法改正である。

第6次憲法改正の主要な内容は以下の通りである[74]。①「大統領の継続再任は3期に限る」というただし書き条項を設けた（第69条第3項但書）。これによって、大統領の三選禁止条項を緩和した。②大統領に対する弾劾訴追の要件を厳格にした（第61条第2項但書）。③国会議員定数を「150人以上200人以下」

から「150人以上250人以下」に増員した（第36条第2項）。④国会議員の閣僚兼職を可能にした（第39条）。この改正により、朴正煕大統領は独裁化の道を歩み始めることになる。国家の基本法である憲法が国会議事堂以外の場所で与党議員のみが出席するという異常事態の下で強行採決されたことは、民主主義の破壊以外の何物でもなく違憲違法の暴挙であると思わざるを得ない。

1971年4月27日に第6次憲法改正の目論見どおり、第7代大統領選挙において朴正煕は大統領に三選された。しかし、朴正煕大統領と新民党の金大中候補との得票率は53.2％対45.3％という結果に終わり95万票という僅差での勝利であった。更に、同年5月25日に実施された第8代国会議員総選挙では、政権与党である民主共和党が113議席を獲得し議会多数を占めたものの、野党新民党も89議席という躍進を遂げ、結果的に与党民主共和党は憲法改正に必要な3分の2の議席数を確保できなかった。

(3) 第7次憲法改正（1972年12月17日）

第7次憲法改正は実質的には第4共和国憲法の制定と評価されるものであり維新憲法と呼称されている。様々な要因が複雑に錯綜する国内外の状況を打開するために、朴正煕大統領は国家安全保障の名目で1971年12月6日に国家非常事態宣言を宣布し、12月27日に野党を排除した国会で国家保衛に関する特別措置法を制定した。国家保衛に関する特別措置法は超憲法的国家緊急権の行使を許容するものであった。

その内容は①大統領は国家安全保障のために非常事態を宣布することができ、②経済規制、③国家総動員令宣布、④特定地域への移動・転入措置、⑤屋外集会と示威規制、⑥言論・出版規制のための特別措置、⑦特定の勤労者の団体行動権・団体交渉権の規制、⑧必要な場合大統領は軍事上の目的のために歳出予算を変更できることなどを規定していた。この法律は、国家の危機を克服するという名目で制定されたもので、超憲法的国家緊急権の行使を可能にする点において違憲性を持つものであった。更に、国家の最高規範である憲法を

超越する権原を一般法が獲得するという法理論上の矛盾を内包したものであった。国家保衛に関する特別措置法により言論・出版の自由や労働基本権は大きく制限されることになり、これに対する国民の反発は強いものであった。

　朴正熙大統領は1972年に入っても国家保衛に関する特別措置法に規定されている非常措置を断行しなかった。しかし、1972年10月17日になって、急変する国際情勢に対応するためには国民の団結が必要であるという大義名分の下に、朴正熙大統領は約2ヶ月の間憲法の一部条項の効力を停止させる非常措置を宣言した。非常措置にしたがい全国に非常戒厳令を宣布し、10月維新と呼ばれる10・17非常措置を実施した。10・17非常措置は、国会を解散させると共に政党などの政治活動を停止させ、国会の権限は非常国務会議が遂行するという内容であった。更に、10・17非常措置は祖国の平和的統一を志向する憲法改正を可能にするものであった。

　1972年10月26日に非常国務会議で第7次憲法改正案が審議され、翌10月27日に議決し公告された。非常戒厳令下という異常事態の中で11月21日に実施された国民投票では、91.9％という高い投票率を示し91.5％の賛成によって確定した。第7次憲法改正案が国民の大多数の賛成で可決された事実は注目に値する。この異常に高い賛成票は、非常戒厳令の下で賛成意見だけ認められ反対意見は禁止された状況で国民投票が実施されたことが主たる要因である。更に、1962年の5・16軍事クーデター以降、朴正熙政権の長期化に伴い権力基盤が権力者の恣意的な人事によって全国的に強化されてきた結果であるとも考えられる。

　第7次憲法改正は大統領の任期を6年に延長して重任制限規定を廃止し、朴正熙大統領の永久政権を可能にするものであった。統一主体国民会議の選挙は12月に実施されたが、野党の候補者は登録妨害を受けてほとんど立候補できず、個別の選挙運動も禁止される中で行われ、2,359人の代議員が選出された。即時に開かれた第1回統一主体国民会議において朴正熙だけが大統領に立候補し、賛成2,357票、無効2票という圧倒的な賛成多数で朴正熙が第8代韓国大統領に選出された。続いて、12月27日に第7次憲法改正が公布され、朴正熙

が大統領に就任して第4共和国が船出した。これが第7次憲法改正（第4共和国憲法）であり維新憲法と呼ばれている。維新憲法は大統領の任期を6年と定め、統一主体国民会議を新設し統一主体国民会議において大統領を選出することを定めており、更に重任禁止規定を廃止したことは朴正熙の終身執権体制が確立したことを意味する。また、これにより1979年10月26日に暗殺されるまで朴正熙大統領の独裁政治が展開されるに至ったのである。

維新体制発足と同時に政党活動の禁止が解除され、1973年2月27日に第9代国会議員総選挙が実施された。投票結果は民主共和党73議席、新民党52議席、民主統一党2議席、無所属19議席となり与党の民主共和党は38.7％の支持を得たが、野党の新民党も32.6％の支持率を獲得し民主共和党が僅か6.1％上回っただけに留まった。この選挙結果は、維新体制に対する国民の不満の表出を意味する。しかし、国会議員定数の3分の1は大統領の推薦名簿に基づいて統一主体国民会議が選出する規定（維新憲法第40条第1項・第2項）により73人の国会議員が統一主体国民会議により選出され維新政友会を結成した。

第4共和国憲法は旧憲法の改正であるのか、それとも新憲法の制定であるのかに関しては議論がある。[79]前述の憲法学者金哲洙は、維新憲法は実質的には継続的に権力を掌握しようとする意図によるクーデター的性格を持ったものであり新憲法の制定であるのみならず、自由民主主義を一時停止し権威主義的新大統領制を採択した点において憲法改正の限界を超えるものであると述べている[80]。第7次憲法改正は憲法改正権の限界を超えたもので新憲法の制定と評価せざるを得ないと考える。憲法を始源的に創設する憲法制定権力と憲法によって与えられた憲法改正権とは明確に区別されなければならず、憲法制定権力の主体やその定められた基本原理は憲法改正権の限界を画するものであるからである。

(4) 第8次憲法改正（1980年10月27日）

　維新体制の2期目に当たる1978年には統一主体会議議員、第9代大統領、第10代国会議員を選出するための3つの大きな選挙が実施された。反政府勢力の抵抗にも拘らず朴正熙は、大統領に再選された。このような閉塞状態の中で知識人、宗教家、学生、労働者、野党政治家などの幅広い層が抵抗運動に参加した。1979年になって維新体制に対する国民的抵抗は激しさを増した。このような社会状況の中でYH貿易事件が起こった。[81] YH貿易事件を批判した金泳三に対して国会は議員除名決議という暴挙に出た。これに抗議して野党議員全員が辞表を提出するという異常事態となった。野党議員の辞表提出に呼応して国民の不満は爆発し、維新憲法を土台とする維新体制に対する国民の抵抗は最高潮に達した。

　このような状況の中で、1979年10月に金泳三の出身地釜山においてデモが拡大し、騒乱状態になった。暴動は隣接する馬山にも波及した（釜馬事態）。そうした中で、1979年10月26日に、朴正熙大統領の信頼の厚かった金載圭中央情報部部長が、朴正熙大統領と車智澈大統領警護室長を会食中に射殺するという事件が起こった（10・26事態）。この事件は釜馬事態の対処を巡る穏健論と強硬論の対立が原因であった。[82]

　この事態を受けて、第4共和国憲法第48条の規定にしたがって直ちに国務総理の崔圭夏が大統領の権限を代行することになり、済州島を除く全土に非常戒厳令が宣布された。その後、12月6日の統一主体国民会議において崔圭夏が第10代大統領に選出され12月21日に就任式が執り行われた。就任式に先立つ1979年12月12日に戒厳司令官鄭昇和参謀総長が大統領暗殺に関する内乱幇助の容疑で銃撃戦のうちに逮捕された。この粛軍を名目としたクーデターにより全斗煥少将が実権を掌握した（粛軍クーデター）。

　正式に大統領に就任した崔圭夏は12月14日に新内閣を組織し、国民の要求にしたがい民主化作業を推進した。1980年に入って、学生や国民は速やか

に憲法改正を実施して民主的な政府を樹立することを要求し始めた。1980年2月29日に金大中を初めとする在野の人々に対する復権処置が発表されると民主化の春が本格化した。しかし、1979年の10・26事態以後、民主化の流れの中で労働争議が頻発し、学生の示威活動も過激化して全国的な広がりを見せた[83]。急激な民主化への流れが社会混乱を誘発した。社会混乱が深刻化する状況の中で、政府は1980年5月17日を期して非常戒厳令を全国地域に拡大宣布して、政治活動の禁止と大学の休校措置を5・17非常措置として布告した。更に、翌日の5月18日に金大中の地盤であり民主化運動の拠点であった全羅道光州市に精鋭部隊が投入されデモの鎮圧が始まった。この時、光州市内で戒厳軍と学生・市民との間で銃撃戦が起こり、多数の死傷者を出すという悲劇が生まれた（光州事件）。その後、同年5月31日に国家保衛非常対策委員会が設置され、形式的には委員長は大統領であったが実質的には全斗煥が国家保衛非常対策委員会の実権を掌握していた。

　権力を掌握した全斗煥は粛軍クーデターと光州事件鎮圧で権力基盤を固めた後、不正蓄財告発を名目に朴政権の残党を権力中枢から一掃した。その後、崔圭夏大統領の辞任を受けて同年8月27日には、統一主体国民会議において全斗煥が第11代大統領に選出された。全斗煥の指示により5・17非常措置により凍結されていた憲法改正作業は憲法改正審議委員会によって再開され、同年9月9日に憲法改正案として確定された。同年9月29日には、国務会議が憲法改正を発議することを議決し憲法改正案を公告した。同年10月22日の国民投票において有権者の91.6％の賛成によって確定すると、同年10月27日に公布された。以上が第8次憲法改正までの概略である。

　改正された憲法は第5共和国憲法とも呼ばれる。第8次憲法改正（第5共和国憲法）が公布・施行されると統一主体国民会議は解散し、その代議員の任期も終了した（付則第4条）。更に、国会議員の任期も終了し（付則第5条）、新憲法に基づく新しい国会が構成されるまで立法府の役割を担う国家保衛立法会議（付則第6条）が、全斗煥大統領によって任命された議員によって構成された。更に、政党は解散させられた（付則第7条）。1981年1月25日には非

常戒厳令も解除された。同年2月11日に新しい大統領選挙法にしたがって大統領選挙人団選挙が行われ選挙人5,278人が選出された。同年2月25日に大統領選挙が実施され、全斗煥が4,755票を獲得して大統領に当選し、同年3月3日に第12代大統領に就任した。全斗煥は大統領就任演説の中で将来の平和的政権交代を約束した。また、憲法改正により大統領の任期は6年から7年に延長されたが再任は認められなくなった。その後、同年3月25日に国会議員選挙が実施されて新しい国会が構成され第5共和国が船出した。

　第5共和国憲法は民間の意見も考慮して作成されたものだけに長所も多い。その中でも①基本的人権の天賦人権性を強調している点、②新しい基本的人権を規定した点、③大統領の再任を認めないことや大統領の緊急権を制限したことなどが特筆できる。この第8次憲法改正に関しても、憲法の継続性を疑問視し、第8次憲法改正は憲法の改正ではなく新憲法の制定であるとする見解もある。

(5) 第9次憲法改正（1987年10月29日）

　第5共和国憲法は施行当初から、大統領選挙人団による大統領間接選挙制度に対する批判の声があった。この批判の声の高まりと共に、全斗煥政権の正統性の問題とも関連して、1983年以降大統領直接選挙制を求める憲法改正要求が政治問題化してきた。この問題は1985年2月12日に実施された国会議員選挙において大きな争点となった。総選挙の結果、与党民主正義党が過半数を獲得したが、金大中や金泳三などを中心とする新韓民主党も第二党に躍進し、野党勢力は本格的に大統領直接選挙制を盛り込んだ改憲闘争に着手した。これに対して、政府は強硬姿勢で臨んだが一層の政局混乱を招くだけであった。この混乱を回避するために、1986年5月29日に与野党は憲法改正の論議を開始することに合意し、与野党が共同で本格的な改憲作業に着手した。しかし、翌年の1987年4月13日に、全斗煥大統領は改憲留保措置宣言を行い、現行憲法のまま政権を移譲することを発表した。しかし、改憲運動は鎮まらなかった。

同年6月29日に、次期大統領候補であった盧泰愚民主正義党代表はこの状況を憂慮し、大統領直接選挙への改憲を主要骨子とする歴史的な6・29民主化宣言を発表した。盧泰愚は6・29民主化宣言の中で、「国民が直接選んだ国会議員によって閣僚の大多数が構成され、対話と妥協をもって自律と開放を基礎とする議院内閣制は民主責任政治に最も即したものであり、……一番望ましい制度であるという私の見解に変化はありません」と述べ、自分の真意は議院内閣制の採用であると主張した。しかし、国民がそれを望まないのであれば、「私は社会的混乱の克服と、国民的和解のために大統領直接選挙制導入は不可避であるとの結論に至った次第です」とし大統領直接選挙制の導入を約束した。

　これを受けて、同年9月18日に与野党合同で作成された憲法改正案は国会に発議され、10月12日に国会で議決されて10月27日の国民投票で確定し、この改正案は10月29日に公布された。これが第9次憲法改正であり韓国の憲法史上初めて与野党の妥協と国民的協議によって行われた憲法改正である。改正憲法にしたがい1987年12月16日に実施された大統領選挙において盧泰愚が第13代韓国大統領に選出された。

　以上のような韓国の統治制度の構築と憲法改正の歴史的展開をみると、韓国の統治制度は独裁政権の維持、軍事政権の維持という権力者の恣意的意図によって編成されてきたと理解できる。そして、第9次憲法改正は、国民による直接選挙の実施が保障されることによって、不正選挙という長年の韓国社会の病理的現象が見直される土台を形成したことを意味し、憲法改正の中でも民主主義の理念に基づいた改正として評価されている。一方、第9次憲法改正が直接選挙による大統領、国会議員、自治体議員を選ぶ体制を構築したことから、「地域主義」の現象が選挙結果を通じて明確に表出する環境を作り上げたのも事実である。すなわち、韓国の憲法改正は権力を保持する手段及び道具として統治体制を支えてきた時代から、第9次憲法改正以降は民意を反映することが可能な統治体制を構築する時代へ変貌してきたと理解できる。更に、第9次憲法改正によって民意を反映できる統治体制が構築されたことにより、「地域主

義」も選挙結果として表出されるようになったのである。次章では、大統領選挙と国会議員の選挙結果を分析し、韓国の「地域主義」の表出と深刻さを検討する。

第2章　大統領選挙と「地域主義」

第1節　権威主義政権時代の「地域主義」の形態

　「地域主義」が表出するのは1987年の民主化以降であると通説的にいわれている。権威主義政権時代にも地域主義的傾向は見られるとの見解もあるが、民主化以降の「地域主義」とは明らかに異なる様相を呈している。しかし、民主化以降2007年までに実施された5回の大統領選挙において特徴的に観察できるのは「地域主義」の現象である。本節では、権威主義政権時代の大統領選挙に焦点を絞り選挙行動の特徴を検証し、「地域主義」の実態を把握することを目的とする。

　日本の植民地からの解放以後、短命に終わった第2共和国は例外として軍部と官僚制を権力基盤とした李承晩、朴正熙、全斗煥という3人の権威主義的性向を持つ権力者が韓国政治を支配してきた。彼らは整備された国家機構の保障の下で絶対的な権力を行使してきた。しかし、世論及び米国の要求など国内外の圧力に対抗して政権の正統性を確保するためには、形式的にでも大統領選挙を実施せざるを得なかった。それ故に不正選挙、金権選挙と批判されても、韓国は民主国家であることを国内外に示す必要性から選挙を実施してきた側面がある。

　権威主義政権時代の大統領選挙は選挙の結果が予め決定されていたといっていい程に選挙妨害や不正選挙が横行し、その歪曲性は著しいものであった。一方、大統領選挙と比較すると国会議員の選挙は政党間の競争や国民の選択が比較的公平であり自由を保障されたものであったといえる。したがって、国会議

員選挙は常に与党にだけ有利に作用したのではなかった。それ故に、政権側は権力の維持を模索するために憲法改正を繰り返すという方法で権力の維持を図ろうとした。憲法が改正されるたびに選挙制度が改正され新しい政党の誕生と消滅を繰り返したが、有権者の投票行動は継続的に一定の様相を示してきた。しかし、「地域主義」は権威主義政権時代における有権者の投票行動を規律する要因ではなかった。選挙結果から農村部においては与党への支持率が高く、

【図表２－１】歴代大統領選挙結果一覧（第１代～第17代）

		日時／投票率	選挙方式	1	2	3	4	備考
第１共和国	第１代	1948.7.20 (93.9)	国会間選	李承晩 180 (91.8%)	金九 13 (6.6%)	安在鴻 2 (1.0%)	徐載弼 1 (0.5%)	国会在籍議員198名中196名 徐載弼は外国籍のため無効
	第２代	1952.8.5 (88.0)	国民直選	自由党 李承晩 5,328,769 (74.6%)	無所属 曺奉岩 764,715 (10.9%)	無所属 李始栄 764,715 (10.9%)	無所属 申興雨 219,696 (3.1%)	
	第３代	1956.5.15 (94.4)	国民直選	自由党 李承晩 5,046,437 (55.7%)	無所属 曺奉岩 2,163,808 (23.9%)	民主党 申翼熙 5月5日死亡		申興雨追悼票は1,856,818 (20.4%)
第２共和国	第４代	1960.8.12 (98.4)	国会間選	尹潽善 208 (82.2%)	金昌淑 29 (11.5%)	卞栄泰 3 (1.2%)	白栄澔 3 (1.2%)	他に、許政、金度演らが立候補 1960.3.15の選挙（無効）では李承晩が当選したが、4.19学生革命で辞任
第３共和国	第５代	1963.10.15 (85.0)	国民直選	民主共和党 朴正熙 4,702,640 (46.6%)	民政党 尹潽善 4,526,614 (45.1%)	秋風会 呉在泳 408,664 (4.1%)	正民会 卞栄泰 224,433 (2.2%)	
	第６代	1967.5.3 (83.6)	国民直選	民主共和党 朴正熙 5,688,666 (51.4%)	新民党 尹潽善 4,526,541 (40.9%)	統韓党 呉在泳 264,533 (2.5%)	民衆党 金俊淵 248,369 (2.2%)	
	第７代	1971.4.27 (79.8)	国民直選	民主共和党 朴正熙 6,432,828 (53.2%)	新民党 金大中 5,395,900 (45.3%)	正義党 陳福基 122,914 (1.0%)	国民党 朴己出 43,753 (0.4%)	

第4共和国	第8代	1972.12.23 (100)	国民会議間選	民主共和党 朴正熙 2,357 (99.9%)				統一主体国民会議在籍議員 2,359名中2,357名の得票
	第9代	1978.7.6 (100)	国民会議間選	民主共和党 朴正熙 2,577 (99.9%)				統一主体国民会議在籍議員 2,578名中2,577名の得票
	第10代	1979.12.6 (98.9)	国民会議間選	崔圭夏 2,465 (96.7%)				統一主体国民会議在籍議員 2,560名中2,465名の得票
第5共和国	第11代	1980.8.27 (98.9)	国民会議間選	全斗煥 2,525 (99.9%)				統一主体国民会議在籍議員 2,535名中2,525名の得票
	第12代	1981.2.25 (99.9)	選挙人団選挙	民主共和党 全斗煥 4,755 (90.2%)	民主韓国党 柳致松 404 (7.7%)	韓国国民党 金鍾哲 85 (1.6%)	民権党 金義沢 26 (0.5%)	大統領選挙人団選挙
第6共和国	第13代	1987.12.16 (89.2)	国民直選	民主正義党 盧泰愚 8,282,738 (36.6%)	統一民主党 金泳三 6,337,581 (28.0%)	平和民主党 金大中 6,113,375 (27.1%)	新民主共和党 金鍾泌 1,823,067 (8.1%)	
	第14代	1992.12.18 (81.9)	国民直選	民主自由党 金泳三 9,977,332 (42.0%)	民主党 金大中 8,041,284 (33.8%)	国民党 鄭周永 3,880,067 (16.3%)	新政党 朴燦鍾 1,516,047 (6.4%)	
	第15代	1997.12.17 (80.7)	国民直選	新政治国民会議 金大中 10,326,275 (40.3)	ハンナラ党 李会昌 9,935,718 (38.7)	国民新党 李仁済 4,925,591 (19.2)	民主労働党 権永吉 306,026 (1.2)	
	第16代	2002.12.19	国民直選	民主党 盧武鉉 12,014,277 (48.91)	ハンナラ党 李会昌 11,443,297 (6.59)	民主労働党 権永吉 957,148 (3.9)		
	第17代	2007.12.19	国民直選	ハンナラ党 李明博 11,492,389 (48.67)	大統合民主新党 鄭東泳 6,174,681 (26.14)	無所属 李会昌 3,559,963 (15.07)		

出所）森山茂徳『韓国現代政治』186～187頁、東京大学出版会、1998年。『第16代大統領選挙総覧』中央選挙管理委員会編を用いて筆者作成。

一方では都市部において野党への支持率が高く出る現象を見出すことができる。このような投票行動の傾向を与村野都と呼び権威主義政権時代に見られる特徴的な投票傾向であると理解されている。

【図表2-1】は、韓国の歴代大統領選挙の選挙方式、結果などを一覧表として作成し、大統領選挙の変遷を整理したものである。権威主義政権時代に大統領選挙が実施されたのは第1代～第12代大統領選挙である。第1代大統領選挙は国会による間接選挙により実施され、第2代～第3代大統領選挙は国民の直接選挙により実施されたが、第4代大統領選挙は5・16軍事革命が原因で直接選挙により実施されることはなかった。民政移管により第5代～第7代大統領選挙は国民の直接選挙による選挙形態に戻っている。しかし、第4共和国と第5共和国において実施された第8代～第11代大統領選挙は統一主体国民会議による間接選挙の形式で実施され、第12代大統領選挙は大統領選挙人団による間接選挙であった。民主化以降の第13代大統領選挙から第17代大統領選挙までの5回の大統領選挙は国民の直接選挙により実施された。したがって、権威主義政権時代の「地域主義」を検討する時に、直接選挙が実施された第2代大統領選挙、第3代大統領選挙、第5代大統領選挙、第6代大統領選挙、第7代大統領選挙の5回の大統領選挙を検討対象として選択する。

1950年5月30日に行われた第2代国会議員総選挙において与党系は24議席しか獲得できず、選挙結果は李承晩政権への国民の否定的態度を示唆するものであった。しかし、1950年6月25日に朝鮮戦争が勃発し事態は急変する。第2代大統領選挙は朝鮮戦争の真只中の1952年8月5日に国民による直接選

【図表2-2】第2代大統領選挙における地域別得票率 (単位：%)

選挙	候補者	地域						全国
		京畿	忠清	湖南	嶺南	江原	済州	
第2代 1952年	李承晩	86.3	83.9	70.6	65.1	92.4	83.8	74.6
	曺奉岩	7.1	6.8	11.4	16.9	2.7	6.4	11.4
	李始栄	5.0	6.7	14.3	14.2	3.4	7.0	10.9

出所）大西裕「地域主義とそのゆくえ」梅津実他『新版 比較・選挙研究』ミネルヴァ書房2004年、184頁を用いて筆者作成。

挙により実施された。【図表2−2】は第2代大統領選挙の各候補者の地域別得票率を整理したものである。投票率は88.1％と高い水準を示し国民の関心の高さを表している。大統領選挙には4人の候補者が立候補したが、李承晩が5,238,769票を獲得し有効投票総数の74.6％という大量得票で圧倒的な勝利を収めた。次点の曺奉岩の得票率は11.4％、李始栄の得票率は10.9％であり100万票に遥かに及ばない結果であった。李承晩が高い得票率を獲得できた理由は、朝鮮戦争継続中であったことが現職大統領としての強みを発揮したものと考えられる。非常事態に直面すると国民はカリスマ性を持った強い指導者を選択する傾向がある。更に、戦時中の政権交代に伴う国内政治の混乱が均衡を保っていた軍事バランスに悪影響を与え休戦交渉に支障が出ることを国民が最も恐れたからに他ならない。

　地域別の得票率に検討を加えると、湖南地域と嶺南地域での李承晩の得票率が他の地域よりも低い傾向を示していることを特徴として指摘できる。他の地域では李承晩の得票率が80％を遥かに越えているにも拘らず湖南地域では70.6％、嶺南地域では65.1％であり全国平均を5〜10％下回っている。湖南地域と嶺南地域は朝鮮半島の南部に位置しているために、戦闘が再発したとしても京畿道や江原道などの北部地域よりは戦場になる危険性が低いことが理由として考えられる。更に、湖南地域と嶺南地域の得票率の低さは李承晩のカリスマ性を信じつつも高圧的な政権運営に対して懐疑的な国民の存在を示唆している。38度線に接する京畿道や江原道では他の地域よりも李承晩が高い支持を集めていることからも、第2代大統領選挙が朝鮮戦争の影響を大きく受けたことを示唆する。特殊な社会状況の下では国民は強い指導者を求める一般的な傾向があるが、第2代大統領選挙は典型的な事例であるといえる。

　【図表2−3】は、第3代大統領選挙における地域別の得票率を整理したものである。第3代大統領選挙は1956年5月15日に実施され、李承晩が有効投票の70.0％に当たる5,046,437票を獲得して当選を果たした。しかし、選挙期間中の5月5日に野党候補申翼煕が遊説中に突然死亡するという事件が発生し選挙戦は意外な展開を見せた。野党有力候補の突然の死去により李承晩の大勝

【図表2－3】第3代大統領選挙における地域別得票率　　　　　　　　　　（単位：％）

選挙	候補者	地域						全国
		京畿	忠清	湖南	嶺南	江原	済州	
第3代 1956年	李承晩	7.1	80.4	67.3	59.1	90.8	87.9	70.0
	曺奉岩	26.9	19.6	32.7	40.9	9.2	12.1	30.0

出所）【図表2－2】に同じ。

利に終ったが内実は意外なものであった。死去した野党候補申翼熙に対する追悼票として1,856,818票という大量の無効票が発生したのである。【図表2－3】は有効投票に対する得票率を示したものであるので無効票に関する評価は反映されていない。申翼熙に対する大量の無効票を有効であると評価して得票率を再計算すると、曺奉岩の得票率が23.9％であったのに対し李承晩の得票率は55.7％に留まったことになる。無効票の大量発生という特殊な現象が発生した理由は、韓国人の社会的性格である抵抗性の表出と考えられ、李承晩の強権的な政権運営に対する痛烈な批判票であり申翼熙の死去という突然の事件がなければ李承晩は当選できたかは疑わしい。

　地域別に有権者の投票行動を検討してみると、湖南地域では李承晩が有効投票の67.3％を獲得しているが曺奉岩は32.7％であった。一方、嶺南地域でも李承晩が有効投票の59.1％を獲得しているが曺奉岩は40.9％であった。両地域とも李承晩が有効投票の過半数を占め、曺奉岩は湖南地域では34.6％引き離され李承晩の得票率の半分にも満たないし、嶺南地域においては18.2％の格差がある。したがって、得票率に格差はあるが両地域とも同様な傾向を示し、「地域主義」は表出していないと判断してよいと考える。特徴的なことは曺奉岩の得票率が江原道と済州道において他の地域と比較して極端に低い傾向を示していることである。1956年当時の江原道や済州道は開発から取り残されていた地域であることから、非都市部であると認定できることから与村野都現象の一種であるとの見方も可能である。

　第4代大統領選挙は国会議員による間接選挙の形式で実施され、国民による直接選挙が実施されるのは第5代大統領選挙である。第2共和国は政党政治に不慣れなために、更には政党の組織や活動が非民主的であったために政局は不

【図表2-4】第5代大統領選挙における地域別得票率　　　　　　　　　　（単位:%）

選挙	候補者	地域						都市化			全国
		京畿	忠清	湖南	嶺南	江原	済州	大都市	都市	郡	
第5代 1963年	朴正熙	31.6	40.9	54.3	56.7	39.6	69.9	35.4	40.7	50.7	46.7
	尹潽善	61.1	49.2	38.1	35.7	49.1	22.3	60.0	53.7	39.5	45.1

出所)【図表2-2】に同じ。

安定になり社会混乱を引き起こした。このような状況の下で、1961年5月16日に朴正熙少将を中心とする軍部が決起し三権を掌握した。朴正熙の主導する軍事革命政府が約2年半の間統治した後、軍事革命政府は第5代大統領選挙を実施した。

【図表2-4】は、第5代大統領選挙の地域別の得票率を整理したものであるが、与村野都の現象が明確な形で表出していることがわかる。1963年10月15日に軍事革命政府は第5代大統領選挙を実施し7人が立候補したが、実質上は朴正熙と尹潽善の一騎打ちの構図であり投票率は85.0%であった。軍を退役して民主共和党の候補者となった朴正熙が約470万票を獲得して当選を果たした。しかし、野党候補の尹潽善は約455万票を獲得し15万票の僅差による勝利であった。第5代大統領選挙は軍事政権の継続を選択するか民政化を選択するかの大きな争点を賭けた戦いであった。したがって、政策的な対立点は両陣営ともになく思想論争に終始した選挙戦であった。

地域別に得票率に検討を加えると、朴正熙の湖南地域と嶺南地域の得票率はそれぞれ54.3%、56.7%であったが、尹潽善の得票率はそれぞれ38.1%、35.7%という結果であった。朴正熙の出身地域である嶺南地域では56.7%の得票率を示し、湖南地域では54.3%を示していることは地域的な投票行動の偏在化現象が表出していないことを意味し、第5代大統領選挙においては湖南地域と嶺南地域の得票率の逆転現象は見られず「地域主義」は発生していない。

一方、大都市部においては朴正熙の得票率は35.4%であったが、野党候補の尹潽善は60.6%であって25.2%の格差があった。大都市部では与党が弱く野党が強いという結果を見出すことができる。更に、郡部では与党候補朴正熙の得票率は50.7%であったが、野党候補の尹潽善は39.5%であり11.2%の格差があ

【図表2－5】第6代大統領選挙における地域別得票率　　　　　　　　　　（単位：％）

選挙	候補者	地域						都市化			全国
		京畿	忠清	湖南	嶺南	江原	済州	大都市	都市	郡	
第6代 1967年	朴正熙	43.1	45.8	43.7	65.7	51.3	56.3	50.6	55.2	50.8	51.4
	尹潽善	51.9	45.7	47.4	25.9	41.7	32.1	45.5	39.6	40.1	40.9

出所）【図表2－2】に同じ。

る。すなわち、郡部では与党が強く野党が弱いという結果を見出すことができる。要するに、与村野都の現象が明確な形で表出した選挙であった。特徴的なことは、尹潽善が忠清道と江原道でそれぞれ49.2％、49.1％の得票率を獲得し、朴正熙を8.3％、9.5％上回る得票を得ていることである。

　第6代大統領選挙は1967年5月3日に実施された。【図表2－5】は、第6代大統領選挙の地域別の得票率を整理したものである。この選挙は軍事政権から民政へ移管してから以後の朴正熙政権の評価を問うものであった。第6代大統領選挙は7人が立候補したが、前回の第5代大統領選挙と同様に与党民主共和党の朴正熙と新民党の尹潽善の一騎打ちの様相を呈した。与党側は明るい未来を国民にアピールするために工業化政策を前面に掲げて戦った。一方、新民党は結党して間もないこともあり、民衆党系と新韓党系の末端組織の結束を固められずに総力を結集するまでには至らなかった。[86]

　選挙結果は、民主共和党の朴正熙が有効投票の51.4％に相当する5,688,666票を獲得し、4,526,541票を獲得した新民党の尹潽善を116万票余りの票差で押さえて再選された。[87] この選挙において勝敗を決定づけたのは嶺南地域の有権者の投票行動であった。自分の出身地である嶺南地域における朴正熙の得票率は65.7％で尹潽善の得票率と比較して約2.5倍の圧倒的な強さを示し、第5代大統領選挙の時よりも約20％得票率を伸ばしている。湖南地域では尹潽善の得票率は朴正熙を3.7％上回っているし、忠清道でも互角の戦いをしている。有権者の最も多い京畿道においては8.8％も朴正熙の得票率を上回っている。しかし、嶺南地域での圧倒的な惨敗を他の地域で挽回することは不可能であった。この選挙結果により朴正熙大統領は民主共和党内での発言権強化に成功し、6月8日に実施された第7代国会議員総選挙においても強力な指導力を発揮し

大勝利を収めることができた。

　大都市圏の得票率は朴正熙が50.6％、尹潽善が45.5％であり朴正熙の得票率が5.1％上回っている。更に、都市部の得票率を比較して見ると朴正熙が55.2％、尹潽善が39.6％であり15.6％も朴正熙の得票が上回り圧倒的に優勢である。一方、郡部では朴正熙が50.8％、尹潽善が40.1％であり朴正熙が10.7％上回り、都市部、郡部共に朴正熙が優勢に戦いを進めたことがわかる。したがって、第6代大統領選挙に関しては、与村野都の現象は発見することはできない。権威主義政権時代は与村野都の現象が表出し、民主化以降は「地域主義」であるという解説が一般的になされることが多いが、このような二元的な分類は根拠のないものであることがわかる。更に、嶺南地域と湖南地域の有権者の投票行動に注目するならば「地域主義」の萌芽と評価する方が妥当性を持つと考える。

　1969年10月の国民投票によって三選への道を開いた朴正熙政権は、次期大統領選挙の期日を1971年4月27日に決定した。第7代大統領選挙に向けて与党は選挙態勢を構築するために活動を開始した。朴正熙大統領は強硬派と穏健派に分かれて対立していた党内の人事を一新し、内閣改造を実施して選挙態勢を整備した[(88)]。一方、野党新民党は国会議員であった当時44歳の金大中を大統領選挙候補者に選出した。新民党が40代の候補者を擁立したことは与党共和党に衝撃を与え、共和党の選挙態勢に大きな影響を及ぼした。

　第7代大統領選挙の最大の争点は、与野党間の国家安全保障政策の相異にあった。金大中は郷土予備軍の廃止と米・ソ・日・中4大国の共同合意による朝鮮半島の戦争抑制保障案を表明し、南北朝鮮の人道的・文化的交流の推進を主張した。金大中の主張は国民の関心を集めたが、与党共和党は国家の安全保障を脅かすものであるとして痛烈に批判した。

　第7代大統領選挙は7人の候補者が立候補したが、2人が野党勢力の結集という名目で立候補を取りやめ、5人の候補者が争う構図となったが事実上は朴正熙と金大中の一騎打ちの様相を示した。この選挙において与党共和党は膨大な党組織の支援を受け、北朝鮮の挑発に対抗する国家安全保障、政局の安定、

【図表2−6】第7代大統領選挙における地域別得票率　　　　　　　　　（単位：％）

選挙	候補者	地域						都市化			全国
		京畿	忠清	湖南	嶺南	江原	済州	大都市	都市	郡	
第7代 1971年	朴正煕	43.6	54.8	34.8	71.2	59.9	56.9	44.0	51.9	57.7	51.1
	金大中	55.3	43.1	62.3	27.9	38.8	41.8	55.4	46.7	40.3	43.5

出所）【図表2−2】に同じ。

継続的な経済発展を掲げて選挙戦に臨んだ。一方、野党新民党は朴政権の長期化と腐敗の防止、郷土予備軍の廃止、大衆経済政策の確立、中央情報部の廃止、大統領の三選禁止などを主張し共和党に対抗した。しかし、選挙結果は朴正煕の三選を信任した形で終結した。

【図表2−6】は、第7代大統領選挙の地域別の得票率を整理したものである。朴正煕は6,342,828票を獲得し金大中に94万票余りの差をつけて勝利した。朴正煕の得票は忠清道、慶尚道、江原道、済州道では金大中の得票を上回っているが、京畿道、全羅道では金大中に大きく負け越している。朴正煕は慶尚道では圧倒的な強さを示し金大中の約3.1倍の得票を得ている。しかし、慶尚道を除く地域の得票の合計は金大中が55万票も朴正煕の得票を上回っている。したがって、朴正煕は慶尚道の大量得票がなければ当選の可能性が無かった。すなわち、朴正煕が地域葛藤を刺激する選挙運動を展開したことが朴正煕の当選に直結したのである。更に、湖南地域では金大中が62.3％の得票率を示し、朴正煕を27.5％も上回り出身地域での圧倒的な強さを見せている。一方、嶺南地域では朴正煕が金大中に43.3％の大きな大差をつけている。以上の分析から、第7代大統領選挙の地域別の得票率を検討する限りにおいて「地域主義」が表出しているとみなしてよい。大都市圏では朴正煕は44.0％であるのに対して金大中は55.4％の得票率を示している。一方、郡部では朴正煕が55.7％の得票率を示しているのに対して金大中は40.3％に過ぎず17.4％の格差が生じている。この事実から、第7代大統領選挙においては与村野都の現象も表出しているといえる。要するに、第7代大統領選挙では「地域主義」と与村野都の二重現象が観察できるのである。

権威主義政権時代には与村野都の現象を観察することができるとされるが、

第7代大統領選挙までの大統領選挙結果を検討する限り、明確な形で与村野都の現象を確認できるのは第5代大統領選挙と第7代大統領選挙に過ぎない。第7代大統領選挙結果の解釈の違いに起因する問題であるが、与村野都の現象を指摘する見解と「地域主義」現象を指摘する見解が成立し得る。権威主義政権時代に特徴的な現象は与村野都であり「地域主義」は確認することはできないと一般的には解釈されているが、【図表2－2】～【図表2－6】に整理した大統領選挙の選挙結果を検討する限り、第6代大統領選挙で「地域主義」の萌芽が現れ、第7代大統領選挙で「地域主義」が表出したと考える見解も成立し得る。

　「地域主義」との関係では第7代大統領選挙において湖南地域の代表である金大中が62.3％の得票率を獲得し朴正熙が嶺南地域で71.2％の得票率を獲得していることに注目するべきである。地域的な偏差は存在するが「地域主義」といえる程の強い傾向を示すものではなく選挙の争点や候補者自身の個別的要因から生じたものであるという意見もある(91)。このような見解は権威主義政権時代には「地域主義」は存在しないという前提で「地域主義」の原因を探ることになり本質を見誤る危険のある見解と考える。60％～70％の得票率は非常に高い得票率であると考えるべきであり「地域主義」と関連した現象として把握するべきである。

　第8代～第11代大統領選挙は統一主体国民会議による間接選挙の形式で実施された。更に、第12代大統領選挙は大統領選挙人団による間接選挙であった。したがって、国民による直接選挙が復活したのは、1987年の民主化以後の1987年12月16日に実施された第13代大統領選挙からであった。

第2節　第13代〜第15代大統領選挙と「地域主義」の形態

(1) 第13代大統領選挙と「地域主義」の検討

　民主化以降の有権者の投票行動の特徴は「地域主義」と表現され、「地域主義」とは特定の地域を排他的な支持基盤とした政党が当該地域出身者の票を多く集める構図をいう。第13代大統領選挙は民主化後の1987年12月16日に実施され、盧泰愚が8,282,738票を獲得して当選を果たした。(92) 得票率は盧泰愚が36.6％、金泳三が28.0％、金大中が27.1％、金鍾泌が8.1％であった。

　【図表2－7】は第13代大統領選挙における候補者別、地域別の得票率を整理したものである。第13代大統領選挙において政府与党系の盧泰愚は出身地盤である大邱広域市、慶尚北道で70.7％、66.4％の得票率を示し、金泳三はそれぞれ24.3％、28.2％の得票率であった。したがって、盧泰愚は次点の金泳三の得票の約2〜3倍の得票を獲得したことになる。また、釜山出身である金泳三は釜山広域市、慶尚南道で56.0％、51.3％の得票率を示し盧泰愚は32.1％、41.2％と明らかに金泳三が得票率で10〜20％もの格差をつけている。金大中と金鍾泌の得票率は概ね3％以下であり、金大中の釜山広域市、慶尚南道での9.1％、4.5％という得票率が若干目に付く程度である。金大中が釜山広域市・慶尚南道において若干高い得票を獲得した理由は都市部に居住する人々は進歩

【図表2－7】第13代大統領選挙における地域別得票率　　　　　　　　（単位：％）

選挙	候補者	地域												
		全体	ソウル	釜山	大邱	仁川	光州	京畿	江原	忠北	忠南	全北	全南	慶北	慶南	済州
第13代	盧泰愚	36.7	30.0	32.1	70.7	39.4	4.8	41.4	59.3	46.9	26.2	14.1	8.2	66.4	41.2	49.8
	金泳三	28.0	29.1	56.0	24.3	30.0	0.5	27.5	26.1	28.2	16.1	1.5	1.2	28.2	51.3	26.8
	金大中	27.0	32.6	9.1	2.6	21.3	94.4	22.3	8.8	11.0	12.4	83.5	90.3	2.4	4.5	18.6
	金鍾泌	8.1	8.2	2.6	2.1	9.2	0.2	8.5	5.4	13.5	45.0	0.8	0.3	2.6	2.7	4.5

出所）『第13代大統領選挙総覧』中央選挙管理委員会編。韓国中央選挙管理委員会のホームページ（http://www.nec.go.kr.7070）。

的な傾向があるので、このような結果が生じたものと考えられる。また、金鍾泌は自分の地盤である忠清道で着実に票を伸ばしている。

一方、光州広域市、全羅北道、全羅南道に関して各候補者の得票率を検討して見ると、金大中の得票率は光州広域市、全羅北道、全羅南道においてそれぞれ94.4％、83.5％、90.3％であり極端に高い得票率を示している。盧泰愚の得票率は光州広域市、全羅北道、全羅南道においてそれぞれ4.8％、14.1％、8.2％、金泳三の得票率は光州広域市、全羅北道、全羅南道においてそれぞれ0.5％、1.5％、1.2％、金鍾泌の得票率は光州広域市、全羅北道、全羅南道においてそれぞれ0.2％、0.8％、0.3％であった。湖南地域に関する限り盧泰愚、金泳三、金鍾泌の3人の得票率は比較にならないほど低い結果になっている。得票率の格差が最大である光州広域市の場合に、金大中の得票率は盧泰愚の得票率の約19.7倍、金泳三の得票率の約189倍、金鍾泌の得票率の約472倍という結果を示している。湖南地域の中では最も格差の小さい全羅北道の場合でも、金大中の得票率は盧泰愚の得票率の約5.9倍、金泳三の得票率の約55.7倍、金鍾泌の得票率の約104.4倍という結果を示し、全羅北道においても極端な支持の偏重が見られる。以上のように、第13代大統領選挙において「地域主義」の表出を観察することができる。

(2) 第14代大統領選挙と「地域主義」の検討

第14代大統領選挙は1992年12月18日に実施され、民主自由党の金泳三が有効投票数の42.0％に相当する9,977,332票を獲得して勝利した。対抗馬の金大中は800万票を超える支持を集めたが190万票余りの格差をつけられて敗北した。得票率は金泳三が42.0％、金大中が33.8％、鄭周永が16.3％であった。

【図表2－8】は第14代大統領選挙における候補者別、地域別の得票率を整理にしたものである。金泳三にとっては盧泰愚の遺産を引き継ぐ構図が形成されたことにより、非湖南地域連合といえる民主自由党の結成が勝敗を分けることになった。権威主義政権時代の匂いを残す盧泰愚の後継者とみなされる可能

【図表2－8】第14代大統領選挙における地域別得票率　　　　　　（単位：％）

選挙	候補者	地域												
		全体	ソウル	釜山	大邱	仁川	光州	大田	京畿	江原	忠北	忠南	全北	全南	慶北	慶南	済州
第14代	金泳三	42.0	36.4	73.3	59.6	37.3	2.1	35.2	36.3	41.5	38.3	36.9	5.7	4.2	64.7	72.3	40.0
	金大中	33.8	37.7	12.5	7.8	31.7	95.8	28.7	32.0	15.5	26.0	28.5	89.1	92.2	9.6	9.2	32.9
	鄭周永	16.3	18.0	6.3	19.4	21.4	1.2	23.3	23.1	34.1	23.9	25.2	3.2	2.1	15.7	11.5	16.1

出所）『第14代大統領選挙総覧』中央選挙管理委員会編。韓国中央選挙管理委員会のホームページ（http://www.nec.go.kr.7070）。

性の存在は、民主化の象徴であった金泳三のイメージ転換を意味した。革新勢力の支持が離反する恐れはあったが金大中に対抗するための戦略としては最善の選択であった。

　選挙結果は「地域主義」の激化を招来したものであった。金大中の光州広域市、全羅北道、全羅南道での得票率はそれぞれ95.8％、89.1％、92.2％であり、前回の第13代大統領選挙で獲得した得票率よりもそれぞれ1.4％、5.5％、1.9％上昇する結果となった。金泳三の光州広域市、全羅北道、全羅南道での得票率はそれぞれ2.1％、5.7％、4.2％、鄭周永の光州広域市、全羅北道、全羅南道での得票率はそれぞれ1.2％、3.2％、2.1％という結果であり両候補とも湖南地域では数％の得票率しか獲得できなかった。光州広域市における金大中の得票率は金泳三の約45.6倍、鄭周永の約79.8倍であった。

　金大中の前回の第13代大統領選挙における得票率と比較すると光州広域市、全羅北道、全羅南道での得票率はそれぞれ1.4％、5.6％、1.9％上昇している。また、金泳三の前回の第13代大統領選挙における得票率と比較すると光州広域市、全羅北道、全羅南道での得票率はそれぞれ1.6％、4.2％、3.0％、金大中と同様な得票率の上昇を見せている。選挙は回数を重ねると若干の得票の伸びを期待できる傾向が一般的にあるが、第14代大統領選挙においても同様な回数効果が表出していると考えられる。更に、第13代大統領選挙における有力候補であった盧泰愚に投票した有権者が浮動票化し金泳三と鄭周永に流れたとの解釈も成り立つ。

　一方、嶺南政党の支持を受けた金泳三は大邱広域市、釜山広域市、慶尚北道、

慶尚南道でそれぞれ59.6％、73.3％、64.7％、72.3％という非常に高い得票率を獲得した。金大中の得票率は大邱広域市、釜山広域市、慶尚北道、慶尚南道でそれぞれ7.8％、12.5％、9.6％、9.2％であり、金泳三の得票率との格差は地域ごとにそれぞれ51.8％、60.8％、55.1％、63.1％の格差を示している。嶺南地域の中でも大邱広域市と慶尚北道の金泳三の得票率が、他の嶺南地域の得票率よりも低い結果を示しているのは現代財閥のオーナーである鄭周永が出馬したことにより鄭周永に票が流れたためであると考えられる。以上の選挙結果を評価して「地域主義」は強化されたと一般的に説明されてきた。

(3) 第15代大統領選挙と「地域主義」の検討

　第15代大統領選挙は1997年12月17日に実施され、金大中、李会昌、李仁済の3人で実質上は争われた選挙であり、投票率は過去最低の80.7％であった。金大中が有効投票総数の40.3％に相当する10,326,275票を獲得して念願の当選を果たした。対立候補の得票率は李会昌が38.7％、李仁済が19.2％という結果に終わり、金大中と李会昌の得票率の差は1.6％という接戦であった。
　【図表2－9】は第15代大統領選挙における候補者別、地域別の得票率を示したものである。光州広域市、全羅北道、全羅南道における金大中の得票率はそれぞれ97.3％、92.3％、94.6％に達し、第13代大統領選挙、第14代大統領選挙を上回る奇跡的ともいえる高い得票率を示した。李会昌の光州広域市、全

【図表2－9】第15代大統領選挙における地域別得票率　　　　　　　（単位：％）

選挙	候補者	地域														
		全体	ソウル	釜山	大邱	仁川	光州	大田	蔚山	京畿	江原	忠北	忠南	全北	全南	慶北	慶南	済州
第15代	金大中	40.3	44.9	15.3	12.5	38.5	97.3	45.0	15.4	39.3	23.8	37.4	48.3	92.3	94.6	13.7	11.0	40.6
	李会昌	38.7	40.9	53.3	72.7	36.4	1.7	29.2	51.4	35.5	43.2	30.8	23.5	4.5	3.2	61.9	55.1	36.6
	李仁済	19.2	12.8	29.8	13.1	23.0	0.7	24.1	26.7	23.6	30.9	29.4	26.1	2.1	1.4	21.8	31.3	20.5

出所）『第15代大統領選挙総覧』中央選挙管理委員会編。韓国中央選挙管理委員会のホームページ（http://www.nec.go.kr.7070）。

羅北道、全羅南道における得票率はそれぞれ1.7％、4.5％、3.2％、李仁済の光州広域市、全羅北道、全羅南道における得票率はそれぞれ0.7％、2.1％、1.4％であった。湖南地域における金大中の得票率と李会昌の得票率を比較すると光州広域市、全羅北道、全羅南道のそれぞれの地域で95.6倍、87.8倍、91.4倍もの得票を金大中は獲得している計算になる。李仁済の得票率と金大中の得票率を比較すると、その格差は更に拡大する。すなわち、湖南地域においては第13代大統領選挙、第14代大統領選挙に引き続いて極端な「地域主義」を観察できるのである。

　湖南地域における金大中の得票率は釜山広域市、大邱広域市、蔚山広域市、慶尚北道、慶尚南道でそれぞれ15.3％、12.5％、15.4％、13.7％、11.0％であった。李会昌の湖南地域における得票率は釜山広域市、大邱広域市、蔚山広域市、慶尚北道、慶尚南道でそれぞれ53.3％、72.7％、51.4％、61.9％、55.1％であり、李仁済の得票率はそれぞれ29.8％、13.1％、26.7％、21.8％、31.3％であった。嶺南政党の支持を受けた李会昌は、嶺南地域において順調な得票を獲得している。嶺南地域において金大中も各地域で10％を超える得票を獲得している事実に注目すべきである。李会昌の得票率と比較すると3.5～6倍程度の格差は存在するが、湖南地域における金大中と李会昌の得票率の格差と比較すると隔絶とした違いがある。李会昌の得票率と金大中の得票率の格差は釜山広域市、大邱広域市、蔚山広域市、慶尚北道、慶尚南道でそれぞれ約3.5倍、約5.8倍、約3.3倍、約4.5倍、約5.0倍である。しかし、湖南地域における金大中と李会昌の得票率の格差は約20～60倍にも達する。湖南地域における金大中への得票の集中は嶺南地域における李会昌への得票の偏重とは性質が異なると考えざるを得ない。すなわち、金大中の民主化の象徴としてのカリスマ性が「地域主義」を超越した金大中神話を形成してきたと考えられる。

　以上の事実は、第13代大統領選挙～第15代大統領選挙において「地域主義」の表出を明確に示すものであり、「地域主義」の継続を示すものである。第13代大統領選挙において忠清政党の支持を基盤に出馬した金鍾泌に替わる忠清地域の地域代表が存在しなかったために、第14代及び第15代大統領選挙におい

て忠清地域の票は浮動票化した。湖南地域に関しては「地域主義」が強化され、嶺南地域に関しては候補者の個別的要因が作用したと考えられることから「地域主義」は現状維持と評価できる。

第3節　第16代大統領選挙と「地域主義」の形態

　第16代大統領選挙は、事前に予想されてはいたが開票率90％を超えるまで当選者を確定できないほどの大接戦となった。最終的には盧武鉉が約57万票という僅差で李会昌を抑え勝利した。三金時代は終焉を迎えて新時代を迎えることになった。[94]

　投票率は前回の第15代大統領選挙の80.6％から大幅に下落して70.8％になり、民主化以降の大統領選挙の投票率は一貫して低下傾向を示している。投票率が大幅に低下した理由として、第一に有権者の政治に対する無関心層の増加を指摘できる。民主党、ハンナラ党を問わず政治家たちの汚職や腐敗が次々と表面化したことから政治に対する不信が深まり、政治に対して期待や関心を国民が持てなくなったことを指摘できる。第二に、投票日の前日になって突然に鄭夢準が盧武鉉に対する支持を撤回したことにより浮動票の多くが棄権することになったと考えられる。[95]第三に、過去の大統領選挙の時よりも地域地盤の固まっていない候補者たちであったと指摘できる。

　更に、今回の選挙では盧武鉉を支持する若者たちのインターネットを利用した選挙運動が盛り上がりを見せ、本来ならば投票に行かない若年層の多くが投票所に行ったことが勝敗を決した。

　【図表2－10】は第16代大統領選挙の結果である。地域別にどのような得票率を獲得したのかを検討すると、第16代大統領選挙では、李会昌が民主党の地盤である湖南地域で全く票を伸ばすことができなかったが、盧武鉉はハンナラ党の地盤である嶺南地域で善戦をしており、「地域主義」は依然として残存してはいるものの以前ほどの極端な格差は生じなかったという評価が可能で

【図表２－10】 第16代大統領選挙における地域別得票率　　　　　　　　（単位：％）

選挙	候補者	地域														
		全体	ソウル	釜山	大邱	仁川	光州	大田	蔚山	京畿	江原	忠北	忠南	全北	全南	慶北	慶南	済州
第16代	盧武鉉	48.9	51.3	29.9	18.7	49.8	95.2	55.1	35.3	50.7	41.5	50.4	52.2	91.6	93.4	21.7	27.1	56.1
	李会昌	46.6	45	66.7	77.8	44.6	3.6	39.8	52.9	44.2	52.5	42.9	41.2	6.2	4.6	73.5	67.5	39.9

出所）『第16代大統領選挙総覧』中央選挙管理委員会編。韓国中央選挙管理委員会のホームページ（http://www.nec.go.kr.7070）。

ある。

　第16代大統領選挙の地域別投票結果と第15代大統領選挙の地域別投票結果を比較すると相違点が浮上する。第一に、ハンナラ党の地盤である嶺南地域において湖南政党（前回は国民会議、今回は民主党）の得票率が、第15代大統領選挙の時は慶尚北道、慶尚南道、釜山広域市、大邱広域市でそれぞれ13.7％、11.0％、15.3％、12.5％であったのに対し、第16代大統領選挙ではそれぞれ21.7％、27.1％、29.9％、18.7％でありいずれの地域でも20％を超えている事実を指摘できる。第二に、忠清地域を地盤とする忠清政党である自民連が中立を宣言したために忠清地域の票が浮動票化したことである。忠清道の有権者の票が浮動票化した事実に着目して「地域主義」の構造が崩れ始めているという指摘や弱化したという指摘もある⁽⁹⁶⁾。

　しかし、湖南地域においては前回と同様に湖南政党である民主党の盧武鉉の圧勝であった。第15代大統領選挙では全羅北道、全羅南道、光州広域市においてそれぞれ92.3％、94.6％、97.3％であったのに対し、第16代大統領選挙ではそれぞれ91.6％、93.4％、95.2％の得票率を獲得しいずれの地域でも90％を越える得票率を示している。若干１〜２％の得票率の減少はあるが、この減少を「地域主義」の弱化と捉えてはならず、投票率の低下と候補者金大中のカリスマ性に起因する結果であると考えるべきである。

　一方、嶺南政党であるハンナラ党の李会昌は、嶺南地域において第15代大統領選挙で獲得した得票率よりも今回の方が高い得票率を示している。【図表２－９】と【図表２－10】を参照すると、釜山広域市では53.3％が66.7％に

13.4％増加し、大邱広域市では72.7％が77.8％に5.1％増加し、慶尚北道では61.9％が73.5％に13.4％増加し、慶尚南道では55.1％が67.2％に12.1％得票率が増加している事実を読み取ることができる。次に、湖南地域の李会昌の得票率に注目してみると、前回の大統領選挙において全羅北道、全羅南道、光州広域市ではそれぞれ4.5％、3.2％、1.7％であったのに対し、今回はそれぞれ6.2％、4.6％、3.6％と若干1～2％の増加が見られる。湖南地域での得票率の増加を「地域主義」の変容であると評価してはならず、1～2％は誤差範囲の問題であり、相手候補が金大中であるのか盧武鉉であるのかという候補者自体に起因する要因であると把握するべきである。嶺南地域において李会昌の得票率が増加した理由は、前回の選挙で敗北した地域代表としての李会昌に対する期待票であり、今回こそは当選させたいという同情票がこのような結果を生んだと考えられる。以上の検討から、「地域主義」は依然として継続していると把握するべきであって、決して「地域主義」の変容と捉えるべきではない。「地域主義」の本質は湖南地域の人々の投票行動の特殊性にあるのであって、嶺南地域や忠清地域の得票率の偏在化は第二次的な問題である。

　実際の選挙戦においても盧武鉉は選挙戦略上から「地域主義」の解消を前面に押し出して闘わなければならなかった。湖南地域の投票行動に関しては大きな変化がないと予想されたので、嶺南地域でどの程度票を獲得できるか否かに勝敗の鍵があった。民主党が慶尚南道出身の盧武鉉を候補者に選んだ理由も嶺南地域の有権者の支持の獲得にあった。勝敗を分けたのは相手方の地盤でどの程度の票を獲得したか、浮動票の多い首都圏及び忠清地域で浮動票をどの程度獲得できたかにあった。すなわち、湖南政党である民主党の候補者であった盧武鉉は慶尚南道の出身であることから嶺南地域での得票はある程度予想されたので、主戦場である首都圏において浮動票をどれだけ獲得できるかが勝敗を決める重要な要素であった。浮動票に関しては若年層の動向が決め手になった。李会昌は三金時代の人物ではないが世代的に三金と同世代の政治家とみなされていたことが変化を求める若年層の支持を集めることができなかった原因である。すなわち、若年層にとって李会昌は旧来の政治の影を引きずっている存在

として認識されたことが理由である。一方、盧武鉉に関しては人権派弁護士としての知名度や国会で全斗煥大統領の不正を追求した過去の英雄イメージが国民の潜在意識に残存し、盧武鉉が大統領になれば韓国政治の悪弊が変わるのではないかという期待を国民各層、特に若年層に抱かせたことも浮動票獲得の一因であった。

「地域主義」と共に第16代大統領選挙において重要な役割を演じたのが若年層のインターネットを活用した独自の活動であった。【図表2－11】はＭＢＣとコリアリサーチが有権者7万人を対象に実施した出口調査の結果から年代別の得票率を整理したものである。【図表2－11】を参照すれば、20歳代と30歳代においては盧武鉉の得票率は李会昌の得票率と比較すると約25％大差をつけている事実がわかる。40歳代では両候補の得票率は拮抗し50歳代では大差で逆転をしている。60歳以上になるとその差は拡大し約1.8倍にも達している。この結果から読み取れるのは、盧武鉉は20歳代、30歳代の比較的若い有権者層から厚い支持を集め、李会昌は50歳代以上の壮年・老年層から幅広い支持を集めていることが理解できる。また、同調査によれば大学卒以上の学歴を持つ有権者は盧武鉉を支持し、中学卒以下の学歴の有権者は李会昌を支持する傾向を示しているという結果が出ている。[97]この事実は、韓国人の政治的行動に最も影響を与えるのが教育水準と年齢であるという分析と一致するものである。[98]韓国においては教育水準が高く年齢が低いほど民主的傾向が高くなり、逆に教育水準が低く年齢が高いほど民主的傾向が低くなる傾向を持つことが知られている。韓国人の性向が権威主義政権時代の与村野都現象を生み出した原因であり、第16代大統領選挙においても表出していると評価できる。したがって、

【図表2－11】第16代大統領選挙における年代別得票率推計（単位：％）

	20歳代	30歳代	40歳代	50歳代	60歳以上
盧武鉉	50.9	59.3	48.1	40.1	34.9
李会昌	34.9	34.2	47.9	57.9	63.5

出所）小林英夫「韓国の大統領選挙と政治変容」『アジア太平洋討究』第5号、2003年3月、29～31頁。

盧武鉉は李会昌よりも民主的傾向を持つ候補であると国民が認識していたことになる。

【図表2－12】〜【図表2－14】は、韓国ギャラップ社が選挙前に行った世論調査の結果であり、出身地域により、どの年齢層がどの候補者を支持しているかを示したものである。嶺南・湖南以外の地域の出身者では、【図表2－11】に示された結果とほぼ同様の傾向を示している。しかし、湖南地域出身者においては、20歳代の比率が若干高いものの、全ての年齢層で盧武鉉候補に対する非常に高い支持を示している。この事実は、「地域主義」の継続を示しているし、「地域主義」の源泉は湖南地域にあることを明確に示している。興味深い事実は、嶺南地域出身者の年齢別支持率の変化である。30歳代で盧武鉉候補と李会昌候補の支持率が逆転現象を起こしている。この現象は本書が指摘しようとしている見解と背反するように理解できるかもしれない。しかし、この逆転現象に関しては合理的な説明が可能である。1987年に民主化を果たし政変によらずに政権が交代した時に18歳の青年は第16代大統領選挙の時には33歳になっている。民主化抗争という一種の市民革命を体験してきた年齢

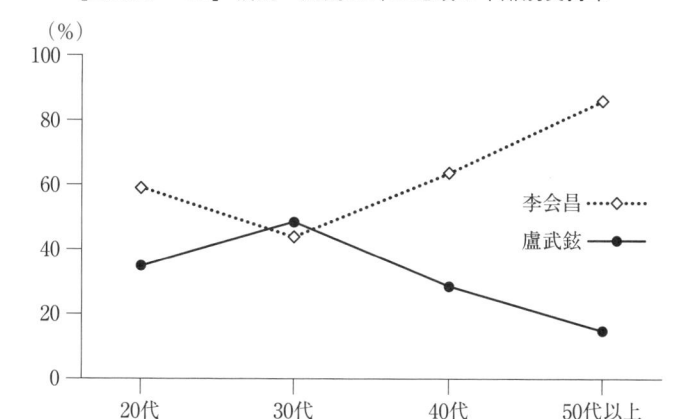

【図表2－12】嶺南・湖南以外の地域の年齢別支持率

出所)『第16代大統領選挙投票形態』韓国ギャラップ、2003年、300〜301頁。

【図表2−13】湖南地域の年齢別支持率

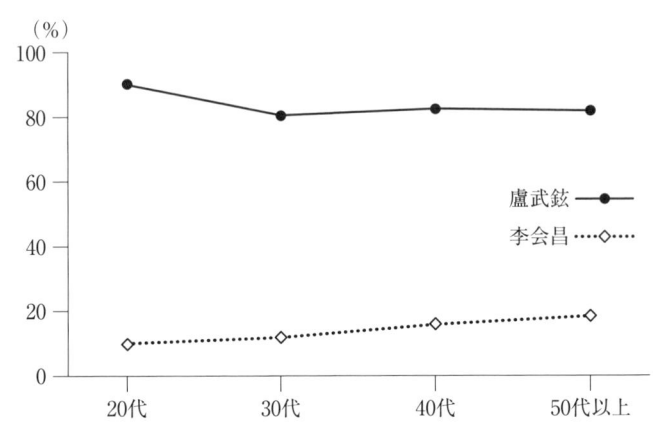

― 盧武鉉
‥‥ 李会昌

出所)『第16代大統領選挙投票形態』韓国ギャラップ、2003年、300〜301頁。

【図表2−14】嶺南地域の年齢別支持率

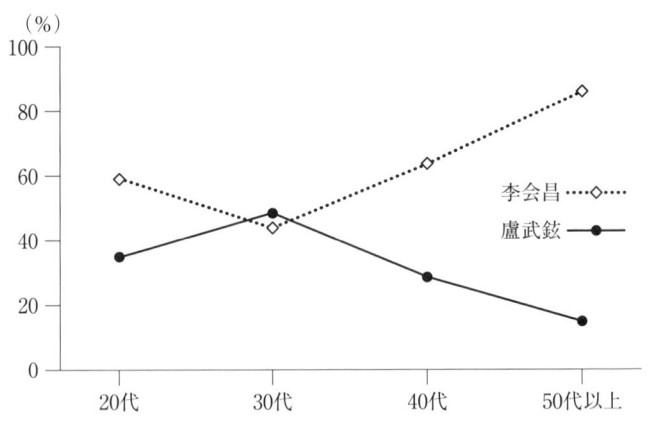

‥‥ 李会昌
― 盧武鉉

出所)『第16代大統領選挙投票形態』韓国ギャラップ、2003年、300〜301頁。

層であり民主主義的、進歩的という観念に敏感に反応することは当然の結果といえる。

　結論を述べるならば、第16代大統領選挙における「地域主義」の本質は、第13代～第15代大統領選挙と同様に変化することはなかった。もちろん、先行研究の立場からは「地域主義」の変容と把握することも可能である。しかし、「地域主義」の表出を政治的な作為が発火装置となって表われたものであり、その本質は歴史文化的に醸成されてきた湖南地域の人々の深層心理に根ざす抵抗性であるとする議論からは決して「地域主義」の変容とは評価できない。

　また、第16代大統領選挙の特徴として、インターネットが選挙結果に重大な影響を与えたことを指摘できる。インターネットによるサイバー空間の形成のためには、超高速通信網の環境整備が構築されていることが重要な前提条件であるが、金大中政権時代に基盤整備を行った。金大中政権は産業社会から情報社会への転換を目指して情報インフラの拡充、情報通信産業の戦略的育成、情報大衆化の促進などの施策を実施しＩＴ先進国の基盤を構築した。政治主導のインフラ整備と共に韓国がＩＴ先進国に変貌を遂げた背景として、ＩＭＦ経済危機に伴い大企業から流出した優秀な人材がＩＴベンチャー企業を創業し、それに対し政府が積極的に支援したことも重要な要因として指摘することができる。

　最近まで、韓国では朝・中・東（朝鮮日報・中央日報・東亜日報）と呼ばれる保守的傾向を持つ大新聞が世論を代表してきた。左翼勢力は、大新聞は独裁政権との癒着の中で成長を遂げてきたとして朝・中・東を守旧言論と規定し、進歩的勢力から反発を受けてきた。守旧言論に対抗して左翼運動勢力は、一般市民からの募金によって運営するハンギョレ新聞やインターネット言論を大新聞に対抗して登場させた。(99)更に、インターネット基盤整備の進展はインターネット人口の急激な増加を誘発した。その結果、第16代大統領選挙において盧武鉉陣営がインターネットを有効に活用したことが勝敗を決定付けた。逆の表現をすれば、李会昌陣営はインターネットを過小評価したために敗北したといっても過言ではない。インターネットという要素なくしては盧武鉉の当選は不可

能であった。

　象徴的な事例を挙げると、投票日の午後3時頃の出口調査で、盧武鉉が劣勢であるという情報が盧武鉉陣営に伝わると、若者たちは電子メールで投票を呼びかけた。この投票呼びかけが成功し最後の土壇場で盧武鉉が逆転勝利したといわれている。(100) この推測を裏づける事実として、韓国の有力世論調査機関である韓国ギャロップの当選者予想が外れたことを指摘できる。第13代から第15代までの大統領選挙の予想が全て的中したのにも拘らず予想が外れた。韓国ギャロップは予想が外れたことを謝罪しつつ、調査を午後2時30分に終了したことが原因の一つであると分析した。調査終了後、特定の候補者を支持する階層がインターネットや携帯電話を用いて投票の勧誘を繰り広げたことを情報処理できなかったことが推測を誤らせたと報告している。(101)

　大統領選挙において最も活躍したのはノサモ（盧武鉉を愛する人たちの集い）という愛称の自発的なボランティア団体である。ノサモの誕生は2000年4月の国会議員選挙の際に、盧武鉉が落選したことを契機にして生まれた団体である。相手候補に敗れた盧武鉉を支えるために、有志がインターネットを利用してファンクラブを結成したのである。ノサモが注目を集めたのは、民主党の大統領候補指名選挙において李仁済を破り大統領候補に選出されたときからであった。この時にノサモはインターネットを利用して一般国民が参加する国民選挙人団に多くの選挙人を送り出すなど勝利に大きく貢献した。更に、盧武鉉を支えた支援ネットワークとして、ノハウ（盧武鉉の個人ホームページ）、100万サポーターズ事業団（民主党公式サイト）を挙げることができる。(102)

　インターネット選挙の拡大と「地域主義」との関連をみると、インターネットの普及によって地域対立が仮想空間の中で増幅されるという予測もあったが、実際は世代間の意見の相違が顕著に現われた。その結果、インターネットの普及によって既存の「地域主義」は希薄化し世代間格差が拡大するという見解が主流となると思われた。しかし、インターネットの普及と拡大に伴い政治行動の形態は変化したが、「地域主義」も本質的な変化を遂げるのかに関しては第16代大統領選挙における結果分析だけでは断言することは困難である。

第4節　第17代大統領選挙と「地域主義」の形態

　第17代大統領選挙では与野党共に候補者の一本化に失敗し、候補者が過去最大の10名という乱立状態となったが、実態は1強2中の選挙構図であった。保守陣営、進歩陣営双方において候補者を一本化できなかった理由は、両陣営内の各勢力が翌年の第18代国会議員総選挙を目指して独自の地盤や勢力を確保しようとしたことにあった。

　金大中、盧武鉉政権という2代にわたる進歩勢力政権の下で、貧富の格差の拡大、非正規雇用の増大、新卒大学生の就職難、不動産価格の急騰といった経済・社会問題が山積し、国民が政権の経済政策に失望感を抱いていた。したがって、新政権に対する景気回復や経済活性への期待が李明博への支持に繋がったと考えられる。李明博も選挙戦を通じて現代建設の経営者時代、ソウル市長時代に数々の経済プロジェクトを成功させた実績を訴えた。選挙公約として大韓民国747政策を掲げ、年7％の経済成長により5年間で300万人の雇用創出、10年以内に1人当たり国民所得4万ドルの実現、10年以内に世界7位の経済規模の達成を掲げた。

　一方、与党系の鄭東泳候補は朝鮮半島平和経済共同体構想を重点選挙公約に掲げて民主・平和・改革勢力の結集を呼びかけ、南北関係や対北朝鮮政策の争点化を試みた。しかし、10月に第2回南北首脳会談が開催されたにも拘らず北風が吹くことはなかった。すなわち、過去10年間の北朝鮮宥和政策により北朝鮮との交流・協力は国民にとって特別な意味を持たなくなり、北朝鮮の核放棄が前提ではあるが南北間の交流・協力の拡大は必要であるという李明博の主張との差別化に鄭東泳は失敗した。また、対北朝鮮強硬派の李会昌の出馬により、宥和派の鄭東泳と強硬派の李会昌との中間点に李明博は自分の立場を確保できることになった。したがって、宥和派の鄭東泳は李明博と北朝鮮政策において明確な差別化を図れなくなったのである。結局、鄭東泳は李明博に対するネガティブ・キャンペーン中心の選挙戦に終始せざるを得ず、李明博に対す

る明確な争点設定を行うことができなかった。経済問題が唯一の争点であった今回の選挙において、経済政策に失敗した盧武鉉政権の残像を拭い去ることができなかったことも鄭東泳陣営の敗因の一つである。選挙戦は終始して李明博優位の状況で推移し、投票日1週間前に公表された各種世論調査の結果にでも李明博の圧倒的な優位が明らかになった。(103) この時点で選挙の勝敗は決定的となり、選挙の関心は、李明博が得票率50％を超えることができるのか、鄭東泳及び李会昌はどの程度の得票率を獲得するのか、李明博の地域間の得票分布はどのような結果になるのかという点に移った。しかし、李明博は選挙期間中にＢＢＫ事件により他陣営からネガティブ・キャンペーンを仕掛けられ12月17日には李明博の各種不正疑惑を特別検察官が調査する法律（李明博特検法）が国会で成立する事態となった。(104) そのため選挙戦終盤で起こったこの特別事態が選挙結果にどのような影響を与えるのかという点にも注目が集まったのである。結局、選挙結果は李明博の圧倒的な勝利で幕を下ろした。10年ぶりの与野党政権交代を可能にしたのは経済の建て直しを期待する国民の切実な願いに他ならなかった。

　第17代大統領選挙では幾つかの注目すべき特徴を指摘できる。第一に、投票率の低下である。有権者数は37,653,518人であり総投票者数は23,732,854人であった。(105) 投票率は63.0％と低調な結果に終わり、大統領選挙では過去最低の記録であった。第13代大統領選挙から一貫して投票率は低下傾向にあり今後の検討課題を提供している。投票率低下の理由は韓国における無党派層の形成、李明博の圧倒的な優位、ネガティブ・キャンペーン中心の選挙戦などが要因として考えられる。

　第二に、過去最多の候補者が立候補したことを指摘できる。保守・進歩勢力からいずれも複数の候補者が出馬し、保守・進歩勢力に属さない候補者も出馬した。途中で2名の候補者が立候補を辞退したので最終的には10名が立候補した。大統領選挙に10名が立候補したことは過去に類例がなく、候補者の乱立は第17代大統領選挙の大きな特徴である。この候補者の乱立現象は、翌年に実施される国会議員選挙との関係で各陣営の長期的な政治戦略が候補者の増

大を助長したものと分析できる。

　第三に、李明博と次点の候補者との得票差は民主化以降における新記録であり、その得票差は5,317,708票（得票率に換算すると22.6％）であったことを指摘できる。過去における最高得票差は、第13代大統領選挙（1987年12月16日実施）の盧泰愚と金泳三の得票差である1,945,157票であった。今回の選挙では、その約2.7倍にも及ぶ圧倒的な勝利であったことに特徴がある。この記録は2人以上の候補者が出馬した韓国の大統領選挙において、民主化以前でも過去最高の得票差である。(106)特に、1997年、2002年に実施された大統領選挙では、金大中や盧武鉉は、次点との得票率の差がそれぞれ1.6％、2.3％という僅差で当選を果たしている。第17代大統領選挙では、李明博候補は50％を越える得票率は確保できなかったが、48.7％の得票率を確保した意味は大きい。この結果は、政権の正当性の問題と深く結びつくものである。

　第四に、今回の大統領選挙は20年に1回ごと訪れる特殊な選挙であったことである。この特殊性は大統領の任期が5年で国会議員の任期が4年であることに由来する。すなわち、2008年4月9日に国会議員選挙が予定されていたので、国会議員選挙への思惑が大統領選挙に影響を与えたことは確実である。弱小の進歩勢力政党である民主党が大統合民主新党と合併しなかったことに国会議員選挙の影響が端的に現われている。民主党と大統合民主新党の合併の動きはあったが最終的に破談となった。小選挙区比例代表制を採用する韓国の選挙制度においては、弱小政党といえども議席獲得の可能性のあることが破談の理由である。李会昌の立候補も選挙後における政局の主導権争いにおいて有利に進めたいという本音が隠されていた。すなわち、政党幹部は国会議員の選挙において候補者の政党公認に対して絶大な影響力を持っているからである。

　第五に、前回の大統領選挙で有権者の投票行動に関する世代間格差が表出したが、今回の選挙では前回のような世代間格差は有権者の投票行動を大きく規定する要因となることはなく、李明博は各年代層から広い支持を集めて当選を果たした。

　【図表2－15】は、ＴＮＳコリアが実施した出口調査の結果から分析した年

【図表2－15】第17代大統領選挙における年代別得票率推計（単位：％）

	20歳代	30歳代	40歳代	50歳代	60歳以上
李明博	28.1	29.0	40.3	43.8	41.5
鄭東泳	30.4	31.9	28.0	32.0	30.7
李会昌	16.4	14.9	11.7	10.2	11.3

出所）TNSコリアが12月19日午前6時～午後6時に全国323投票所において実施した出口調査。

代別の得票率である。李明博は20歳代で28.1％、30歳代で29.0％の支持を集め、鄭東泳は20歳代で30.4％、30歳代で31.9％の支持を集めているが、李明博と鄭東泳の得票率の差は20歳代で2.3％、30歳代で2.9％に過ぎない。第16代大統領選挙の時の20歳代、30歳代の得票率の格差が約25％を示していたことと比較すると20歳代、30歳代の極端な投票行動は観察できない。40歳以上になると李明博と鄭東泳の得票率の格差は10％程度広がり、年齢の高い人ほど保守的な傾向を持つという一般的傾向と合致するものであり、妥当な結果であるといえる。

　第六に、「地域主義」の表出現象を指摘できる。すなわち、歴代大統領選挙と同様に湖南地域で与党系の鄭東泳候補に票が集中した。しかし、若干の「地域主義」の変容が見られ、大統領選挙において「地域主義」はどのような変容を遂げたのかを検討することが必要である。

　【図表2－16】は、第17代大統領選挙における主要候補の地域別得票率である。今回の選挙においてハンナラ党の本来の地盤である嶺南地域での李明

【図表2－16】第17代大統領選挙における地域別得票率　　　　　　　（単位：％）

選挙	候補者	地域													
		全体	ソウル	釜山	大邱	仁川	光州	大田	蔚山	京畿	江原	忠北	忠南	全北	全南	慶北	慶南	済州
第17代	李明博	48.7	53.2	57.9	69.4	49.2	8.6	36.3	54.0	51.9	52.0	41.6	34.0	9.0	9.2	72.6	55.0	38.7
	鄭東泳	26.1	24.5	13.5	6.0	23.8	79.8	23.6	13.6	23.6	18.9	23.8	21.1	81.6	78.5	6.8	12.4	32.7
	李会昌	15.1	11.8	19.7	18.1	15.2	3.4	28.9	17.5	13.4	17.6	23.4	33.3	3.6	3.6	13.7	21.5	15.0

出所）『第17代大統領選挙総覧』中央選挙管理委員会編。韓国中央選挙管理委員会のホームページ（http://www.nec.go.kr.7070）。

博の得票率は慶尚北道、慶尚南道、釜山広域市、大邱広域市、蔚山広域市でそれぞれ 72.6％、55.0％、57.9％、69.4％、54.0％であった。本来はハンナラ党であるが無所属で出馬した李会昌の得票率は慶尚北道、慶尚南道、釜山広域市、大邱広域市、蔚山広域市でそれぞれ 13.7％、21.5％、19.7％、18.1％、17.5％であった。第16代大統領選挙におけるハンナラ党の李会昌の得票率は慶尚北道、慶尚南道、釜山広域市、大邱広域市、蔚山広域市でそれぞれ 73.5％、67.5％、66.7％、77.8％、52.9％であった。仮に、保守系の投票率を合算してみると慶尚北道、慶尚南道、釜山広域市、大邱広域市、蔚山広域市でそれぞれ 86.3％、76.5％、77.6％、87.5％、71.5％という結果となり、各地域において保守系の得票率が拡大していることがわかる。得票率の拡大は盧武鉉政権及び与党進歩勢力が行った経済政策に対する有権者の不満の表れであると評価できる。李会昌の場合は忠清地域の得票に期待していただけに忠清北道、忠清南道、大田広域市でそれぞれ 23.4％、33.3％、28.9％の得票率を獲得したことは順調に得票を伸ばしたと評価でき、鄭東泳とは互角か、または 10％以上の差をつけている。

　湖南政党の候補者である鄭東泳の場合は、全羅北道、全羅南道、光州広域市の得票率はそれぞれ 81.6％、78.7％、79.8％であった。一方、李明博の得票率は全羅北道、全羅南道、光州広域市でそれぞれ 9.0％、9.2％、8.6％であった。この得票率に李会昌の全羅北道、全羅南道、光州広域市の得票率 3.6％、3.6％、3.4％を加えるとそれぞれ 12～13％という結果になり、金大中、盧武鉉のときのように 90％を超える得票率と比較すると「地域主義」の弱化という評価も可能である。しかし、金大中が獲得した 90％以上という得票率自体が異常なのであって、80％という得票率も非常に高い得票率である。李明博の湖南地域における 10％近い得票率は国民の経済問題に対する期待感の表れであり、「地域主義」とは異なる要因であると考えられる。今回の選挙において大邱広域市を唯一の例外として、いかなる候補もいかなる地域でも 60％を越える得票率を獲得できたのは湖南地域における鄭東泳の得票率のみである事実を合理的に分析することが重要である。この事実からも、「地域主義」の本質的な問題は湖南地域の有権者の投票行動の特殊性に原因があると理解できる。

第3章　国会議員総選挙と「地域主義」

　1945年に日本の植民地支配から解放されて以来2010年までに、韓国では18回の国会議員選挙を実施してきている。「地域主義」との関連では権威主義政権時代は与村野都の現象、民主化以降は「地域主義」の現象という特徴を指摘することが一般的な分析である。本章では、1948年5月10日に実施された第1代国会議員総選挙から2008年4月9日に実施された第18代国会議員総選挙までの全18回の国会議員選挙を時系列的に辿ることにより与村野都の現象、「地域主義」の現象がどのような形態を取り、また表出してきたのかに検討を加える。

第1節　権威主義政権時代の国会議員総選挙

(1) 第1代国会議員総選挙と「地域主義」

　第1代国会議員総選挙は、1948年5月10日に国連臨時朝鮮委員団の監視の下に、左翼系諸勢力と金九や金奎植らの民族主義者が選挙をボイコットする中で行われた。有権者の95％余りが投票し198人の国会議員を選出した。国会議員の定数は200人であったが、済州島の2選挙区が治安上の問題から1949年5月10日に選挙を行うことになったために198人の国会議員を選出することになった。[107]最終的な国会の構成は無所属が85議席（議席占有率：42.5％）、大韓独立促成国民会が55議席（議席占有率：27.5％）、韓国民主党が（議席占

有率：14.5％）、大同青年団が 12 議席（議席占有率：6.0％）、朝鮮民族青年団が 6 議席（議席占有率：3.0％）、大韓独立促成農民総同盟が 2 議席（議席占有率：1.0％）、大韓労働総同盟が 1 議席（議席占有率：0.5％）、朝鮮民主党が 1 議席（議席占有率：0.5％）、その他が 9 議席（議席占有率：4.5％）であった。一方、得票率は無所属が 38.1％、大韓独立促成国民会が 24.6％、韓国民主党が 12.7％、大同青年団が 9.1％、朝鮮民族青年団が 2.1％、大韓労働総同盟が 1.5％、大韓独立促成農民総同盟が 0.7％、朝鮮民主党その他が 11.2％であった。[108]

　第 1 代国会議員総選挙では政党よりも無所属議員の進出が著しいことを特徴として指摘できる。韓国国民にとって民主的な選挙は初めての経験であり、政党に関する知識も浅く政党と呼べる政党が存在することもなく、政党政治が成立している状態とはいえなかった。したがって、無所属の候補者の乱立と共に、政党ではなく個人に投票する傾向が強く無所属候補の当選が多数を占めた。したがって、第 1 代国会議員総選挙において「地域主義」の問題を検討することは不適切である。

⑵ 第 2 代国会議員総選挙と「地域主義」

　第 2 代国会議員総選挙は国連の監視の下ではあったが、韓国政府の主導では初めて 1950 年 5 月 30 日に実施された。第 1 代国会は制憲国会であり第 1 代国会議員の任期は 1950 年 5 月 31 日までであった。第 2 代国会議員総選挙は、前回の選挙に不参加であった陣営も参加したために候補者の乱立が著しく 2,209 人が立候補し競争率は 10.5 倍という歴代選挙中で最も激しいものであった。選挙結果は無所属が 127 議席（議席占有率：60.5％）、大韓国民党が 24 議席（議席占有率：11.4％）、民主国民党が 23 議席（議席占有率：11.0％）、国民会が 12 議席（議席占有率：5.7％）、大韓青年団が 10 議席（議席占有率：4.8％）、一民倶楽部が 4 議席（議席占有率：1.9％）、大韓労働総連盟が 2 議席（議席占有率：1.0％）、朝鮮民主党 2 議席（議席占有率：1.0％）、社会党が 2 議席（議席占有率：1.0％）、大韓婦人会 1 議席（議席占有率：0.5％）、愛国団体連合会

1議席（議席占有率：0.5％）、中央仏教委員会1議席（議席占有率：0.5％）、民族自主連盟1議席（議席占有率：0.5％）であった。総選挙の結果は、総議席210議席の中で127議席を無所属議員が占め、与党系は大韓国民党、国民会、大韓青年団、一民倶楽部、大韓労働総同盟、朝鮮民主党、大韓婦人会、愛国団体連合会、中央仏教委員会の57議席に過ぎず李承晩政権への国民の否定的意識の現われであった。一方、得票率は無所属が62.9％、大韓国民党が9.7％、民主国民党が9.7％、国民会が6.9％、大韓青年会が3.3％、大韓労働総同盟が1.7％、社会党が1.3％、一民倶楽部が1.0％、その他が3.6％であった。無所属議員の政治的性格としては反李承晩勢力といってよく、選挙後李承晩は難しい政権運営を強いられた。第2代国会議員総選挙に関しては無所属議員が過半数以上を占めていることから「地域主義」を検討する対象としては不適当である。

(3) 第3代国会議員総選挙と「地域主義」

1950年6月25日未明、突然北朝鮮軍が攻撃を開始し朝鮮戦争が勃発したが、1953年7月27日に国連軍代表と北朝鮮軍代表が休戦協定に正式調印して両軍の戦闘は一切停止された。朝鮮戦争が休戦になった後の1954年5月20日に第3代国会議員総選挙が実施された。この総選挙の際に、買収、野党候補の登録妨害、選挙運動妨害、野党支持者に対する投票妨害、幽霊投票、代理投票、投票箱や投票用紙の取替えなどの手段を選ばない不正選挙が横行した。[109]選挙結果は、総議席数203議席中で自由党が114議席（議席占有率：56.2％）、無所属が67議席（議席占有率：33.4％）、民主国民党が15議席（議席占有率：7.4％）であった。

【図表3－1】は、第3代国会議員総選挙における地域別の得票率を整理したものである。得票率は自由党が36.8％、民主国民党が7.9％であり、自由党が民主国民党の得票率を28.9％も上回っており自由党が圧勝した選挙であった。地域別の得票率を検討すると京畿道では自由党が37.9％、民主国民党が

【図表3－1】第3代国会議員総選挙における地域別得票率　　　　　　　　（単位：％）

選挙	政党	地域						都市化			全国
		京畿	忠清	湖南	嶺南	江原	済州	大都市	都市	郡	
第3代 1954年	自由党	37.9	42.4	29.0	36.5	55.5	30.4	－	－	－	36.8
	民国党	7.7	3.2	14.2	7.2	－	－	－	－	－	7.9

注）民国党は民主国民党を意味している。
出所）大西裕「地域主義とそのゆくえ」『新版比較選挙政治』ミネルヴァ書房、2004年、184頁を修正して筆者作成。

7.7％、忠清道では自由党が42.4％、民主国民党が3.2％、湖南地域では自由党が29.0％、民主国民党が14.2％、嶺南地域では自由党が36.5％、民主国民党が7.2％であり、全国的に自由党が国民の支持を集めている様子を確認できる。しかし、全国的に自由党と民主国民党の得票率の格差は約30％前後あるのに対して湖南地域だけは14.8％の得票率の格差しかないことが特徴的であり、湖南地域が他の地域と異なる投票行動を取る傾向を内在化させていることがわかる。

(4) 第4代国会議員総選挙と「地域主義」

与村野都の現象が表出するのは、第4代国会議員総選挙のときからであると通常理解されている。1956年に実施された第3代大統領選挙において李承晩は大統領に当選したが、野党勢力に副大統領の座を奪われ、李承晩政権はこの状況を転換するための憲法改正を目論んだ。憲法改正に必要な3分の2の議席数確保を強引に目指したために、第4代国会議員総選挙では不正選挙と野党候補に対する選挙妨害が横行した。

【図表3－2】は1958年5月2日に実施された第4代国会議員総選挙における地域別の得票率を整理したものである。第4代国会議員総選挙における自由党の得票率は42.5％、民主党が41.9％であり政党間の得票率の差は0.6％という僅差である。したがって、第4代国会議員総選挙においては自由党と民主党の間の国民の支持は同一であると考えてよい。しかし、各政党の獲得議席数は自由党が126議席（議席占有率：54.1％）、民主党が76議席（議席占有率：

【図表３－２】第４代国会議員総選挙における地域別得票率　　　　　　　　（単位：％）

選挙	政党	地域						都市化			全国
		京畿	忠清	湖南	嶺南	江原	済州	大都市	都市	郡	
第３代 1958年	自由党	36.1	47.9	44.4	41.5	47.1	30.3	23.5	33.0	46.9	42.5
	民主党	43.9	35.6	33.8	30.9	16.1	16.6	57.3	44.9	28.2	41.9

注）民国党は民主国民党を意味している。
出所）李甲允『韓国の選挙と地域主義』オルム、1998年、31頁を修正して筆者作成。

33.9％）で50議席もの議席格差を生じ、得票率の割には獲得議席数が多いことがわかる。

　李承晩の政権維持のための野望から野党を弾圧し不正選挙が横行したために、第４代国会議員総選挙において公正な選挙が保証されたとは言い難いので民意が国会の構成に反映されたとはいえない。しかし、第１共和国で実施された国会議員選挙の中で第４代国会議員総選挙は与党自由党と野党民主党間の議席比率と得票比率の格差が最も小さかった選挙であった。1954年11月29日に公布された四捨五入改憲を契機として民主国民党が無所属と合流して1955年９月に民主党を結成したことにより野党陣営が統合され、独裁的な李承晩政権に抵抗する対抗軸が形成されたことを得票率の格差が最少であった理由として指摘できる。

　地域別の得票率に検討を加えると、京畿道では自由党の得票率が36.1％、民主党の得票率が43.9％であり民主党が自由党を7.8％上回っている。しかし、京畿道を除外する他の全ての地域では、自由党の得票率が民主党の得票率を10.6～31.0％上回っている。最大の格差を示すのは江原道であり、31.0％の得票率の差を示し自由党が民主党をダブルスコアで破っている。済州道も政党間の投票率の格差が大きく、自由党は民主党の約1.5倍の得票を得ている計算になる。農村地域は一般的に保守的な投票行動を取る傾向があるので、この結果は妥当な結果であるとの評価も可能である。

　湖南地域の得票率は自由党が44.4％、民主党が33.8％であり、自由党の得票率が10.6％上回っている。嶺南地域の得票率は自由党が41.5％、民主党が30.9％であり、湖南地域と同様に自由党の得票率が10.6％上回っている。した

がって、「地域主義」に関しては湖南地域と嶺南地域は近似した投票傾向を示し地域偏重傾向は全く発見できない。一方、大都市圏と郡部の得票率を比較して見ると際立った特徴を見出すことができる。大都市圏では自由党の得票率は23.5％、民主党の得票率は57.3％であり圧倒的に民主党が支持を集めているが、郡部の場合では自由党の得票率が46.9％、民主党の得票率が28.2％であり大都市とは正反対の投票結果を示している。大都市圏よりも農村地域の方が一般的に保守的な傾向を示すことが知られているが、第4代国会議員総選挙においては常識的な結果が得られたといってよい。すなわち、第4代国会議員総選挙においては与村野都の現象が明確な形で表出していることを確認できる。

(5) 第5代国会議員総選挙と「地域主義」

1960年の4・19学生革命の後に第2共和国憲法が公布され、議会制度も議院内閣制、二院制国会に制度変更が行われた。1960年7月29日に第5代国会議員（民議院議員）総選挙と第1代参議院議員選挙が同時に実施された。今回の選挙は李承晩の自由党政権が崩壊した後の新政権の枠組みを決定する選挙であったので国内外の関心を生起した。有権者の関心が高かったことは全国平均投票率82.6％という数字に表れている。下院である民議院に1,562人、上院の参議院に1,776人が立候補し民議院が約6.5倍、参議院が約3.5倍の競争率であった。[110]

【図表3－3】は、第5代国会議員総選挙における地域別の得票率を整理したものである。第5代国会議員総選挙は、1960年4月19日に起こった4・19学生革命と第3次憲法改正（1960年6月15日公布）のために第4代国会議員は任期が短縮され、第5代国会議員総選挙は1960年7月29日に実施された。李承晩政権時代に野党であった民主党が175議席（議席占有率：75.1％）を獲得して圧倒的な勝利を収め、与党であった自由党は僅か2議席しか獲得できずに消滅していく結果となった。第5代国会議員総選挙における政党別の議席獲得数は第1共和国当時に野党であった民主党が175議席、社会大衆党が4議席、

【図表3－3】第5代国会議員総選挙における地域別得票率　　　　　　　　　（単位：％）

選挙	政党	地域						都市化			全国
		京畿	忠清	湖南	嶺南	江原	済州	大都市	都市	郡	
第5代 1960年	民主党	46.5	40.1	45.3	40.2	34.1	13.7	60.7	54.8	36.5	41.9

出所）【図表3－2】に同じ。

　自由党が2議席、韓国社会党が1議席、統一党が1議席、その他の団体が1議席であり、残りの49議席は無所属であった。特徴的なことは、無所属は49議席（議席占有率：21.1％）を獲得したに過ぎなかったが得票率では46.8％を占め、民主党の得票率41.7％を5.1％も上回る結果になっていることである。無所属議員の多くは、旧李承晩勢力が自由党の看板では選挙を戦えないので、各選挙区において無所属で出馬したことにより全国集計すると得票率が高くなってしまうことが原因である。4・19学生革命の後に結成された多くの革新系野党も選挙に参加したが、準備不足のために議席数を伸ばすことができなかった。準与党的な存在であった民主党と無所属が多数の議席を占めると共に革新政党が低調であったことは、李承晩政権時代の独裁的な政治に抵抗する国民の声が反映されているとはいえない。更に、民主党は41.7％の得票率で総議席の75％以上を獲得していることから選挙戦略の勝利であると評価できる。

　地域別に見ると済州道を除き約40％前後の得票率を各地域とも示し、「地域主義」の表出は確認できない。しかし、大都市圏における民主党の得票率には際立った傾向を発見することができる。大都市圏の得票率は60.7％であるのに対し郡部の得票率は36.5％であり24.2％という大きな格差を示し民主党が大都市圏で強みを発揮していることがわかる。したがって、準与党的な立場であった民主党が圧勝したことから、与村野都の現象や「地域主義」の減少を検討する対象としてはふさわしくない。

(6) 第6代国会議員総選挙と「地域主義」

　5・16軍事革命で政権を掌握した朴正煕は既存の政治制度を改変し、1963年

2月26日に民主共和党を結成して政党政治の仮面を被った軍事独裁を目指した。1963年10月15日に第5代大統領選挙が実施され朴正煕が当選を果たし、朴正煕の勝利を受けて第6代国会議員総選挙が実施された。第6代国会議員総選挙では韓国議会史上初めて実施された比例代表選出議員44名の選挙も同時に行われた。選挙結果は、政権与党の民主共和党が110議席を獲得して大勝利を収めたが、得票率は33.5％に留まり国民の支持は獲得議席数に比して低調であった。

各政党の獲得議席数は民主共和党が地方区88議席、全国区22議席の合計110議席（議席占有率：62.8％）、民政党が地方区27議席、全国区14議席の合計41議席（議席占有率：23.4％）、民主党が地方区8議席、全国区5議席の合計13議席（議席占有率：7.4％）、自由民主党が地方区6議席、全国区3議席の合計9議席（議席占有率：5.1％）、国民の党は地方区2議席（議席占有率：1.3％）のみ当選を果たし全国区での当選者はいなかった。各政党の得票率は民主共和党が33.5％、民政党が20.1％、民主党が13.6％、自由民主党が8.0％、国民の党が8.8％であった。同様な傾向は1963年5月3日に実施された大統領選挙においても見られ、国民の軍事政権に対する拒否反応が要因であると考えられる。

【図表3－4】は、1963年11月26日に実施された第6代国会議員総選挙における地域別の得票率を整理したものである。京畿道での得票率は民主共和党が24.7％であったが民政党も24.6％を獲得し0.1％の僅差であった。しかし、その他の地域では政党間の得票率の格差は11.7～38.7％もあり、特に済州道に至っては38.7％という大きな差を生じている。要するに、与党民主共和党は全国的に幅広く支持を集めている様子を確認できる。京畿道において得票率が

【図表3－4】第6代国会議員総選挙における地域別得票率　　　　　　　（単位：％）

選挙	政党	地域						都市				全国
		京畿	忠清	湖南	嶺南	江原	済州	大都市	都市	市郡	郡	
第6代 1963年	民主共和党	24.7	32.5	32.6	38.7	31.7	41.7	27.0	33.8	35.1	34.6	33.5
	民政党	24.6	20.8	20.1	16.8	13.0	3.0	28.6	27.6	15.5	18.0	19.4

出所）【図表3－2】に同じ。

野党と比較して得票率の格差が生じなかった理由は、京畿道は首都ソウルを含み軍事革命が起こった現場でもあるので軍事政権に否定的な傾向が表出した結果であると考えられ、他の地域での民主共和党への支持の高さは北朝鮮の脅威に対抗できる強国への道を国民が選択した結果といえる。

　湖南地域における民主共和党の得票率は32.6%、民政党の得票率は20.1%であり民主共和党が得票率で12.5%多くの支持を集めている。一方、嶺南地域の得票率は民主共和党が38.7%、民政党が16.8%であり民主共和党が21.9%上回っている。要するに、湖南地域と嶺南地域の間には民主共和党支持が幅広く拡大している様子が窺え、「地域主義」の現象は表出していないことを確認できる。

　大都市圏の得票率では、民主共和党が27.0%、民政党が28.6%であり民政党の得票率が1.6%上回っている。都市部の得票率では大都市圏と逆の傾向が見られ、民主共和党が33.8%、民政党が27.6%であり、民主共和党が6.2%上回っている。一方、郡部の得票率では民主共和党が34.6%、民政党が18.0%であり民主共和党が16.6%も上回り圧倒的な強さを示している。市郡の得票率でも民主共和党が35.1%、民政党が15.5%であり民主共和党が19.6%も上回り市郡においても圧倒的な強さには変化がない。すなわち、大都市圏では民政党の支持が民主共和党の支持を若干上回っているが、その他の地域では民主共和党が国民の支持を幅広く集めていることがわかる。したがって、与村野都の現象が表出していると考えることも可能である。

(7) 第7代国会議員総選挙と「地域主義」

　選挙結果は、第6代国会議員総選挙と同様に政権与党の民主共和党が大勝利を収めた。民主共和党は129議席を占め、野党新民党は45議席に留まった。得票率では民主共和党が50.6%であったのに対して、新民党は47.8%を占め2.8%の格差しかない。他の野党の議席数は大衆党の1議席のみであり、第3共和国の特徴である2大政党制に収斂していく傾向を示している。獲得議席は民主共和党が地方区107議席、全国区27議席、合計129議席（議席占有率：

【図表3-5】第7代国会議員総選挙における地域別得票率　　　　　　　　　　(単位：%)

選挙	政党	地域						都市				全国
		京畿	忠清	湖南	嶺南	江原	済州	大都市	都市	市郡	郡	
第7代 1967年	民主共和党	43.9	58.1	52.4	50.5	54.2	56.0	36.5	46.7	50.6	55.8	50.6
	新民党	43.3	27.1	29.0	32.2	27.0	21.9	52.1	41.8	29.1	26.8	47.8

出所)【図表3-2】に同じ。

73.7%)、新民党が地方区28議席、全国区17議席、合計45議席（議席占有率：25.7%)、大衆党は地方区のみ1議席（議席占有率：0.6%）であった。

　【図表3-5】は、1967年6月8日に実施された第7代国会議員総選挙における地域別の得票率を整理したものである。湖南地域の得票率は民主共和党が56.7%、新民党が41.8%であり民主共和党が得票率で14.9%も上回っている。嶺南地域の得票率は民主共和党が50.5%、新民党が32.2%であり、民主共和党が18.3%も得票率で上回っている。両地域共に民主共和党が幅広い支持を集めている様子を知ることができ、「地域主義」の現象は表出していない。

　大都市圏の得票率は民主共和党が36.5%、新民党が52.1%であり新民党が民主共和党より15.6%高い得票率を示している。都市部の得票率は民主共和党が46.7%、新民党が41.8%であり、民主共和党が新民党よりも得票率で4.9%上回っている。一方、郡部及び市郡部の得票率は民主共和党がそれぞれ55.8%、50.6%であるのに対して、新民党はそれぞれ26.8%、29.1%でありそれぞれ29.0%、21.5%も民主共和党が得票率で上回っている。民主共和党は大都市圏では弱く農村地域では強いという構図が表出し、逆に新民党は大都市圏で強く農村地域では弱いという構図が見られる。要するに、第7代国会議員総選挙において与村野都の現象が明確な形で表出していることを確認できる。

(8) 第8代国会議員総選挙と「地域主義」

　1971年5月25日に第8代国会議員総選挙が実施されたが、第3共和国の与党であった民主共和党が第6代国会議員総選挙、第7代国会議員総選挙の時のようには議席数を伸ばすことができずに、野党新民党との議席数の差は縮小し

た。軍部主導の権威主義的政権に対しての国民の反発の現われと考えられ、韓国人の社会的性格である抵抗性が表出したものである。

第8代国会議員総選挙は地方区153議席、全国区51議席の合計204議席を巡って選挙戦が戦われた。選挙結果は民主共和党が地方区86議席、全国区27議席、合計113議席（議席占有率：55.4％）、新民党が地方区65議席、全国区24議席、合計89議席（議席占有率：43.6％）、国民党は地方区のみ1議席（議席占有率：0.5％）、民衆党も地方区のみ1議席（議席占有率：0.5％）であった。民主共和党の議席占有率で比較すると、第6代国会議員総選挙では62.8％、第7代国会議員総選挙では73.2％、第8代国会議員総選挙では55.4％であり、第8代国会議員総選挙において最も与野党の議席数格差が縮小していることがわかる。すなわち、軍事革命の直後は朴正熙政権に対する期待感から民主共和党は幅広い支持を集めてきたが、第8代国会議員総選挙になって朴正熙政権への国民の評価が両極に分かれている様子を把握できる。

【図表3－6】は、第8代国会議員総選挙における地域別の得票率を整理したものである。政党別の全国の得票率は、与党民主共和党が47.8％であるのに対して野党新民党は44.4％を獲得し、両党間の得票率の格差は3.4％にまで縮小している。しかし、民主共和党は京畿道では新民党に得票率で7.4％及ばないが、他の全ての地域で新民党に優越している。湖南地域の得票率は民主共和党が50.4％、新民党が44.9％であり民主共和党が5.5％上回っている。嶺南地域では民主共和党の得票率が48.7％であるのに対して新民党は43.0％であり民主共和党が5.7％上回っている。両地域共に同様な投票行動を示し、「地域主義」の現象は把握することができない。

【図表3－6】第8代国会議員総選挙における地域別得票率　　　　　（単位：％）

選挙	政党	地域						都市				全国
		京畿	忠清	湖南	嶺南	江原	済州	大都市	都市	市郡	郡	
第8代 1971年	民主共和党	44.0	52.5	50.4	48.7	53.4	60.5	39.9	45.4	47.8	53.5	47.8
	新民党	51.4	38.6	44.9	43.0	35.5	34.1	58.0	50.8	43.6	37.5	44.4

出所）【図表3－2】に同じ。

大都市圏の得票率を検討して見ると、民主共和党の得票率は39.9％であるのに対して、新民党の得票率は58.0％であり新民党が18.9％の大差をつけて勝利している。韓国では教育水準が高く低年齢であるほど民主的な傾向を持つとされるが、大都市圏の場合は地方に比較して教育水準が高く民主的な傾向を持っていることから、大都市圏に居住する人々の朴正熙政権に対する強い不満の表出であると考えられる。第8代国会議員総選挙において、民主的傾向を持つ野党新民党への支持率が大都市圏で非常に高い事実は与村野都現象の裏付けとなる典型的な事例である。

　都市部になると格差は縮小して5.4％になり、市郡部では支持が逆転して民主共和党が4.2％上回り、郡部になると差は拡大して16.0％にまで格差が広がっている。要するに、第8代国会議員総選挙においては典型的な与村野都の現象が表出している事実を確認できる。

(9) 第9代国会議員総選挙と「地域主義」

　第8代国会議員総選挙の結果に衝撃を受けた朴正熙大統領は、1971年12月6日に国家非常事態宣言を発表した。その後、第7次憲法改正が実施され維新体制が発足した。維新体制の下で初めて実施された国会議員選挙が、1973年2月27日に行われた第9代国会議員総選挙である。与党共和党と野党新民党の得票率の差は僅かに6.2％であったが、議席数の差は94議席にも上った。得票率と議席数の乖離現象が起きた理由は維新憲法に原因があった。国会議員定数の3分の1は大統領の推薦名簿に基づき統一主体国民会議が国会議員を選出する旨の維新憲法第40条第1項・第2項の規定に従い、73人が推薦枠で国会議員に選出されたことが原因である。

　各政党の獲得議席数は、共和党が推薦枠の73議席を加えて146議席（議席占有率：66.6％）、新民党は52議席（議席占有率：23.7％）、民主統一党は2議席（議席占有率：0.9％）、無所属は19議席（議席占有率：8.7％）であった。しかし、各政党別の得票率は共和党が38.7％、新民党が32.5％、統一民主党

【図表3－7】第9代国会議員総選挙における地域別得票率　　　　　　　　　　（単位：％）

選挙	政党	地域						都市				全国
		京畿	忠清	湖南	嶺南	江原	済州	大都市	都市	市郡	郡	
第9代 1973年	共和党	37.0	37.8	39.7	36.7	40.9	35.0	34.0	37.3	40.8	37.6	38.7
	新民党	37.0	27.8	23.7	32.2	31.3	8.0	40.8	25.7	26.4	29.4	32.5

出所）【図表3－2】に同じ。

が10.2％、無所属が8.7％であり、無所属を含めた野党勢力の得票率の合計は61.3％に上り朴正熙政権への支持が急速に衰えている事実を確認できる。軍事革命により政権を掌握して以来、第6代国会議員総選挙、第7代国会議員総選挙では圧倒的な国民の支持を受け、第8代国会議員総選挙に至って朴正熙政権に対する批判が台頭し始め、第9代国会議員総選挙において実質上は国民の大多数の支持を失った。

【図表3－7】は、第9代国会議員総選挙における地域別の得票率を整理したものである。地域別に得票率を検討すると、大票田である京畿道では新民党は共和党と互角の勝負をしていることがわかる。京畿道以外の地域では共和党が政権与党の強みを発揮し新民党と比較すると得票率の格差は大きい。「地域主義」との関連で注目するべき点は嶺南地域の得票率である。嶺南地域での共和党の得票率は36.7％であるのに対して新民党の得票率は32.2％であり、4.5％の格差しかない。他の地域との格差を比較して見ると嶺南地域の格差が非常に小さいことがわかる。嶺南地域は朴正熙の出身地盤であるにも拘らず、得票率の格差が小さいことは検討の余地のある課題である。大都市圏の得票率は共和党が34.0％、新民党が40.8％であり新民党の得票率が6.8％上回っている。都市部、市郡部、郡部の共和党と新民党の得票率の格差を調べるとそれぞれ11.6％、14.4％、8.2％となり共和党がいずれの地域でも優っている。以上のことから、第9代国会議員総選挙においては与村野都の現象を把握することができる。

⑽ 第10代国会議員総選挙と「地域主義」

　第10代国会議員総選挙は1978年12月12日に実施されたが、第9代国会議員総選挙の選挙結果の異常な傾向をさらに拡大するものであった。共和党の得票率は31.7％、新民党の得票率は32.8％であり、新民党の得票率は1.1％共和党を上回った結果となった。しかし、統一主体国民会議の推薦枠を加えると議席数の格差は84議席にも及んだ。第10代国会議員総選挙における各党の議席数は共和党が145議席（議席占有率：62.8％）、新民党が61議席（議席占有率：26.4％）、民主統一党が3議席（議席占有率：1.3％）、無所属が22議席（議席占有率：9.5％）であった。共和党は、31.7％の得票率で議席占有率62.8％に相当する145議席を獲得するという政党民主主義の根幹を揺るがす事態を招来した。このような議席数と得票率の乖離現象は選挙制度の矛盾に起因するものであり政党政治の崩壊を助長することになった。[112]

　【図表3－8】は第10代国会議員総選挙における地域別の得票率を整理したものである。第9代国会議員総選挙では共和党と新民党が互角の勝負をしていた京畿道における共和党の得票率は29.8％であったが、新民党は44.1％の得票率を獲得し新民党が得票率で14.3％もの格差をつけて勝利した。湖南地域では共和党が31.7％の得票率であったのに対して新民党の得票率は26.0％に過ぎず5.7％の格差をつけて共和党が勝利している。嶺南地域においても共和党の得票率が28.8％であったのに対して新民党は27.8％であり、健闘はしたが共和党が得票率1.0％の僅差で勝利した。両地域共に同様な投票行動を取っており、

【図表3－8】第10代国会議員総選挙における地域別得票率　　　　（単位：％）

選挙	政党	地域						都市				全国
		京畿	忠清	湖南	嶺南	江原	済州	大都市	都市	市郡	郡	
第10代 1978年	共和党	29.8	38.1	31.7	28.8	37.5	23.4	27.1	26.8	30.1	36.9	31.7
	新民党	44.1	25.8	26.0	27.8	22.9	7.6	47.7	26.7	25.3	26.0	32.8

出所）【図表3－2】に同じ。

「地域主義」の表出は確認できない。

　大都市圏の得票率を検討して見ると、共和党の得票率が27.1％、新民党の得票率が47.7％であり20.6％の大差で新民党が勝利している。また、都市部の得票率の乖離はほとんどなく互角の争いであったと考えてよい。郡部の両党の得票率に眼を向けると、共和党の得票率は36.9％、新民党の得票率は26.0％であり13.9％もの大きな格差をつけて共和党が勝利している。要するに、共和党は大都市圏では弱いが郡部では強く、新民党は大都市圏では強く郡部では弱いという正反対の傾向を示している。すなわち、第10代国会議員総選挙においては、与村野都の現象が明確な形で表出していることを確認できる。

⑾ 第11代国会議員総選挙と「地域主義」

　1979年10月26日に朴大統領射殺事件が起こり、1961年の軍事革命以降18年間にわたる朴正熙政権時代は幕を下ろした。朴大統領の死去により憲法の規定にしたがい国務総理の崔圭夏が第10代大統領に就任した。朴大統領射殺事件から約1ヶ月半後の12月12日、事件の真相究明を名目に全斗煥が粛軍クーデターを引き起こし軍の実権を掌握した。粛軍クーデターの背景として、維新体制末期の国民の鬱積した不満が朴正熙の死去と伴に爆発し社会混乱を引き起こしていたことが挙げられる。政府は戒厳令を宣布して国内秩序の維持を図ろうとするが社会混乱は勢いを増し光州事件に発展していった。1980年10月27日に新憲法が制定され、全斗煥が第12代大統領に就任した。新憲法の制定により第10代国会は解散し、既存の政党も解散することで新しい政治環境が整備された。国会は全国92の選挙区から各2名ずつ議員を選出する定数184議席の地方区と比例代表制で全国から選出される定数92議席の全国区から構成される一院制国会であった。

　新憲法の下で整備された政治状況の中で、第11代国会議員総選挙は1981年3月25日に実施された。12政党が候補者を擁立する競争の激しい選挙戦であったが、選挙結果は民主正義党が地方区90議席、全国区61議席、合計151議

【図表3－9】第11代国会議員総選挙における地域別得票率　　　　　　　　　（単位：％）

選挙	政党	地域						都市				全国
		京畿	忠清	湖南	嶺南	江原	済州	大都市	都市	市郡	郡	
第11代	民正党	35.7	34.4	33.1	34.5	44.8	23.4	33.2	32.7	35.0	38.1	35.6
1981年	民韓党	23.3	19.0	21.3	19.0	21.1	18.8	24.3	24.5	18.0	19.4	21.6

注）民正党は民主正義党、民韓党は民主韓国党を意味している。
出所）【図表3－2】に同じ。

席（議席占有率：54.7％）、民主韓国党が地方区57議席、全国区24議席、合計81議席（議席占有率：29.4％）、韓国国民党が地方区18議席、全国区7議席、合計25議席（議席占有率：9.1％）、民権党は地方区のみ2議席（議席占有率：0.7％）、民社党も地方区のみ2議席（議席占有率：0.7％）、新政党も地方区のみ2議席（議席占有率：0.7％）、民農党も地方区のみ1議席（議席占有率：0.35％）、安民党も地方区のみ1議席（議席占有率：0.35％）、無所属も地方区のみ11議席（議席占有率：4.0％）であった。選挙結果で注目すべき点は、与党民主正義党が全国90選挙区で圧勝した事実である。これまでに一般的に見られた、農村部においては与党が強く都市部では野党が強いという与村野都の現象は一変し、ソウルをはじめとする大都市圏においても農村部でも同様に与党が優位を占める結果となった。

【図表3－9】は、第11代国会議員総選挙における地域別の得票率を整理したものである。大都市圏の得票率は、民主正義党が33.2％、民主韓国党が24.3％であり、民主正義党が得票率で8.9％上回っている。都市部、市郡部、郡部の得票率でも民主正義党がそれぞれ8.2％、17.0％、18.7％上回り、農村部にいくほど格差は増大している。この傾向は以前の選挙と同様に、大都市圏における得票率に大きな変化が表出したことが特徴である。地域別の得票率を見ても、全国的に民主正義党が幅広い支持を集めている様子が理解できる。したがって、第11代国会議員総選挙においては、与村野都の現象も「地域主義」の現象も表出していないことは明白である。

⑿ 第 12 代国会議員総選挙と「地域主義」

　第 12 代国会議員総選挙は 1985 年 2 月 12 日に実施された。選挙戦で与党民主正義党は政治的混乱を回避するために安定政権の樹立を有権者に訴え、野党陣営は大統領直接選挙制の導入を訴えた。全国 92 選挙区から各 2 名を選出する地方区 184 議席と全国区 92 議席の全 276 議席をめぐる選挙戦であった。選挙結果は、民主正義党が 148 議席（議席占有率：53.6％）を獲得して第 1 党の座を確保した。第 2 党は新韓民主党が占めて 67 議席（議席占有率：24.3％）を獲得し、民主韓国党は 35 議席（議席占有率：12.7％）、国民党は 20 議席（議席占有率：7.2％）、無所属その他が 4 議席という結果であった。地方区と全国区の内訳は、民主正義党が地方区 87 議席、全国区 61 議席、新韓民主党が地方区 50 議席、全国区 17 議席、民主韓国党が地方区 26 議席、全国区 9 議席、国民党が地方区 15 議席、全国区 5 議席、無所属その他は地方区のみの当選であった。

　【図表 3 － 10】は、第 12 代国会議員総選挙の地域別の得票率を整理したものである。大都市圏の得票率は民主正義党が 28.3％、新韓民主党が 39.8％であり、新韓民主党の得票率が民主正義党の得票率を 11.5％ 上回っている。都市部でも同様な傾向を見せ、新韓民主党の得票率が民主正義党の得票率を 5.4％ 上回っている。しかし、市郡部の得票率は民主正義党が 38.6％、新韓民主党が 22.6％であり、民主正義党の得票率が新韓民主党の得票率を 16.0％ も上回り、郡部の得票率も民主正義党が 44.3％、新韓民主党が 15.4％であり、民主正義党

【図表 3 － 10】第 12 代国会議員総選挙における地域別得票率　　　　　　（単位：％）

選挙	政党	地域						都市				全国
		京畿	忠清	湖南	嶺南	江原	済州	大都市	都市	市郡	郡	
第 12 代 1985 年	民正党	30.2	45.1	35.9	35.9	46.1	31.6	28.3	29.5	38.6	44.3	35.3
	新民党	38.1	20.5	24.8	25.3	11.1	5.6	39.8	34.9	22.6	15.4	29.3

注）民正党は民主正義党、新民党は新韓民主党を意味している。
出所）【図表 3 － 2】に同じ。

の得票率が新韓民主党の得票率を28.9％も上回り約3倍の得票を得ている計算になる。すなわち、第12代国会議員総選挙では与村野都の現象が明確に表出していると考えてよい。地位別の得票率を検討すると、京畿道では新韓民主党の得票率が民主正義党の得票率を7.9％上回っているが、他の地域では民主正義党の得票率が新韓民主党の得票率を上回っている。すなわち、第12代国会議員総選挙においては「地域主義」の表出は発見できない。

第2節　民主化以降の「地域主義」

(1) 第13代国会議員総選挙と「地域主義」

　第12代国会議員総選挙までの国会議員選挙において、第4代国会議員総選挙、第7代国会議員総選挙、第8代国会議員総選挙、第9代国会議員総選挙、第10代国会議員総選挙、第12代国会議員総選挙に関しては明確な形で与村野都の現象を観察できる。更に、第6代国会議員総選挙の結果に関しては与村野都の現象の表出と判断することも可能である。その他の5回の国会議員選挙では与村野都の現象の表出は確認できない。また、湖南地域と嶺南地域の「地域主義」の現象に関しては表出を確認することは全くできない。

　権威主義政権時代には与村野都の現象の表出が特徴とされ、1987年の民主化以降は「地域主義」の表出が特徴とされる。本節では、国会議員の選挙結果分析を通じて民主化以降の「地域主義」の表出に関して検討を加え実態を明らかにする。1987年の民主化以降では、1988年に実施された第13代国会議員総選挙から2008年に実施された第18代国会議員総選挙まで6回の国会議員総選挙が実施されている。

　1987年に実施された第12代国会議員総選挙の時に野党であった新韓民主党は、その後に金大中が主導する平和民主党と金泳三が主導する統一民主党に分裂した。更に、金鍾泌が主導する新民主共和党が新たに立党し、民主化以前に

は与野党の二大政党対立の構図であったのが、4党が競合する体制に変化を遂げた。このような政治状況の中で、1988年4月26日に第13代国会議員総選挙が実施された。1987年の民主化実現の影響を受けて野党勢力の伸張が著しかったことを第13代国会議員総選挙の最大の特徴として指摘できる。第5共和国当時の与党であった民主正義党の得票率は34.0％であり、第11代国会議員総選挙、第12代国会議員総選挙と比較して得票率を減少させている。一方、正統派の野党といわれた平和民主党と統一民主党の得票率はそれぞれ19.3％、23.8％を獲得し、合計すると与党民主正義党を凌ぐ42.1％を獲得している計算になる。更に、新民主共和党も15.6％の得票率を獲得し、国民の野党圏に対する期待の大きさを感じさせる選挙結果となった。要するに、一党支配体制が崩壊し野党圏優勢の政局構図が形成されたことにより議会政治の活性化が期待されたのである。[113]

【図表3－11】第13代国会議員総選挙における地域別の議席数を整理したものである。各政党の獲得議席数は民主正義党が地方区87議席、全国区38議席、合計125議席（議席占有率：41.8％）、平和民主党が地方区54議席、全国区16議席、合計70議席（議席占有率：23.4％）、統一民主党が地方区46議席、全国区13議席、合計59議席（議席占有率：19.7％）、新民主共和党が地方区27議席、全国区8議席、合計35議席（議席占有率：11.7％）、ハンギョレ民

【図表3－11】第13代国会議員総選挙における地域別議席数（地方区）　　（単位：人）

	首都圏			忠清道		湖南			嶺南				江原道	済州道	全国
	ソウル	仁川	京畿	忠北	忠南	光州	全北	全南	釜山	大邱	慶北	慶南			
民正党	10	6	16	7	2	0	0	0	1	8	17	12	8	0	87
平民党	17	0	1	0	0	5	14	17	0	0	0	0	0	0	54
民主党	10	1	4	0	2	0	0	0	14	0	2	9	3	1	46
共和党	3	0	6	2	13	0	0	0	0	0	2	0	1	0	27
ハン党	0	0	0	0	0	0	0	1	0	0	0	0	0	0	1
無所属	2	0	1	0	1	0	0	0	0	0	0	1	2	2	9

注1）民正党は民主正義党、平民党は平和民主党、民主党は統一民主党、共和党は新民主共和党、ハン党はハンギョレ民主党を意味している。
注2）議席数は全国区の議席を除外し、地方区だけの数字である。
出所）中央選挙管理委員会ホームページ（http://www.nec.go.kr）。

主党が地方区のみ1議席（議席占有率：0.4％）、無所属も地方区のみ9議席（議席占有率：3.0％）という結果であった。各政党の得票率は民主正義党が34.0％、統一民主党が23.8％、平和民主党が19.3％、新民主共和党が15.6％、ハンギョレ民主党が1.3％、無所属が4.8％という結果であった。統一民主党は23.8％の得票率を獲得した割には59議席しか獲得できなかったのに対して、平和民主党は19.3％の得票率で70議席を獲得している事実に注目するべきである。このような現象が生じた理由は「地域主義」にある。

　湖南地域では平和民主党が圧倒的な強さを見せ、地方区の定員37議席の中で36議席を獲得し他の政党を寄せ付けない。湖南地域で当選したハンギョレ民主党の議員は選挙後に平和民主党に入党していることから平和民主党が湖南地域の全議席を独占したと考えても誤りではない。この事実は、「地域主義」の表出を明確に示す結果であるといえる。また、金泳三が率いる統一民主党は金泳三の出身地である釜山広域市で圧倒的な強さを見せ、定員15議席の中で14議席を獲得し、慶尚南道でも定員22議席の中で9議席を獲得している。本来的には、嶺南地域は民主正義党の地盤であるが、統一民主党が多くの議席を獲得したことは大きな意味を持っている。すなわち、民主化後に金大中と金泳三が袂を別ったことから民主対非民主の対立軸が崩壊したことを示唆する結果であるといえる。

　【図表3－12】は、第13代国会議員総選挙における地域別の得票率を整理

【図表3－12】第13代国会議員総選挙における地域別得票率　　　（単位：％）

	首都圏			忠清道		湖南			嶺南				江原道	済州道	全国
	ソウル	仁川	京畿	忠北	忠南	光州	全北	全南	釜山	大邱	慶北	慶南			
民正党	26.2	37.5	36.1	43.7	30.2	9.7	28.8	22.9	32.1	48.2	51.0	40.2	43.6	36.0	34.0
民主党	23.4	28.3	22.9	16.0	15.0	0.4	1.3	0.8	54.3	28.4	24.5	36.9	21.6	27.1	23.8
平民党	27.0	14.1	15.9	1.4	3.8	88.6	61.5	67.9	1.9	0.7	0.9	1.0	4.0	6.0	19.3
共和党	16.1	15.5	18.2	33.3	46.5	0.6	2.5	1.5	6.8	13.2	16.0	10.3	20.2	3.4	15.6

注）民正党は民主正義党、平民党は平和民主党、民主党は統一民主党、共和党は新民主共和党を意味している。
出所）大西裕「地域主義とそのゆくえ」『新版比較・選挙政治』ミネルヴァ書房、2004年、198頁を用いて筆者作成。

したものである。多党化現象を起したために大都市圏では与党が得票を集め、農村部では野党が得票を集める構図は消滅したことがわかる。湖南地域では金大中が率いる平和民主党が69.1％の高い得票率を示し、民主正義党の得票率22.8％を46.3％も上回っている。更に、注目するべき点は同じ野党勢力である金泳三が率いる統一民主党、金鍾泌が率いる新民主共和党の湖南地域の得票率はそれぞれ0.9％、1.6％であり、民主正義党と比較しても極端に低い値を示していることである。平和民主党は湖南地域で、民主正義党の3倍、統一民主党の77倍、新民主共和党の43倍という驚異的な得票を獲得している。民主化の象徴としての金大中が神話化の過程を進んでいることを示唆する。

　金泳三が率いる統一民主党は金泳三の出身地である嶺南地域で37.1％の得票率を獲得し、金大中が率いる平和民主党は1.2％の得票率であり統一民主党は平和民主党の31倍の得票を得ている計算になる。金鍾泌が率いる新民主共和党も嶺南地域では11.1％の得票率しか獲得できなかったが、金鍾泌の地盤である忠清道では42.1％を獲得し圧倒的な強さを示している。一方、与党民主正義党は全国的に幅広く支持を集めているが、嶺南政党としての存在感を示し嶺南地域で多くの支持を獲得している。第13代国会議員総選挙では2つの嶺南政党と湖南政党、忠清政党という4政党が競合したために嶺南地域の得票が分裂現象を起し、民主正義党も統一民主党も一方的に得票を集めることは不可能であった。第13代国会議員総選挙における地域別の得票率を検討する限りにおいて、「地域主義」は明確な形で表出していることがわかる。

(2) 第14代国会議員総選挙と「地域主義」

　第14代国会議員総選挙は1992年3月24日に実施された。第14代国会議員総選挙を総括すると次のように分析できる。1990年1月に民主正義党、統一民主党、新民主共和党が合同して発足した民主自由党は党内の内紛が深刻であったし、不動産価格の暴騰や物価の高騰などの経済問題に対する対応の不手際などに起因して期待ほどの支持を得ることができなかった。一方、野党陣営

【図表3－13】第14代国会議員総選挙における地域別議席数（地方区）（単位：人）

	首都圏			忠清道			湖南			嶺南				江原道	済州道	全国
	ソウル	仁川	京畿	大田	忠北	忠南	光州	全北	全南	釜山	大邱	慶北	慶南			
民自党	16	5	18	1	6	7	0	2	0	15	8	14	16	8	0	116
民主党	25	1	8	2	1	1	6	12	19	0	0	0	0	0	0	75
国民党	2	0	5	0	2	4	0	0	0	0	2	2	3	4	0	24
新政党	1	0	0	0	0	0	0	0	0	0	0	0	0	0	0	1
無所属	0	1	0	2	0	2	0	0	0	1	1	5	4	2	3	21

注1）民自党は民主自由党、国民党は統一国民党、民主党は統一民主党、新政党は新政治改革党を意味している。
注2）議席数は全国区の議席を除外し、地方区だけの数字である。
出所）金浩鎮著・李健雨訳『韓国政治の研究』三一書房、1993年、242頁。中央選挙管理委員会ホームページ（http://www.nec.go.kr）。

は非常に健闘した結果を示した。

【図表3－13】は、第14代国会議員総選挙における地域別の議席数を整理したものである。各政党の獲得議席数は民主自由党が地方区116議席、全国区33議席、合計149議席（議席占有率：49.8％）、民主党が地方区75議席、全国区22議席、合計97議席（議席占有率：32.4％）、統一国民党が地方区24議席、全国区7議席、合計31議席（議席占有率：10.4％）、新政治改革党は地方区のみ1議席（議席占有率：0.3％）、無所属も地方区のみ21議席（議席占有率：7.0％）であった。また、政党別の得票率は民主自由党が38.5％、民主党が29.2％、統一国民党が17.4％、新政治改革党が1.8％、公明民主党が0.1％、民衆党が1.5％、無所属が11.5％であった。与党の民主自由党は選挙前の194議席から149議席へと大きく議席を減らし、無所属の入党でかろうじて過半数を確保した。

民主自由党は嶺南地域では圧倒的な強さを発揮し多数の議席を獲得しているが、野党民主党は嶺南地域では1議席も獲得することができなかった。一方、湖南地域では民主自由党は全羅北道で2議席を獲得したに過ぎず光州広域市、全羅南道では1議席も獲得できなかったのに対して、野党民主党は湖南地域の全議席39議席中の37議席を獲得し、圧倒的な勝利を収めている。すなわち、獲得議席の地域による偏在化現象は「地域主義」の表出を明確に示すものであ

【図表3−14】第14代国会議員総選挙における地域別得票率　　　　　　（単位：％）

| | 首都圏 | | | 忠清道 | | | 湖南 | | | 嶺南 | | | 江原道 | 済州道 | 全国 |
	ソウル	仁川	京畿	大田	忠北	忠南	光州	全北	全南	釜山	大邱	慶北	慶南			
民自党	34.8	34.3	37.1	27.6	44.6	43.4	9.1	31.8	25.2	51.8	46.9	49.0	45.6	38.8	34.1	38.5
民主党	37.2	30.7	31.8	25.5	23.8	20.1	76.4	55.0	61.6	19.4	11.8	6.8	8.7	11.7	19.9	29.2
国民党	19.1	20.4	19.6	21.3	21.5	16.0	3.9	4.8	5.0	10.2	28.6	17.7	20.4	31.9	0.0	17.4

注）民自党は民主自由党、国民党は統一国民党を意味している。
出所）大西裕「地域主義とそのゆくえ」『新版比較・選挙政治』ミネルヴァ書房、2004年、198頁を用いて筆者作成。中央選挙管理委員会ホームページ（http://www.nec.go.kr）。

る。

【図表3−14】は、第14代国会議員総選挙における地域別の得票率を整理したものである。地域別に検討すると民主自由党は忠清道、嶺南地域、江原道、済州道でそれぞれ35.5％、40.1％、48.5％、48.2％、48.6％の得票率を獲得し、民主党との得票率の格差は約20〜30％もあり圧倒的な支持を集めている様子がわかる。しかし、京畿道では民主自由党は35.3％の得票率しか獲得できず、民主党との得票率の格差は0.7％に過ぎない。更に、湖南地域では民主自由党は24.4％の得票率であったのに対して、民主党は62.1％の得票率を示し37.7％もの大きな格差がある。一方、嶺南地域の民主党の得票率は11.8％に留まり、民主自由党の得票率48.5％と比較して36.7％もの大きな格差が生じている。この事実は、第14代国会議員総選挙における「地域主義」の表出を明確に示すものである。

(3) 第15代国会議員総選挙と「地域主義」

前述のように、1992年3月に実施された第14代国会議員総選挙において「地域主義」の表出が見られた。更に、同年12月に実施された第14代大統領選挙においても極端な「地域主義」が表出した。第14代大統領選挙に続いて実施された国政選挙である第15代国会議員総選挙において、「地域主義」の態様がどのように変容するのかに注目が集まった選挙であった。新韓国党、新政治国民会議、自由民主連合、統合民主党の有力4政党の争いであった。「地域

【図表3－15】第15代国会議員総選挙における地域別議席数（地方区） （単位：人）

	首都圏			忠清道			湖南			嶺南				江原道	済州道	全国
	ソウル	仁川	京畿	大田	忠北	忠南	光州	全北	全南	釜山	大邱	慶北	慶南			
新韓党	27	9	18	0	2	1	0	1	0	21	2	11	17	9	3	121
国民会	18	2	10	0	0	0	6	13	17	0	0	0	0	0	0	66
自民連	0	0	5	7	5	12	0	0	0	0	8	2	0	2	0	41
民主党	1	0	3	0	0	0	0	0	0	0	0	1	2	2	0	9
無所属	1	0	2	0	1	0	0	0	0	0	3	5	4	0	0	16

注1） 新韓党は新韓国党、国民会は新政治国民会議、自民連は自由民主連合、民主党は統合民主党を意味している。
注2） 議席数は全国区の議席を除外し、地方区だけの数字である。
出所）「大韓民国の第15代国会議員総選挙について」『クレアレポート』自治体国際化協会編（1996年9月）資料に基づき筆者作成。中央選挙管理委員会ホームページ（http://www.nec.go.kr）。

主義」の観点からは、新韓国党は嶺南政党、新政治国民会議は湖南政党、自由民主連合は忠清政党に位置づけることができる。したがって、新韓国党、新政治国民会議、自由民主連合の各地域での獲得議席数と得票率の態様が注目するべき点である。

【図表3－15】は、第15代国会議員総選挙における地域別の議席数を整理したものである。各政党の獲得議席数は新韓国党が地方区121議席、全国区18議席、合計139議席（議席占有率：46.5％）、新政治国民会議が地方区66議席、全国区13議席、合計79議席（議席占有率：26.4％）、自由民主連合が地方区41議席、全国区9議席、合計50議席（議席占有率：16.7％）、統合民主党が地方区9議席、全国区6議席、合計15議席（議席占有率：5.0％）、無所属は地方区のみで16議席（議席占有率：5.3％）という結果であった。各政党の得票率は新韓国党が34.5％、新政治国民会議が25.3％、自由民主連合が16.2％、統合民主党が11.2％という結果であった。

嶺南政党である新韓国党は嶺南地域で圧倒的な強さを見せている一方で、新政治国民会議は1議席も獲得することができなかった。しかし、新政治国民会議は湖南地域で議員定数37議席中36議席を獲得し他の政党を全く寄せ付けない結果を示している。これらの事実は第15代国会議員総選挙において「地域主義」が表出していることを示すものである。

【図表3-16】第15代国会議員総選挙における地域別得票率　　　　　　　　　　（単位：%）

	首都圏			忠清道			湖南			嶺南				江原道	済州道	全国
	ソウル	仁川	京畿	大田	忠北	忠南	光州	全北	全南	釜山	大邱	慶北	慶南			
新韓党	36.5	38.2	33.2	21.4	31.5	28.9	7.5	23.4	17.7	55.8	24.5	34.9	46.5	37.3	37.2	34.5
国民会	35.2	29.5	27.4	11.4	8.9	6.1	86.2	63.7	71.0	6.4	1.4	1.6	4.2	6.7	29.4	25.3
民主党	13.5	11.0	13.9	12.6	8.9	7.9	2.0	5.8	1.3	18.8	4.0	6.9	14.7	14.5	2.0	11.2
自民連	11.3	14.5	18.6	49.8	39.4	51.2	0.8	0.5	0.8	5.5	35.8	20.6	4.7	23.6	1.2	16.2

注）新韓党は新韓国党、国民会は新政治国民会議、自民連は自由民主連合、民主党は統合民主党を意味している。
出所）大西裕「地域主義とそのゆくえ」『新版比較・選挙政治』ミネルヴァ書房、2004年、199頁を用いて筆者作成。中央選挙管理委員会ホームページ（http://www.nec.go.kr）。

【図表3-16】は、第15代国会議員総選挙における地域別の得票率を整理したものである。嶺南政党である新韓国党は嶺南地域の釜山広域市、大邱広域市、慶尚北道、慶尚南道においてそれぞれ55.8％、24.5％、34.9％、46.5％の得票率を獲得している。湖南政党と位置づけられる新政治国民会議は湖南地域の光州広域市、全羅北道、全羅南道においてそれぞれ86.2％、63.7％、71.0％を獲得し圧倒的な強さを示している。自由民主連合は忠清政党として位置づけられ大田広域市、忠清北道、忠清南道でそれぞれ49.8％、39.4％、51.2％の得票率を獲得し忠清政党としての存在感を示している。

新韓国党、新政治国民会議、自由民主連合とも地域政党として各地盤の地域で強さを発揮しているが、特徴的なことは新政治国民会議が湖南地域で獲得した得票率と新韓国党と自由民主連合が自己の地盤で獲得した得票率を比較して見ると非常に大きな格差が存在していることである。「地域主義」は嶺南地域と湖南地域の間の葛藤として表現されるが、強度は湖南地域に強く表出する事実に注目するべきである。

(4) 第16代国会議員総選挙と「地域主義」

第16代国会議員総選挙は金大中政権下の2000年4月13日に実施され、金大中政権の評価を問われる中間選挙の性格を帯びたものであった。2001年1月には新政治国民会議が改編されて新千年民主党が成立し、選挙戦は野党ハン

【図表3－17】第16代国会議員総選挙における地域別議席数（地方区）　（単位：人）

	首都圏			忠清道			湖南			嶺南					江原道	済州道	全国
	ソウル	仁川	京畿	大田	忠北	忠南	光州	全北	全南	釜山	大邱	蔚山	慶北	慶南			
ハンナラ	17	5	18	1	3	0	0	0	0	17	11	4	16	16	3	1	112
民主党	28	6	22	2	2	4	5	9	11	0	0	0	0	0	5	2	96
自民連	0	0	1	3	2	6	0	0	0	0	0	0	0	0	0	0	12
民国党	0	0	0	0	0	0	0	0	0	0	0	0	0	0	1	0	1
韓国党	0	0	0	0	0	0	0	0	1	0	0	0	0	0	0	0	1
無所属	0	0	0	0	0	0	0	1	1	2	0	0	1	0	0	0	5

注1）ハンナラはハンナラ党、民主党は新千年民主党、自民連は自由民主連合、民国党は民主国民党、韓国党は新韓国党を意味している。
注2）議席数は全国区の議席を除外し、地方区だけの数字である。
出所）大西裕「地域主義とそのゆくえ」『新版比較・選挙政治』ミネルヴァ書房、2004年、199頁を用いて筆者作成。中央選挙管理委員会ホームページ（http://www.nec.go.kr）

ナラ党と与党新千年民主党の保革対決の様相を見せたが、ハンナラ党の勝利に終った。

【図表3－17】は、第16代国会議員総選挙における地域別の獲得議席数を整理したものである。各政党の獲得議席数はハンナラ党が地方区112議席、全国区21議席、合計133議席（議席占有率：48.7％）、新千年民主党が地方区96議席、全国区19議席、合計115議席（議席占有率：42.1％）、自由民主連合が地方区12議席、全国区5議席、合計17議席（議席占有率：6.2％）、民主国民党が地方区1議席、全国区1議席、合計2議席（議席占有率：0.7％）、新韓国党は地方区のみ1議席（議席占有率：0.3％）、無所属も地方区のみ5議席（議席占有率：1.8％）という結果であった。各政党の得票率はハンナラ党が39.0％）、新千年民主党が35.9％、自由民主連合が9.8％、民主国民党が3.7％、新韓国党が0.4％、無所属が9.4％という結果であった。

第16代国会議員総選挙においても、第13代国会議員総選挙、第14代国会議員総選挙、第15代国会議員総選挙と全く同一の構図が表出した。ハンナラ党は嶺南地域において無所属の1議席を除いて全議席を獲得し他の政党の介入する余地は全く存在しない。湖南地域に関しても同様に無所属での当選者を除外すると新千年民主党が残りの全議席を獲得している。嶺南地域においてはハ

【図表3－18】第16代国会議員総選挙における地域別得票率 (単位：％)

	首都圏			忠清道			湖南			嶺南					江原道	済州道	全国
	ソウル	仁川	京畿	大田	忠北	忠南	光州	全北	全南	釜山	大邱	蔚山	慶北	慶南			
ハンナラ	43.3	41.7	39.1	23.3	30.6	17.4	3.3	3.6	4.1	60.3	62.9	41.7	52.5	53.7	38.6	44.2	39.0
民主党	45.1	40.6	40.9	28.5	31.3	30.0	69.9	65.4	66.4	15.0	10.9	9.6	14.7	11.8	36.5	49.4	35.9
自民連	4.7	12.1	12.4	34.3	29.5	39.2	0.3	3.4	1.6	1.6	10.2	3.1	14.0	3.3	10.2	0.6	9.8
民国党	1.3	1.2	1.6	0.9	0.7	1.1	0.4	0.2	0.5	14.9	6.2	4.0	10.1	6.3	6.5	0.4	3.7
韓国党	0.1	※	0.1	0.9	1.8	6.5	※	※	※	0.1	0.0	※	0.3	0.2	0.2	※	0.4
無所属	1.6	3.2	4.7	9.9	7.1	4.9	26.1	27.4	27.5	1.6	7.5	24.4	8.4	21.9	8.1	5.3	9.4

注1）ハンナラはハンナラ党、民主党は新千年民主党、自民連は自由民主連合、民国党は民主国民党、韓国党は新韓国党を意味している。
注2）※は新韓国党が候補者を擁立していない地域。
注3）得票率は有効得票率に占める各政党の得票数の合計の割合。
出所）中央選挙管理委員会ホームページ（http://www.nec.go.kr）。

ンナラ党から公認を得られなければ無所属で選挙戦を戦う以外に道はなく、他政党から出馬しても当選する可能性が無いことを現わしている。逆に、湖南地域においても新千年民主党から出馬しなければ当選はおぼつかない。要するに、「地域主義」は変容することなく生き続けているという様子を把握できる。

【図表3－18】は、第16代国会議員総選挙における地域別の得票率を整理したものである。第16代国会議員総選挙においても「地域主義」の観点からはハンナラ党は嶺南政党、新千年民主党は湖南政党、自由民主連合は忠清政党に位置づけることができる。嶺南政党であるハンナラ党の嶺南地域での得票率は釜山広域市が60.3％、大邱広域市が62.9％、蔚山広域市が41.7％、慶尚北道が52.5％、慶尚南道が53.7％という結果であった。湖南政党である新千年民主党の湖南地域での得票率は光州広域市が69.9％、全羅北道が65.4％、全羅南道が66.4％であり、ハンナラ党や自由民主連合が数％の得票率しか獲得できない実情と比較すると深刻な「地域主義」の表出を確認できる。自由民主連合も忠清政党と位置づけることが可能であり、忠清道地域での得票率は大田広域市が34.3％、忠清北道が29.5％、忠清南道が39.2％であり、ハンナラ党が嶺南地域で表出する地域偏重、新千年民主党が湖南地域で見せる地域偏重とは若干異なり地域偏重の強度は弱いことを指摘できる。

地域政党の性格による強度の差異は存在するが、「地域主義」は第16代国会議員総選挙においても明確な形で表出していることを確認できる。更に、第15代国会議員総選挙において確認できたように、湖南地域の得票率の異常性に変化はなかった。すなわち、湖南地域の投票行動の異常性に「地域主義」の本質が隠されていることを第16代国会議員総選挙においても示唆するものである。

(5) 第17代国会議員総選挙と「地域主義」

　ハンナラ党と新千年民主党が中心となり提出した盧武鉉大統領弾劾訴追案が圧倒的多数で2004年3月12日に可決成立し、韓国憲政史上初めて大統領の職務権限が停止される事態となった。大統領の弾劾訴追は野党勢力の政治的な党利党略であるとして国民は反発しハンナラ党の支持率は急落した。一方、盧武鉉大統領を支持する勢力が新千年民主党から分裂し結党した「開かれたウリ党」(以下、ウリ党と表記)の支持率は急上昇した。
　第17代国会議員総選挙は、盧武鉉大統領弾劾の是非を巡って、2004年4月15日に実施された。選挙前は49議席であったウリ党は地方区129議席、全国区23議席、合計152議席(議席占有率：50.8％)を獲得して大躍進を遂げ第一党の座を確保したが、ハンナラ党は地方区100議席、全国区21議席、合計121議席(議席占有率：40.6％)を獲得したに留まり選挙前の議席数である137議席に遥かに届かなかった。しかし、国民の弾劾訴追への強い反発からハンナラ党は逆風の中で選挙戦を行うことを余儀なくされたが、ハンナラ党の朴槿恵代表の個人的人気に助けられ議席数の激減を防ぐことができたと評価されている。一方、新千年民主党は国民の反発を真っ向から受け、地方区5議席、全国区4議席の合計9議席(議席占有率：3.0％)を獲得したに留まり、選挙前の61議席から52議席も議席数を激減させた。
　【図表3－19】は、第17代国会議員総選挙における地域別の地方区の議席数を示したものである。ウリ党は首都圏、忠清道地域、湖南地域、済州道で多

【図表3－19】第17代国会議員総選挙における地域別議席数（地方区）　（単位：人）

| | 首都圏 | | | 忠清道 | | | 湖南 | | | 嶺南 | | | | | 江原道 | 済州道 | 全国 |
	ソウル	仁川	京畿	大田	忠北	忠南	光州	全北	全南	釜山	大邱	蔚山	慶北	慶南			
ウリ党	32	9	35	6	8	5	7	11	7	1	0	1	0	2	2	3	129
ハンナラ	16	3	14	0	0	1	0	0	0	17	12	3	14	14	6	0	100
民主党	0	0	0	0	0	0	0	0	5	0	0	0	0	0	0	0	5
民労党	0	0	0	0	0	0	0	0	0	0	0	1	0	1	0	0	2
自民連	0	0	0	0	0	4	0	0	0	0	0	0	0	0	0	0	4
国民	0	0	0	0	0	0	0	0	0	0	0	0	0	0	1	0	1
無所属	0	0	0	0	0	0	0	0	1	0	0	0	1	0	0	0	2

注1）ウリ党は開かれたウリ党、ハンナラはハンナラ党、民主党は新千年民主党、民労党は民主労働党、自民連は自由民主連合、国民は国民統合21を意味している。
注2）議席数は全国区の議席を除外し、地方区だけの数字である。
出所）中央選挙管理委員会ホームページ（http://www.nec.go.kr）

くの議席を獲得しているが、嶺南地域では3議席を獲得しただけであった。一方、ハンナラ党は首都圏と嶺南地域だけで93議席を獲得し、地方区で獲得した議席数の93％がこの両地域で獲得した議席である。首都圏は2大政党が議席を競い合うという構図が民主化以降の国会議員選挙において現われている現象であるが、湖南地域と嶺南地域の政党間の対立は深刻さを増すばかりである。第17代国会議員総選挙においてはハンナラ党が嶺南政党として機能し、ウリ党が湖南政党として機能した。「地域主義」の影響力が顕在化する中で、

【図表3－20】第17代国会議員総選挙における地域別得票率　（単位：％）

| | 首都圏 | | | 忠清道 | | | 湖南 | | | 嶺南 | | | | | 江原道 | 済州道 | 全国 |
	ソウル	仁川	京畿	大田	忠北	忠南	光州	全北	全南	釜山	大邱	蔚山	慶北	慶南			
ウリ党	42.8	44.8	45.7	45.8	50.5	38.9	54.0	64.6	46.9	38.9	26.7	28.1	25.8	34.4	38.8	49.4	41.9
ハンナラ	41.3	38.9	40.7	22.4	32.6	15.8	0.1	0.1	0.8	52.5	62.4	36.3	54.6	47.7	43.3	40.2	37.9
民主党	9.8	5.2	6.7	3.3	1.00	3.6	36.4	18.7	38.4	0.8	1.8	0.7	0.4	0.6	6.4	3.8	7.9
民労党	3.4	7.4	4.1	1.5	3.3	2.2	5.6	4.6	2.6	2.9	2.5	18.0	3.4	8.4	4.2	3.4	4.3
自民連	0.7	0.6	0.7	22.1	9.2	33.7	0.4	0.1	0.6	0.3	0.5	0.8	0.6	0.6	0.2	0.6	2.6

注1）ウリ党は開かれたウリ党、ハンナラはハンナラ党、民主党は新千年民主党、民労党は民主労働党、自民連は自由民主連合を意味している。
注2）議席数は全国区の議席を除外し、地方区だけの数字である。
出所）中央選挙管理委員会ホームページ（http://www.nec.go.kr）

大統領弾劾事件が湖南地域の代表である盧武鉉を支持するウリ党と盧武鉉に反対するハンナラ党という対立構図を作り出した。

【図表3－20】は、第17代国会議員総選挙における地域別の得票率を整理したものである。湖南地域におけるウリ党の得票率は光州広域市が54.0％、全羅北道が64.6％、全羅南道が46.9％、新千年民主党の得票率は光州広域市が36.4％、全羅北道が18.7％、全羅南道が38.4％であり、ウリ党と新千年民主党の得票率を合計すると光州広域市が90.4％、全羅北道が83.3％、全羅南道が85.3％となり湖南政党が圧倒的な強さを発揮していることがわかる。ウリ党は新千年民主党から分離した政党であるので湖南政党の位置づけを持っている。一方、湖南地域のハンナラ党の得票率は光州広域市が0.1％、全羅北道が0.1％、全羅南道が0.8％であり有権者の1％の人からさえも支持を受けていないことを示している。

嶺南地域におけるウリ党の得票率は釜山広域市が38.9％、大邱広域市が26.7％、蔚山広域市が28.1％、慶尚北道が25.8％、慶尚南道が34.4％であった。ウリ党は新千年民主党から分離してできた政党であることから嶺南地域での得票率は本来ならば選挙結果よりも低い値を示すはずであるが比較的高い得票率を示している。ウリ党が嶺南地域で得票を伸ばし健闘を見せているという選挙結果は、第17代国会議員総選挙が大統領弾劾の是非のみに争点を置いていたという選挙の特殊性を示唆するものである。新千年民主党の嶺南地域における得票率は釜山広域市が0.8％、大邱広域市が1.8％、蔚山広域市が0.7％、慶尚北道が0.4％、慶尚南道が0.6％という結果を示していることからも大統領弾劾の是非を争う選挙であったことを示すものである。一方、嶺南政党であるハンナラ党の得票率は釜山広域市が52.5％、大邱広域市が62.4％、蔚山広域市が36.3％、慶尚北道が54.6％、慶尚南道が47.7％を獲得し、大逆風の選挙の中でも嶺南地域での存在感を見せた結果といえる。

第17代国会議員総選挙においては、大統領弾劾の是非が政治争点として急浮上してきた特殊事情を抱える選挙であったことに起因して「地域主義」が変形したものになっている。しかし、湖南地域の投票行動の特異性に変化はな

く、そのことは嶺南政党であるハンナラ党の湖南地域での得票率に明確な形で表出している。すなわち、「地域主義」は湖南地域の投票行動の特異性に本質があることを示唆する事例であると考えられる。

(6) 第18代国会議員総選挙と「地域主義」

第18代国会議員総選挙は、李明博が2008年2月25日に第17代大統領に就任した直後の4月9日に実施された。大統領選挙と国家議員総選挙が近接して実施されるのは任期の違いに起因し20年に一度訪れる現象である。第18代国会議員総選挙に大統領選挙の影響がどのような形態で表出したかを検討することも重要な論点である。投票率は46.0％であり歴代総選挙の投票率の中で過去最低を記録する低い投票率であった。

【図表3－21】は、第18代国会議員総選挙における地域別の獲得議席数を整理したものである。ハンナラ党が地方区131議席、全国区22議席、合計153議席（議席占有率：51.2％）を獲得し、統合民主党は地方区66議席、全国区15議席、合計81議席（議席占有率：27.1％）、自由先進党は地方区14議席、全国区4議席、合計18議席（議席占有率：6.0％）、親朴連帯は地方区6議席、

【図表3－21】第18代国会議員総選挙における地域別議席数（地方区）　　（単位：人）

	首都圏			忠清道			湖南			嶺南					江原道	済州道	全国
	ソウル	仁川	京畿	大田	忠北	忠南	光州	全北	全南	釜山	大邱	蔚山	慶北	慶南			
ハンナラ	40	9	32	0	1	0	0	0	0	11	8	5	9	13	3	0	131
民主党	7	2	17	1	6	1	7	9	9	1	0	0	0	1	2	3	66
先進党	0	0	0	5	1	8	0	0	0	0	0	0	0	0	0	0	14
親朴連	0	0	1	0	0	0	0	0	0	1	3	0	1	0	0	0	6
民労党	0	0	0	0	0	0	0	0	0	0	0	0	0	2	0	0	2
韓国党	1	0	0	0	0	0	0	0	0	0	0	0	0	0	0	0	1
無所属	0	1	1	0	0	1	1	2	3	5	1	1	5	1	3	0	25

注1）ハンナラはハンナラ党、民主党は統合民主党、先進党は自由先進党、親朴連は親朴連帯、民労党は民主労働党、韓国党は創造韓国党を意味している。
注2）議席数は全国区の議席を除外し、地方区だけの数字である。
出所）中央選挙管理委員会ホームページ（http://www.nec.go.kr）

全国区8議席、合計14議席（議席占有率：4.7％）、民主労働党は地方区2議席、全国区3議席、合計5議席（議席占有率：1.7％）、創造韓国党は地方区1議席、全国区2議席、合計3議席（議席占有率：1.0％）、無所属は25議席という結果であった。

嶺南地域におけるハンナラ党の獲得議席数は釜山広域市が11議席、大邱広域市が8議席、蔚山広域市が5議席、慶尚北道が9議席、慶尚南道が13議席であったのに対して、統合民主党は釜山広域市で1議席と慶尚南道で1議席の合計2議席を獲得したに過ぎなかった。一方、湖南地域においてハンナラ党は1議席も獲得できなかったのに対して、統合民主党は定員8議席の光州広域市で7議席、定員11議席の全羅北道で9議席、定員12議席の全羅南道で9議席を獲得した。すなわち、湖南地域において議席を獲得できた政党は統一民主党だけであり、他の湖南地域の議席は無所属が当選を果たした。

【図表3－22】は、第18代国会議員総選挙における地域別の各政党の得票率を整理したものである。各政党の得票率はハンナラ党が37.5％、統合民主党が25.7％、親朴連帯が13.2％、自由先進党が6.8％、民主労働党が5.7％、創造韓国党が3.8％、進歩新党が2.9％という結果であった。

嶺南地域におけるハンナラ党の得票率は釜山広域市が43.5％、大邱広域市

【図表3－22】第18代国会議員総選挙における地域別得票率　　　　　　　　（単位：％）

	首都圏			忠清道			湖南			嶺南					江原道	済州道	全国
	ソウル	仁川	京畿	大田	忠北	忠南	光州	全北	全南	釜山	大邱	蔚山	慶北	慶南			
ハンナラ	40	9	32	0	1	0	0	0	0	11	8	5	9	13	3	0	131
民主党	7	2	17	1	6	0	7	9	9	1	0	0	0	1	2	3	66
親朴連	0	0	0	5	1	8	0	0	0	0	0	0	0	0	0	0	14
先進党	0	0	1	0	0	0	0	0	0	1	3	0	1	0	0	0	6
民労党	0	0	0	0	0	0	0	0	0	0	0	0	0	2	0	0	2
韓国党	1	0	0	0	0	0	0	0	0	0	0	0	0	0	0	0	1
進歩党	0	1	1	0	0	0	1	2	3	5	1	1	5	1	3	0	25

注1）ハンナラはハンナラ党、民主党は統合民主党、親朴連は親朴連帯、先進党は自由先進党、民労党は民主労働党、韓国党は創造韓国党、進歩党は進歩新党を意味している。
注2）議席数は全国区の議席を除外し、地方区だけの数字である。
出所）中央選挙管理委員会ホームページ（http://www.nec.go.kr）

が46.6％、蔚山広域市が42.9％、慶尚北道が53.5％、慶尚南道が45.0％であり、親朴連帯の得票率は釜山広域市が22.6％、大邱広域市が32.7％、蔚山広域市が18.7％、慶尚北道が23.6％、慶尚南道が18.0％であった。ハンナラ党とハンナラ党から分離した親朴連帯は支持する階層や地域が近似している傾向を持つ政党であるので嶺南地域の得票率の合計を計算してみると、釜山広域市では66.1％、大邱広域市では79.3％、蔚山広域市では61.6％、慶尚北道では77.1％、慶尚南道では63.0％という結果を得た。一方、湖南政党と考えられる統合民主党の嶺南地域における得票率は釜山広域市では12.7％、大邱広域市では4.9％、蔚山広域市では9.3％、慶尚北道では5.6％、慶尚南道では10.5％に過ぎずハンナラ党や親朴連帯の得票率とは極端な格差が存在する。

　湖南地域における統合民主党の得票率は光州広域市が70.4％、全羅北道が64.3％、全羅南道が66.9％であったのに対して、ハンナラ党の得票率は光州広域市では5.9％、全羅北道では9.3％、全羅南道では6.4％であり、親朴連帯の得票率は光州広域市が1.3％、全羅北道が2.3％、全羅南道が1.8％に過ぎずハンナラ党よりも更に低い得票率を示している。要するに、第18代国会議員総選挙において各政党が獲得した議席数及び得票率を検討する限り「地域主義」の問題が解消されつつあると理解することは難しいと思われる。

第3節　国会議員選挙と「地域主義」

　与村野都の現象は1952年の第2代大統領選挙から徐々に現れ始め、1958年の第4代国会議員総選挙から本格的に現れるようになり第12代国会議員総選挙まで継続すると考えられている。与村野都の現象は都市部では野党が強く農村部では与党が優勢であるというよりも、野党の得票率が農村部よりも都市部が高く、与党の得票率が都市部よりも農村部が高いという現象であると把握することも可能である。【図表3－2】～【図表3－10】から読み取れるのは、いかなる政党も都市部及び農村部の双方で50％を大幅に越える得票を獲得す

ることができない場合が多いという事実である。更に、大都市圏を例外として都市部でも野党よりも与党の得票率が高い場合が多くあるという事実である。都市部と農村部の政党支持に差異が生じるのは、選挙の主たる争点として民主対非民主の対立を積極的に提起したかどうかに依存していると考えられる。

　与村野都の現象が起きた理由として政府・与党の動員を強調する見解がある[114]。この見解によると、相対的に近代化の遅れた農村では行政による選挙干渉が容易であり官権選挙になりやすいので、農村の有権者は与党支持へと動員されやすいが、近代化が進んだ都市部では個人が自主的に判断して投票するようになるという[115]。資金面を考えても、権威主義政権時代の与党は野党とは比較できないほどの大量の資金を選挙に使用したと考えられ、買収の実態に関しては当然不明であるが買収も日常的であったはずであり膨大な資金が権力維持のために使用されたと考えられる。しかし、資金があれば買収ができるわけではなく人的ネットワークの構築が買収には必要不可欠の条件である。資金は血液で人的ネットワークは血管のようなものであり、毛細血管まで血液が流れなければ組織は壊死する。権力政党が農村部で得票を多く集めた結果には合理的な理由があり、農村部は都市部に比較して人間関係が濃密であり社会生活の中で様々なネットワークが既に成立しているからである。したがって、与党動員論は妥当性を有すると考える。

　李甲允は韓国人の政治的な傾向や態度に最も影響を与えるのは教育水準と年齢であると指摘している[116]。更に、職業、収入、性別、居住地、宗教などの社会経済的な変数はほとんど統計的には有効な影響を与えていないと指摘する。教育水準が高く年齢が低いほど一般的に政治への関心が高く、政治参加、自由や基本的人権の尊重などの民主的傾向を持ち、その反対に教育水準が低く年齢が高くなるほど民主的傾向が低くなる。更に、革新的な価値観を持つ人々が都市に多く居住し、農村部には比較的保守的な価値観を持つ人々が多く居住している傾向がある。

　都市に居住する人々が革新的な傾向を持つに至るかは、情報量の差であり教育レベルの差であると考えられる。都市に居住し高等教育を受けた人は、時代

の最先端の知恵や世の中の情報を取得する機会に恵まれ、情報量の多さは分析能力を深化させることに直結する。したがって、現時点での問題点や矛盾点を理解し、その変革を求め革新的な傾向を持つと考えられる。この傾向は日本の投票行動においてもみられ、保守的であると考えられている自民党は地方の農村部で比較的強みを発揮する一方で、革新的であると考えられている民主党は大都市圏で比較的多くの支持を獲得している。

また、与村野都現象が起きた理由として、農村部の利益を強調する見解がある[117]。農村部に居住する有権者にとって与党を支持する方が地域の利益に繋がるという見解である。地域発展の遅れている農村部にとって、政権与党を支援することにより見返りを期待するというのは現実味のある見解である。しかし、国会議員選挙の場合は妥当性を持つ見解と考えられるが、大統領選挙を分析するときには問題点を抱えている見解である[118]。

一方で、与党ではなく野党ないしは野党的勢力による支持動員が原因であるとする野党動員論を主張する見解もある[119]。政権獲得を目指す野党勢力は、民主化を主張する以外には政権獲得の展望が開けないので、本来は民主的な考えの持ち主でなくても民主化を主張することになり、民主化を強調すれば民主化に反応する若年層、高学歴層の有権者の支持の獲得に有利に作用すると主張する。野党は民主化を主張することによって自分に有利な政治空間を作り出し、有権者を動員することに成功した結果として都市部での票を獲得できたが、農村部では民主化よりも他の価値観を共有しているので農村部の支持獲得には失敗したという[120]。与党も野党も共に自分の権力拡大のために支持の動員を図ったであろうことは疑いないことであるので、この見解も一応の妥当性を持つと考えられる。また日本の学界では、伝統的価値と近代的価値の違いが対立軸となり与村野都の現象が発生したと考えるのが通説である[121]。

民主化以降の第13代国会議員総選挙から2008年に実施された第18代国会議員総選挙の選挙結果である【図表3－11】～【図表3－22】を参照すれば「地域主義」が依然として解消されていないことがわかる。特に、大統領選挙の場合は候補者個人に依存する要因も作用することから得票率に変動が生

じる場合もあるという事実は「地域主義」の問題が大統領選挙に顕著に現われていることを意味する。したがって、歴代の大統領選挙と国会議員選挙の結果分析に基づき「地域主義」の問題を把握すると、「地域主義」は有権者の政策判断というより歴史的に形成された地域間の根強い対立問題であることが推察できる。すなわち、「地域主義」は韓国の歴史や伝統とかけ離れては把握できない問題であるように思われる。そのために第 4 章以降では、2010 年 5 月に実施した「地域主義」に関する意識調査の結果を用いて、経済的要因分析、政治的要因分析、社会文化的要因分析という多角的な分析を行うことにより「地域主義」の要因を実証的に分析する。

第4章 「地域主義」の政治経済的要因

第1節 「地域主義」の経済的要因

本節では、経済的な側面と関連した地域対立に関する調査結果を分析し、経済分野に関する認識及び態度を検討することにより「地域主義」の経済的要因を探る。序章の第2節において整理したように差別的な経済発展施政策が「地域主義」の原因であるとする有力な見解がある。この見解は、権威主義政権時代に嶺南地域が優遇されたために湖南地域と嶺南地域に経済格差が生じたことが民主化以降に「地域主義」を表出させたと考えている。この見解は「地域主義」の問題を分析する時に重要な視点を提供するものであり、本書においては独自の調査に基づき経済的要因の特徴を説明する。

最初に、今まで韓国の経済発展政策において特定の地域を優遇し差別的に行われたと思うかという設問に対して全体の82.6％の回答者がそう思うと回答し、特定地域への優遇はなかったと解答した人は17.4％に過ぎず、10人の中で8人以上という大多数が地域発展政策は差別的に行われたと考えている。すなわち、差別的な経済発展政策が採用されたことが「地域主義」の原因であると国民の大多数が考えていることを示唆している。

地域別に詳細に検討すると、経済発展政策において特定の地域を優遇し差別的に行われたと思うと回答した人はソウル・京畿道・仁川地域が78.0％、釜山・慶尚南道地域が73.0％、大邱・慶尚北道地域が66.0％、光州・全羅南道地域が99.0％、全州・全羅北道地域が92.0％、大田・忠清道地域が100.0％、江原道地域が78.0％、済州道地域が58.0％であった。光州・全羅南道では99.9％とい

う調査事例のほぼ全員が差別的地域発展政策は存在したと答えていることから光州・全羅南道の有権者のほぼ全員が差別的な経済政策のために経済発展が遅れたと考えていると判断することができる。全州・全羅北道でも92.0％の回答者が地域発展は差別的に行われたと強く感じている。湖南地域全体では96.7％の人が差別的な経済発展が行われたと考えており全国平均を14.1％も上回る高い数値を示している。すなわち、湖南地域ではほぼ全員が差別的に経済発展が行われたと考えていると結論づけることができる。

　一方、釜山・慶尚南道において経済発展政策に関して特定の地域を優遇し差別的に行われたと思っている人は73.0％であり大邱・慶尚北道では66.0％であった。差別的な経済発展が行われたと考えていない人も釜山・慶尚南道では27.0％、大邱・慶尚北道では34.0％という他の地域と比較して高い水準を示している。嶺南地域と湖南地域を比較検討すると、嶺南地域の回答者の70.7％が今までの経済発展政策において特定地域を優遇し差別的に行われたと思うかという設問に対して差別的経済政策が行われたと答えているのに対して、湖南地域の回答者の96.7％もの大多数の人が経済政策は差別的に行われたと考えている。差別的経済政策の存在を認めている人の割合は、両地域で26.0％もの大きな格差が存在している。すなわち、嶺南地域に比べ湖南地域の回答者が経済発展政策において特定地域を優遇し差別的に実施されたという認識が強いことを示す結果である（【図表4－1】及び【図表4－3】を参照）。

　済州道だけは特異な結果を示している。済州道地域の回答者の中で地域発展は差別的であったと答えた人は58.0％に過ぎず全国平均からも24.6％も低い水準を示し、他地域と比較して相対的にかなり低い数値を示している。2番目に低い数値を示している大邱・慶尚北道でも66.0％であり全国平均から16.6％の差であるにも拘らず、24.6％という平均値からの格差は非常に大きいと判断せざるを得ない。済州島は半島本土から隔絶した地理的な特殊性のために経済発展の影響を受け難い環境にある地理的な条件、及び済州島特有の伝統的な文化を形成してきた歴史的経緯もあり、このような結果を生じさせたと考えられる。すなわち、半島部と済州島の社会文化的な伝統の差異から生ずる結果とい

【図表4－1】経済発展における地域差別　　　　　　　　　　　　（単位：件、％）

		事例数	そう思う	そうは思わない
	全体	1,000	82.6	17.4
地域	ソウル・京畿道・仁川	200	78.0	22.0
	釜山・慶尚南道	200	73.0	27.0
	大邱・慶尚北道	100	66.0	34.0
	光州・全羅南道	200	99.0	1.0
	全州・全羅北道	100	92.0	8.0
	大田・忠清道	100	100.0	0.0
	江原道	50	78.0	22.0
	済州道	50	58.0	42.0
嶺・湖南区分	嶺南	300	70.7	29.3
	湖南	300	96.7	3.3
	その他	400	81.0	19.0

出所）2010年5月に実施した政治意識調査の結果に基づき筆者作成。

え、「地域主義」の分析からは除外して考えるべきである。済州道だけが他の地域と異なる傾向を示すことは様々な設問の回答からも推察できる。

　忠清道地域においては経済発展政策においての地域差別があったと思っている人は100％を示し、優遇された地域としてソウル・京畿道・仁川地域と回答した人は22.0％、嶺南地域と回答した人は78.0％であり、他の地域を優遇された地域として回答した人は皆無であった。すなわち、忠清道地域の人々は湖南地域の人々と近似した認識を持っていることがわかった。この事実は「地域主義」の原因が差別的な経済政策のためであるとする見解に疑問を投げかける証拠を提供する。民主化以降に実施された5回の大統領選挙の結果を検討すると、湖南地域と嶺南地域の得票率の偏在化は著しいが忠清道地域と嶺南地域の得票率は各候補者に均等に分散している事実がある。【図表6－7】～【図表6－11】から明らかなように湖南地域と忠清道地域は人口、国内総生産、事業所数、従業員数、付加価値額に関しては全く同一であると考えて差し支えない。したがって、「地域主義」の原因が差別的な経済政策のためであるとする見解は同一の経済条件であるにも拘らず忠清道地域と嶺南地域の間では「地域主義」の現象が表出していない理由を説明できない。

　【図表4－2】は、特定地域が優遇されたと考える理由の一部を調査結果よ

【図表4−2】特定地域が優遇されたと考える理由

回答例	事例数
重要な経済産業が先行して投資し発展したから	174
大統領当選者の出身地域が第一に発展したから	108
道路が整備されたから	76
工業団地の造成が多く行われたから	71
首都圏を第一に発展させたから	71
その地域出身の高級官僚が多かったから	31
多くの企業の誘致を優先的に行っているから	31
高速道路が整備されたから	28
人材登用に際して特定地域出身者を優遇する傾向があるから	28
権力者中心の経済政策に原因があるから	24
文化産業が発展したから	20
ＫＴＸ（韓国高速鉄道）を優先的に整備したから	19
主要政府機関が集中しているから	17
観光地開発が順調に推進されているから	16
政治家が地域感情を助長したから	16
働ける職場が増えたから	16
予算投入が一方に偏って集中しているから	15
教育産業が発展しているから	14
大企業の誘致を優先的にしているから	14
力のある国会議員の地域が発展しているから	12
鉄道施設が整備されているから	12
報道機関が地域葛藤を助長するから	12
行政複合都市建設の特恵を得ているから	11

出所）2010年5月に実施した政治意識調査の結果に基づき筆者作成。

り抜粋したものである。経済発展政策が特定地域を優遇し差別的に行われたと回答した事例の826件に対して、そのように思っている理由を個別聴取した結果は多様な回答群を形成した。大型経済産業に対して優先投資され発展が促されたからという回答が21.1％と最も高く、大統領の出身地域が優遇され最も発展したからという回答が第2番目に多かった。次に、道路が整備されたからという回答が9.2％、工業団地の造成が多く行われたからが8.6％、首都圏を第一に発達させたからが8.6％であった。

一方、経済発展政策により特定地域が優遇されたり差別されたりしなかったと回答した事例の174件に対してそのように思っている理由を個別聴取した結果は特徴的な傾向を示している。すべての地域がもれなく発展したからという回答が75.3％と最も高く、地域の特色に応じて発展したからという回答も10.3％を占めた。具体的な回答を産業、暮らしの質、交通、行政・政策、環境、地域の特性、経済、言論報道に分類して分析した結果、経済発展政策において特定地域が優遇され差別的に行われたと答えた回答者は最大の理由として産業分野を挙げ、その次は政治、交通の順番であった。一方、差別が行われていないと答えた回答者のほとんどは最大の理由として地域特性を挙げている。

　経済発展政策において特定地域を優遇し差別的に行われたと答えた事例826件に対して、どの地域に経済開発に関連した優遇が成されたのかという設問をした結果は極めて興味深い情報を提供してくれる。嶺南地域が優遇されたと回答した人は59.9％と最高の割合を示し、第2番目はソウル・京畿道・仁川地域（首都圏）の25.7％であった。地域別に優遇地域の認識を検討すると、ソウル・京畿道・仁川地域、光州・全羅南道地域、全州・全羅北道地域、大田・忠清道地域、済州道地域では嶺南地域が最大の優遇を受けたと回答したが、釜山・慶尚南道地域ではソウル・京畿道・仁川地域が最大の恩恵を受けたと回答し、大邱・慶尚北道地域では湖南地域が最も優遇されたと回答した。

　実体経済の指数から判断すると首都圏と嶺南地域の発展は他の地域と比較して大きな格差があることは事実である。したがって、ソウル・京畿道・仁川地域、光州・全羅南道地域、全州・全羅北道地域、大田・忠清道地域、済州地域では嶺南地域が最大の優遇を受けたと回答したことは合理性がある。また、釜山・慶尚南道地域ではソウル・京畿道・仁川地域が最大の恩恵を受けたと回答したことも、釜山・慶尚南道地域がソウル・京畿道・仁川地域に次いで経済規模が大きい地域であることからソウル・京畿道・仁川地域をライバル視し、このような感覚を持つことも合理性を持つといえる。

　しかし、大邱・慶尚北道地域において湖南地域が最も優遇されたと考えている人は34.8％であり、ソウル・京畿道・仁川地域が最も優遇されたと考えてい

る人は33.3％で1.5％の差でしかなく、1.5％の格差は同程度の水準であるとみなすことも可能である。湖南地域が最も経済政策の面で優遇されたと考えている人が首都圏と同程度の34.8％にも上っていることは驚異的な結果であるといえる。湖南地域が経済的政策の面で優遇されたと考えている人の割合はソウル・京畿道・仁川地域が7.1％、釜山・慶尚南道地域が8.9％、江原道地域が7.7％、済州地域が3.4％、大田・忠清道地域、光州・全羅南道地域、全州・全羅北道地域では0％であるのに対して大邱・慶尚北道地域では34.8％であり極端な格差を見せている。

　大邱・慶尚北道地域では湖南地域が最も優遇されたと回答したことは「地域主義」の問題を検討する時に極めて重要な意味を持つ結果であると考えられる。嶺南地域と湖南地域における回答を分析してみると、嶺南地域ではソウル・京畿道・仁川地域が最も優遇されたと回答した割合が高く、湖南地域においては嶺南地域が最も優遇されたと回答した割合が高いことがわかる。すなわち、自分が居住する地域よりも経済発展している地域に対して差別的に優遇されていると考える傾向がある。この事実は韓国人の社会的性格である競争性を裏づけるものである（【図表4－3】を参照）。

　地域間の経済的な格差について、首都圏を除いて回答者が居住している地域

【図表4－3】経済発展における地域差別　　　　　　　　　　　　　　　　　（単位：件、％）

		事例数	ソウル	京畿	江原	忠清	嶺南	湖南	済州
	全体	826	25.7	4.2	0.8	2.9	59.9	6.2	0.2
地域	ソウル・京畿道・仁川	156	16.0	4.5	1.9	7.7	62.2	7.1	0.6
	釜山・慶尚南道	146	50.0	4.8	0.0	6.8	28.8	8.9	0.7
	大邱・慶尚北道	66	33.3	3.0	1.5	3.0	24.2	34.8	0.0
	光州・全羅南道	198	14.1	2.0	0.0	0.0	83.8	0.0	0.0
	全州・全羅北道	92	18.5	6.5	1.1	0.0	73.9	0.0	0.0
	大田・忠清道	100	22.0	0.0	0.0	0.0	78.0	0.0	0.0
	江原道	39	35.9	17.9	2.6	0.0	35.9	7.7	0.0
	済州道	29	37.9	6.9	3.4	0.0	48.3	3.4	0.0
嶺・湖南区分	嶺南	212	44.8	4.2	0.5	5.7	27.4	17.0	0.5
	湖南	290	15.5	3.4	0.3	0.0	80.7	0.0	0.0
	その他	324	22.2	4.9	1.5	3.7	62.7	4.6	0.3

出所）2010年5月に実施した政治意識調査の結果に基づき筆者作成。

と他の地域を比べた時、過去に比べ経済的格差が広がったと考えるのか縮まったと考えるのかという設問に対する回答は、過去に比べて経済的格差には変化がないという回答が全体の45.9％、過去に比べて経済的格差はある程度縮まったと回答した人は25.7％、過去に比べて経済的格差は少し広がったと回答した人は19.4％、過去に比べて経済的格差はとても広がったと回答した人は5.3％、過去に比べて経済的格差はとても縮まったと回答した人は3.7％であった。地域別に見ると、大田・忠清道地域の回答者が他の地域の回答者に比べて過去に比べて経済的格差は縮まったという回答が最も低く7.0％に過ぎない。大田・忠清道地域の大多数の人々は過去に比べて経済的格差はとても広がったと考えていることがわかる。1990年代以降の経済指標を整理した【図表6－7】～【図表6－11】から明らかなように、地域経済は全国的に増加しているが首都圏と嶺南地域の伸び率と比較した時に首都圏や嶺南地域の伸び率は大きいのに対して湖南地域や大田・忠清道地域の伸び率は比較的に低調である（第6章の第1節を参照）。すなわち、大田・忠清道地域の人々の回答は実体経済指標を反映したものである。湖南地域において過去に比べて経済的格差は縮まったと回

【図表4－4】 ソウルを除いた地域間の経済的格差の増減　　　　　　　　（単位：件、％）

		事例数	とても縮まった	ある程度縮まった	格差に変化がない	少し広がった	とても広がった	縮まった	変化なし	広がった
	全体	1,000	3.7	25.7	45.9	19.4	5.3	29.4	45.9	24.7
地域	ソウル・京畿道・仁川	200	4.5	36.0	50.0	6.5	3.0	40.5	50.0	9.5
	釜山・慶尚南道	200	4.5	33.0	45.0	15.0	2.5	37.5	45.0	17.5
	大邱・慶尚北道	100	8.0	27.0	41.0	20.0	4.0	35.0	41.0	24.0
	光州・全羅南道	200	2.5	19.0	52.0	17.0	9.5	21.5	52.0	26.5
	全州・全羅北道	100	3.0	30.0	44.0	16.0	7.0	33.0	44.0	23.0
	大田・忠清道	100	0.0	7.0	28.0	65.0	0.0	7.0	28.0	65.0
	江原道	50	2.0	22.0	36.0	24.0	16.0	24.0	36.0	40.0
	済州道	50	4.0	12.0	68.0	8.0	8.0	16.0	68.0	16.0
嶺・湖南区分	嶺南	300	5.7	31.0	43.7	16.7	3.0	36.7	43.7	19.7
	湖南	300	2.7	22.7	49.3	16.7	8.7	25.3	49.3	25.3
	その他	400	3.0	24.0	45.0	23.5	4.5	27.0	45.0	28.0

注）「縮まった」は「とても縮まった」と「ある程度縮まった」の合計、「広がった」は「少し広がった」と「とても広がった」の合計。
出所）2010年5月に実施した政治意識調査の結果に基づき筆者作成。

答した人は25.3%であり、4人に1人が過去に比べて経済的格差は縮まったと回答した。1997年に実施された大統領選挙で金大中が念願の当選を果たすことにより地域格差の平準化という名目で湖南地域のインフラ整備に力を入れ、湖南地域の道路、鉄道、港湾、文化施設などが急速に整備された。眼に見える形での開発への理解が深まったことは、経済的格差は縮まったと回答した人が25.3%であった数値に表れている(【図表4－4】を参照)。

地域間の経済的格差に関して、自分の居住地域と他の地域を比較した時に過去に比べ経済的格差が拡大したのか縮小したのかを質問した結果と2010年6月2日に実施された統一地方選挙における支持政党とどのような相関関係が存在するかについて分析を試みた。政党はハンナラ党、民主党、その他の政党(自由先進党、民主労働党、創造韓国党、親朴連帯、進歩新党、国民参与党)、なし・回答なしに分類した。

【図表4－5】支持する政党別の過去対比経済的な格差 (単位:件、%)

			過去対比経済的な格差					全体
			とても縮まった	ある程度縮まった	格差に変化がない	少し広がった	とても広がった	
支持政党	ハンナラ党	事例数	13	81	121	52	9	276
		横の比率	4.7%	29.3%	43.8%	18.8%	3.3%	
		縦の比率	35.1%	31.5%	26.4%	26.8%	17.0%	
		全体比率	1.3%	8.1%	12.1%	5.2%	0.9%	
	民主党	事例数	11	67	155	46	24	303
		横の比率	3.6%	22.1%	51.2%	15.2%	7.9%	
		縦の比率	29.7%	26.1%	33.8%	23.7%	45.3%	
		全体比率	1.1%	6.7%	15.5%	4.6%	2.4%	
	その他政党	事例数	5	33	52	53	8	151
		横の比率	3.3%	21.9%	34.4%	35.1%	5.3%	
		縦の比率	13.5%	12.8%	11.3%	27.3%	15.1%	
		全体比率	0.5%	3.3%	5.2%	5.3%	0.8%	
	なし/回答なし	事例数	8	76	131	43	12	270
		横の比率	3.0%	28.1%	48.5%	15.9%	4.4%	
		縦の比率	21.6%	29.6%	28.5%	22.2%	22.6%	
		全体比率	0.8%	7.6%	13.1%	4.3%	1.2%	
全体		事例数	37	257	459	194	53	1,000

注)Chi-Square (12) =42.625:$p<0.01$
出所)2010年5月に実施した政治意識調査の結果に基づき筆者作成。

ハンナラ党を支持すると答えた回答者（276名）を見ると、過去に比べて経済的格差には変化がないと回答した人は43.8%、過去に比べて経済的格差はある程度縮まったと回答した人は29.3%、過去に比べて経済的格差は少し広がったと回答した人は18.8%、過去に比べて経済的格差はとても縮まったと回答した人は4.7%、過去に比べて経済的格差はとても広がったと回答した人は3.3%であった。一方、民主党を支持すると答えた人（303名）においては、過去に比べて経済的格差には変化がないと回答した人は51.2%、過去に比べて経済的格差はある程度縮まったと回答した人は22.1%、過去に比べて経済的格差は少し広がったと回答した人は15.2%、過去に比べて経済的格差はとても広がったと回答した人は7.9%、過去に比べて経済的格差はとても縮まったと回答した人は3.6%であった。

　その他の政党を支持すると答えた人（151名）においては、過去に比べて経済的格差には変化がないと回答した人が34.4%と最も多く、過去に比べて経済的格差は少し広がったと回答した人は35.1%、過去に比べて経済的格差はある程度縮まったと回答した人は21.9%、過去に比べて経済的格差はとても広がったと回答した人は5.3%、過去に比べて経済的格差はとても縮まったと回答した人は3.3%であった。支持する政党がないか回答をしなかった支持政党なし・無回答（270名）においては、過去に比べて経済的格差には変化がないと回答した人は48.5%、過去に比べて経済的格差はある程度縮まったと回答した人は28.1%、過去に比べて経済的格差は少し広がったと回答した人は15.9%、過去に比べて経済的格差はとても広がったと回答した人は4.4%、過去に比べて経済的格差はとても縮まったと回答した人は3.0%であった。

　全体的には過去に比べて経済的格差には変化がないという答えが最も多く出されたが、ハンナラ党を支持すると答えた回答者においては過去に比べて経済的な格差がある程度縮まったと思っている回答者が多い一方で、民主党またはその他の政党を支持すると答えた回答者は過去に比べて経済的な格差が少し広がった、あるいは過去に比べて経済的格差はとても広がったという回答が多かった（【図表4－5】を参照）。

嶺南地域に居住する人の中で湖南地域に対して経済開発における優遇がなされたと答えた人たちと、湖南地域に居住する人の中で嶺南地域に対して経済開発における優遇がなされたと答えた人たちの回答を比較して分析を試みた。その結果、嶺南地域に居住する人の中で湖南地域に経済開発における優遇がなされたと答えた人（36名）の中で、最も多い44.4％の回答者が過去に比べて経済的格差には変化がないと答えており、過去に比べて経済的格差は少し広がったと回答した人は27.8％、過去に比べて経済的格差はある程度縮まったと回答した人は19.4％、過去に比べて経済的格差はとても縮まったと回答した人は8.3％であった。

　一方、湖南地域に居住する人の中で嶺南地域に対して経済開発における優遇がなされたと答えた人（234名）の中で、最も多い50.0％が過去に比べて経済的格差には変化がないと答えており、過去に比べて経済的格差はある程度縮まったと回答した人は21.4％、過去に比べて経済的格差は少し広がったと回答した人は17.1％、過去に比べて経済的格差はとても広がったと回答した人は8.1％、過去に比べて経済的格差はとても縮まったと回答した人は3.4％であった。

　すなわち、嶺南地域に居住する人の中で湖南地域に経済開発における優遇がなされたと答えた人より、湖南地域に居住する人の中で嶺南地域に経済開発における優遇がなされたと答えた人たちの方が経済的な格差がさらに広がったと感じている実態を把握することができた（【図表4－6】を参照）。

　国家の経済開発政策がどのようになされるべきかという設問に対して最も多

【図表4－6】嶺・湖南居住者の中で相手地域の優遇と経済的な格差　　　（単位：件、％）

	事例数	とても縮まった	ある程度縮まった	格差に変化がない	少し広がった	とても広がった	縮まった	変化なし	広がった
嶺南地域居住＆湖南地域に優遇	36	8.3	19.4	44.4	27.8	0.0	27.8	44.4	27.8
湖南地域居住＆嶺南地域に優遇	234	3.4	21.4	50.0	17.1	8.1	24.8	50.0	25.2

出所）2010年5月に実施した政治意識調査の結果に基づき筆者作成

い62.4％の人が地域の均衡発展という観点から、いろいろな地域において均等な開発投資が行われるべきだと答えた。今まで遅れを取っていた地域を優先して集中投資すべきだという回答は21.5％、国家全体の観点から投資効果が高い地域を優先して投資すべきだという答えは16.1％であった。

総合的に見ると、ほとんどの回答者が経済発展において特定地域に集中されたり優遇されたりしたと考えており、特に嶺南地域と首都圏において多様な優遇がなされたと認識していることがわかった。更に、他の地域に比べて湖南地域の回答者たちは経済分野において疎外意識を強く持っており、依然として疎外意識が継続していると認識していることが調査結果から推測することができる。しかし、このような経済的な側面における経済発展の遅れが原因で韓国の地域間対立や葛藤問題を全て説明できるのか疑問が残る。したがって、次節では政治的要因を分析する。

第2節 「地域主義」の政治的要因

政治的要因に関連する設問に関する調査結果を検討する。政治問題に関する関心度に関する設問に対しては、「あまり関心がない」（37.3％）、「普通だ」（28.4％）、「ある程度関心がある」（22.0％）、「全然関心がない」（8.0％）、「とても関心がある」（4.4％）という順番で回答を得た。政治問題に「全然関心が

【図表4-7】政治問題に関する関心度　　　　　　　　　　　　　　　　（単位：件、％）

		事例数	全然ない	あまりない	普通だ	ある程度ある	とてもある	関心がない	普通だ	関心がある
全体		1,000	8.0	37.2	28.4	22.0	4.4	45.2	28.4	26.4
嶺・湖南区分	嶺南	300	14.0	37.3	26.7	18.7	3.3	51.3	26.7	22.0
	湖南	300	6.3	37.0	28.7	24.0	4.0	43.3	28.7	28.0
	その他	400	4.8	37.3	29.5	23.0	5.5	42.0	29.5	28.5

注）「関心がない」は「全然関心がない」と「あまり関心がない」の合計、「関心がある」は「ある程度関心がある」と「とても関心がある」の合計。
出所）2010年5月に実施した政治意識調査の結果に基づき筆者作成。

ない」、「あまり関心がない」と答えた回答者は全回答者の45.2%に達し、調査対象者の約半数が政治問題に関心がないと答えている。嶺南地域と湖南地域における政治問題に関する関心の度合いを見ると嶺南地域では22.0%、湖南地域では28.0%を占め、湖南地域の方が嶺南地域より政治問題に関心が高いことがわかる（【図表4－7】を参照）。

政治問題に関する情報獲得手段に関する設問に対する結果は、「テレビ・放送」（69.3%）、「インターネット」（12.4%）、「新聞」（10.2%）、「友達・知人」（5.2%）、「家族・親戚」（2.9%）の順番であった。すなわち、政治問題に関する情報をどのような手段を通じて獲得しているかに関しては、一般的な大衆媒体によるものが圧倒的に多く、友達・知人、家族・親戚などの人間関係を通じて情報を獲得していると答えた例は非常に少ない。

嶺南地域と湖南地域を比較して見ると、嶺南地域では「テレビ・放送」（71.0%）、「インターネット」（15.0%）、「新聞」（9.7%）、「友達・知人」（3.3%）、「家族・親戚」（1.0%）の順番であったが、湖南地域では「テレビ・放送」（66.3%）、「インターネット」（13.7%）、「友達・知人」（11.0%）、「新聞」（6.0%）、「家族・親戚」（3.0%）という順番であった。「友達・知人」、「家族・親戚」と回答した合計は湖南地域が14.0%、嶺南地域が4.3%であり、嶺南地域に比べて湖南地域の人々は対人関係を通して得る政治関連情報量が相対的に多いことがわかる。すなわち、嶺南地域に比べて湖南地域の人間関係が濃密であり共同体性が強いことを示唆している（【図表4－8】を参照）。

政治問題に関する関心の程度に応じて、どのような手段で政治問題に関する情報を入手しているかを調べてみた。政治問題に「関心がない」と答えた回答

【図表4－8】政治関連に関する情報獲得のツール　　　　　　（単位：件、%）

		事例数	新聞	テレビ/放送	インターネット	友達/知人	家族/親戚
全体		1,000	10.2	69.3	12.4	5.2	2.9
嶺・湖南区分	嶺南	300	9.7	71.0	15.0	3.3	1.0
	湖南	300	6.0	66.3	13.7	11.0	3.0
	その他	400	13.8	70.3	9.5	2.3	4.3

出所）2010年5月に実施した政治意識調査の結果に基づき筆者作成

【図表4－9】政治問題に関する関心度別による情報獲得手段　　（単位：件、％）

	事例数	新聞	テレビ／放送	インターネット	友達／知人	家族／親戚
政治問題に関心がない	452	4.9	76.1	11.3	4.9	2.9
政治問題に関心がある	264	18.6	58.3	12.1	7.6	3.4

出所）2010年5月に実施した政治意識調査の結果に基づき筆者作成

者（452名）に関しては、「テレビ・放送」によって情報を得ていると答えた割合が最も多く、76.1％がテレビ・放送によって情報を得ていると回答した。続いて、「インターネット」（11.3％）、「新聞」（4.9％）、「友達・知人」（4.9％）、「家族・親戚」（2.9％）の順で回答を得た。一方、政治問題に「関心がある」と答えた回答者（246名）でも、「テレビ・放送」を通して情報を得ていると答えた割合が最も多く、58.3％がテレビ・放送を通して情報を得ていると回答している。続いて、「新聞」（18.6％）、「インターネット」（12.1％）、「友達・知人」（7.6％）、「家族・親戚」（3.4％）を通して情報を入手していると答えた。

　要するに、テレビ・放送を通じて政治関連の情報を得ている人々が最も多い実態が明らかになった。テレビ・放送以外の媒体に関して検討すると、政治問題に関心がある人とない人では情報の入手媒体に差が見られる。政治問題に関心を持っていない人たちはインターネットを通じて情報を得ているのに対して、政治問題に関心を持っている人たちは印刷媒体である新聞を通じて積極的に情報を得ており、また対人関係を通しても情報を得ている。

　「テレビ・放送」、「インターネット」と回答した合計は、政治に関心を持っていない人では87.1％にも達し、政治に関心がある人の70.4％を16.7％も上回っている。すなわち、政治に関心を持っていない人は比較的安易な方法で情報を入手しているのに対して、政治に関心がある人は情報収集のために積極的に行動している様子が窺える。特に、新聞を情報源としている割合は、政治に関心がある人は18.6％であるのに対して、政治に関心がない人は4.9％に過ぎず格差は13.7％もある。政治に関心のある人は印刷媒体だけでなく、人的情報源からも積極的に情報を得ようと努力している様子が窺え、政治に対する積極的な姿勢を示すものである（【図表4－9】を参照）。

政治的な性向が保守、革新のどちらに近いのかという設問では、全体の41.4％の回答者が「中道」と答えた。次に回答者が多いのは「中道保守」（21.1％）、「中道革新」（17.7％）、「保守」（11.3％）、「革新」（8.5％）の順であり全体的に「革新」と「保守」、そして「中道」がバランスよく分布している。

　地域別に検討を加えると、全ての地域において中道という回答が最も多かった。ソウル・京畿道・仁川、釜山・慶尚南道、大邱・慶尚北道、大田・忠清道、江原道、済州道の回答者の中で「中道保守」と答えた人はそれぞれ29.5％、21.0％、15.0％、25.0％、22.0％、26.0％であったが、光州・全羅南道では16.0％、全州・全羅北道では14.0％であり中道保守と回答した人は他の地域に比べて相対的に低い結果を示した。反対に、中道革新と答えた人はソウル・京畿道・仁川、釜山・慶尚南道、大邱・慶尚北道、大田・忠清道、江原道、済州道ではそれぞれ11.0％、12.0％、18.0％、17.0％、20.0％、16.0％であったが、光州・全羅南道では27.0％、全州・全羅北道では24.0％であり、中道革新と回答した人は他の地域と比べて多い結果となっている。

　「保守」、「中道保守」と答えた人の合計を比較して見ると、この傾向は一層明確な形で表出する。保守または中道保守と答えた人の合計は、ソウル・京畿道・仁川、釜山・慶尚南道、大邱・慶尚北道、大田・忠清道、江原道、済州道でそれぞれ36.5％、35.0％、31.0％、48.0％、36.0％、30.0％であったが、光州・全羅南道では26.5％、全州・全羅北道では16.0％であり明確な格差が見られる。すなわち、湖南地域の人々は他の地域の人々よりも保守的ではないと考えていることになる。

　一方、「革新」、「中道革新」と答えた人の合計を比較して見ると、ソウル・京畿道・仁川、釜山・慶尚南道、大邱・慶尚北道、大田・忠清道、江原道、済州道でそれぞれ20.5％、21.0％、25.0％、19.0％、26.0％、22.0％であったのに対して、光州・全羅南道では38.5％、全州・全羅北道では34.0％であった。要するに、湖南地域の人々は他の地域の人々より保守的ではなく革新的であると認識している傾向がある。嶺南地域と湖南地域に焦点を絞って結果を整理して見ると、嶺南地域は中道保守的な性向、湖南地域は中道革新的な性向が相対的

【図表 4 − 10】 ソウルを除いた地域間の経済的格差の増減　　　　（単位：件、％）

		事例数	保守	中道保守	中道	中道革新	革新
	全体	1,000	11.3	21.1	41.4	17.7	8.5
地域	ソウル・京畿道・仁川	200	7.0	29.5	43.0	11.0	9.5
	釜山・慶尚南道	200	14.0	21.0	44.0	12.0	9.0
	大邱・慶尚北道	100	16.0	15.0	44.0	18.0	7.0
	光州・全羅南道	200	10.5	16.0	35.0	27.0	11.5
	全州・全羅北道	100	2.0	14.0	50.0	24.0	10.0
	大田・忠清道	100	23.0	25.0	33.0	17.0	2.0
	江原道	50	14.0	22.0	38.0	20.0	6.0
	済州道	50	4.0	26.0	48.0	16.0	6.0
職業	自営業	197	15.2	24.9	36.5	17.8	5.6
	ブルーカラー	208	9.6	22.1	40.4	15.9	5.6
	ホワイトカラー	230	6.5	17.4	44.3	23.9	7.8
	専業主婦	225	12.0	20.9	49.3	12.9	4.9
	学生	90	10.0	13.3	37.8	21.1	17.8
	無職	50	24.0	34.0	22.0	12.0	8.0
嶺・湖南区分	嶺南	300	14.7	19.0	44.0	14.0	8.3
	湖南	300	7.7	15.3	40.0	26.0	11.0
	その他	400	11.5	27.0	40.5	14.3	6.8

出所）2010 年 5 月に実施した政治意識調査の結果に基づき筆者作成。

に高いことがわかった。

　職業別に見ると、全ての職種において「中道」という回答が最も多いが、自営業、ブルーカラー（販売サービス業、機能・作業職）、主婦、無職の人々の中に「中道保守」という答えが比較的に多く、ホワイトカラー（高級技術職、経営・管理職、高級専門職）と学生は「中道革新」の割合が比較的に高い傾向を示している。低学歴の人は保守的な傾向を持ち、高学歴の人は革新的な傾向を持つことが一般的に知られているが、同様の傾向が政治意識調査においても明確な形で現れている（【図表 4 − 10】を参照）。

　政治問題に関する関心の度合いに応じた政治的性向を調べて見ると、政治問題に関心がないと答えた回答者（452 人）の中で 32.7％が保守、46.0％が中道、21.2％が革新と回答した。一方、政治問題に関心があると答えた回答者（264 名）の中で 38.3％が保守、25.0％が中道、36.8％が革新と回答した。政治問題に関心がないと回答した人は自分の政治的性向を中道と答える割合が高く、政

【図表 4 − 11】政治問題の関心度に応じた政治的な性向（単位：件、%）

	事例数	保守	中道	革新
政治問題に関心がない	452	32.7	46.0	21.2
政治問題に関心がある	264	38.3	25.0	36.7

出所）2010 年 5 月に実施した政治意識調査の結果に基づき筆者作成。

治問題に関心があると答えた人たちの場合は自分の政治的性向を保守または革新と回答し、自分の政治的な立場を明確に認識していることがわかる。このような結果を示した理由は、政治に関心を持っている人は、日常的に社会問題に関心を持ち、韓国社会における現在の問題点を把握して自分の主義主張を形成していると考えられるので、保守または革新の立場を明確に主張するからであると考えられる（【図表 4 − 11】を参照）。

　韓国の民主化水準に関する設問の結果を見ると、「過去に比べてある程度民主化された」（47.8%）、「過去に比べて変わったことがない」（27.0%）、「過去に比べて非常に民主化された」（17.7%）、「過去に比べて民主化のレベルが低くなった」（7.5%）の順で回答を得た。地域別に見ると、過去に比べて非常に民主化されたと考えている人はソウル・京畿道・仁川、釜山・慶尚南道、大邱・慶尚北道、江原道、済州道でそれぞれ 25.0%、17.0%、18.0%、28.0%、52.0% であったが、大田・忠清道では 6.0%、光州・全羅南道では 10.0%、全州・全羅北道では 9.0% であった。大田・忠清道、光州・全羅南道、全州・全羅北道では過去に比べて非常に民主化されたと考えている人が他の地域に比較して極端に低い水準を示している。

　過去に比べて非常に民主化されたと考える人と過去に比べてある程度民主化されたと考える人の合計を見ると、ソウル・京畿道・仁川、釜山・慶尚南道、大邱・慶尚北道、江原道、済州道でそれぞれ 71.5%、74.5%、65.0%、74.0%、88.0% という高い水準を示している。一方、大田・忠清道では 50.0%、光州・全羅南道では 51.5%、全州・全羅北道では 64.0% であり他の地域と比較すると相対的に低い水準を示している。

　特徴的なことは済州地域において他の地域と比較して「過去に比べて非常に

【図表 4 − 12】 大韓民国の民主化水準　　　　　　　　　　　　（単位：件、%）

		事例数	過去に比べて非常に民主化された	過去に比べてある程度民主化された	過去と比べて変わったことがない	過去に比べて民主化のレベルが低くなった
	全体	1,000	17.7	47.8	27.0	7.5
地域	ソウル・京畿道・仁川	200	25.0	46.5	27.5	1.0
	釜山・慶尚南道	200	17.0	57.5	19.5	6.0
	大邱・慶尚北道	100	18.0	47.0	27.0	8.0
	光州・全羅南道	200	10.0	41.5	33.5	15.0
	全州・全羅北道	100	9.0	55.0	25.0	11.0
	大田・忠清道	100	6.0	44.0	46.0	4.0
	江原道	50	28.0	46.0	16.0	10.0
	済州道	50	52.0	36.0	6.0	6.0
原籍	ソウル	42	26.2	45.2	23.8	4.8
	京畿道・仁川	41	29.3	39.0	29.3	2.4
	江原道	51	31.4	47.1	15.7	5.9
	大田・忠清道	153	9.8	52.3	34.6	3.3
	釜山・大邱・慶尚	294	19.4	52.0	22.4	6.1
	光州・全羅道	353	10.2	45.9	32.3	11.6
	済州道	50	50.0	38.0	6.0	6.0
	北朝鮮／その他	16	31.3	31.3	25.0	12.5
嶺・湖南区分	嶺南	300	17.3	54.0	22.0	6.7
	湖南	300	9.7	46.0	30.7	13.7
	その他	400	24.0	44.5	28.0	3.5

出所）2010 年 5 月に実施した政治意識調査の結果に基づき筆者作成。

民主化された」と答えた人が 52.0％を占め最も高い割合を見せている。更に、元籍（父の故郷）が済州地域の回答者たちも「過去に比べて非常に民主化された」という回答が 52.0％を達し非常に高い割合を示している。済州地域出身者においては、民主化水準に関する評価が他の地域に比較して非常に高いことがわかる。それに対して、全州・全羅北道、光州・全羅南道においては、過去に比べて返って民主化のレベルが低くなったという回答の割合が他の地域より高い結果を示している。すなわち、湖南地域の人々は伝統的に進歩的な性向を持っているために、民主化に対する期待感が他の地域よりも強く現状に対する不満が露呈していると考えられる（【図表 4 − 12】を参照）。

　個人の政治的性向の違いにより韓国の民主化水準をどのように評価しているのかを分析してみた。保守的な性向を持つ回答者（324 名）の中で 64.8％が過

【図表 4 − 13】 政治的性向別の民主化水準に対する評価　　　　　　（単位：件、%）

	事例数	過去に比べて非常に民主化された	過去と比べて変わったことがない	過去に比べて民主化のレベルが低くなった
保守	324	64.8	30.6	4.6
革新	262	65.6	21.0	13.4

出所）2010 年 5 月に実施した政治意識調査の結果に基づき筆者作成。

去に比べて民主化されたと考え、30.6％が過去に比べて変わったことがない、4.6％が過去に比べて民主化のレベルが低くなったと回答した。一方、革新的な性向を持つ回答者（262 名）の中では、65.7％が過去に比べて民主化されたと考え、21.0％が過去に比べて変わったことがない、13.4％が過去に比べて民主化のレベルが低くなったと回答した。保守的な性向を持つ人が過去に比べて民主化のレベルが低くなったと回答した割合が 4.6％であったのに対して、革新的な性向を持つ人が過去に比べて民主化のレベルが低くなったと回答した割合は 13.4％であり 8.8％の格差を示している。保守的な性向を持つ人に比べて革新的な性向を持つ人の方が民主化レベルに関して厳しい見方をしている傾向が明確に現れている（【図表 4 − 13】を参照）。

　選挙において候補を選択する際に、候補者の所属政党や出身地がどの程度の影響を与えているのかに関して調査した結果、「ある程度影響を与える」という回答が全体の 41.8％を示し最も高い結果を得た。「普通だ」（27.4％）、「あまり影響を与えない」（18.2％）、「とても影響を与える」（8.8％）、「全然影響を与えない」（3.8％）という順で回答を得た。回答者の約半数の 50.6％が「影響を与える」と答えている。地域別に回答を整理すると、とても影響を与えるという回答とある程度影響を与えるという回答の合計が湖南地域では 53.3％、嶺南地域では 49.1％、その他の地域では 49.8％であり僅かに湖南地域が高い水準を示している。反対に、全然影響を与えないと答えた人とあまり影響を与えないと答えた人の合計は、嶺南地域で 22.7％、湖南地域で 21.0％、その他の地域で 22.3％であった。この結果は、地域を問わず国民の約 8 割の人々が候補者の出身地は投票行動に何らかの形で影響を与えていると考えていることを示すものである（【図表 4 − 14】を参照）。

【図表 4 − 14】大韓民国の民主化水準　　　　　　　　　　　　　　　（単位：件、%）

		事例数	全然影響を与えない	あまり影響を与えない	普通だ	ある程度影響を与える	とても響を与える
全体		1,000	3.8	18.2	27.4	41.8	8.8
地域	ソウル	100	4.0	19.0	22.0	51.0	4.0
	釜山	100	3.0	10.0	34.0	52.0	1.0
	大邱	50	4.0	18.0	30.0	42.0	6.0
	光州	100	1.0	21.0	31.0	41.0	6.0
	大田	50	0.0	4.0	30.0	66.0	0.0
	京畿／仁川	100	8.0	24.0	28.0	31.0	9.0
	忠清	50	0.0	14.0	22.0	58.0	6.0
	全州／全北	100	7.0	15.0	34.0	37.0	7.0
	全南	100	2.0	17.0	12.0	45.0	24.0
	慶北	50	8.0	24.0	30.0	30.0	8.0
	慶南	100	5.0	23.0	21.0	34.0	17.0
	江原	50	2.0	20.0	30.0	36.0	12.0
	済州	50	2.0	26.0	42.0	22.0	8.0
嶺・湖南区分	嶺南	300	4.7	18.0	28.3	40.7	8.3
	湖南	300	3.3	17.7	25.7	41.0	12.3
	その他	400	3.5	18.8	28.0	43.3	6.5

出所）2010年5月に実施した政治意識調査の結果に基づき筆者作成。

　各候補についての評価にあまり差がない場合に、「政党・出身地・公約（マニフェスト）の中で選択の最も大切な基準になるのは何か」という設問に対しては、公約（マニフェスト）と答えた回答者が55.5%と最も多く、政党という回答は28.0%、出身地・縁故地という回答は16.5%に過ぎず、政党や出身地が候補選択に影響を与えてはいるが、公約（マニフェスト）の方が選挙における候補者選択については最大の要因であることがわかった。

　2007年の大統領選挙の時に、どの候補を支持したのかという設問に対しては李明博と答えた回答者が全体の35.3%と最も高く鄭東泳は27.7%であった。地域別に見ると、李明博を支持した有権者の割合はソウル・京畿道・仁川、釜山・慶尚南道、大邱・慶尚北道、光州・全羅南道、全州・全羅北道、大田・忠清道、江原道、済州道でそれぞれ42.5%、50.5%、54.0%、4.0%、1.0%、55.0%、38.0%、60.0%であったのに対して、鄭東泳を支持した有権者の割合はソウル・京畿道・仁川、釜山・慶尚南道、大邱・慶尚北道、光州・全羅南道、全州・全羅北道、大田・忠清道、江原道、済州道でそれぞれ18.0%、9.0%、11.0%、

60.0％、64.0％、19.0％、8.0％、10.0％であった。光州・全羅南道、全州・全羅北道を除く地域においては李明博の支持率が候補者の中で最も高い数値を示している。

しかし、光州・全羅南道において鄭東泳を支持した人の割合は60.0％であるのに対して、鄭東泳に次いで支持率の高かった李仁済でも8.5％であり、鄭東泳とは51.5％という圧倒的な格差を示し、他の候補者に関しては李明博が4.0％、権永吉が4.5％、文国現が5.0％、李会昌が1.0％という回答を得た。更に、全州・全羅北道において鄭東泳を支持した人の割合は64.0％であったが、他の候補は光州・全羅南道の場合よりも極端な格差を示し大統領当選者の李明博に至っては候補者中第5位の支持しか得られていない。嶺南地域と湖南地域における比較を試みると、嶺南地域においては李明博が51.7％、鄭東泳は9.7％の支持率を示した一方で、湖南地域においては鄭東泳が61.3％、李明博は3.0％であり、嶺南地域と湖南地域の間で支持率の差が非常に大きいことがわかる。この事実は「地域主義」の表出を明確に示すものであり、湖南地域の人々の投票行動の特殊性を表現している(【図表4－15】を参照)。

「地域主義」の表出は2008年に実施された第18代国会議員総選挙における

【図表4－15】2007年の大統領選挙における候補支持率　　　　　　(単位：件、％)

		事例数	鄭東泳	李明博	権永吉	李仁済	文国現	李会昌	その他	投票権なし	棄権／不投票
	全体	1,000	27.7	35.3	2.4	2.9	3.5	7.0	1.3	4.7	15.2
地域	ソウル・京畿道・仁川	200	18.0	42.5	2.0	3.0	4.0	7.0	0.5	5.0	18.0
	釜山・慶尚南道	200	9.0	50.5	3.0	0.0	4.0	12.5	0.5	5.5	15.0
	大邱・慶尚北道	100	11.0	54.0	2.0	0.0	3.0	6.0	0.0	5.0	19.0
	光州・全羅南道	200	60.0	4.0	4.5	8.5	5.0	1.0	2.0	3.5	11.5
	全州・全羅北道	100	64.0	1.0	0.0	2.0	3.0	3.0	5.0	5.0	17.0
	大田・忠清道	100	19.0	55.0	0.0	1.0	0.0	4.0	1.0	7.0	13.0
	江原道	50	8.0	38.0	4.0	2.0	6.0	20.0	2.0	2.0	18.0
	済州道	50	10.0	60.0	2.0	4.0	0.0	12.0	0.0	2.0	10.0
嶺・湖南区分	嶺南	300	9.7	51.7	2.7	0.0	3.7	10.3	0.3	5.3	16.3
	湖南	300	61.3	3.0	3.0	6.3	4.3	1.7	3.0	4.0	13.3
	その他	400	16.0	47.3	1.8	2.5	2.8	8.5	0.8	4.8	15.8

出所) 2010年5月に実施した政治意識調査の結果に基づき筆者作成。

政党支持（政党名簿式比例代表）に対する設問に表れている。ハンナラ党を支持したと回答した人が全体の35.5％、統合民主党を支持したと回答した人が28.1％を示した。ハンナラ党を支持したと回答した人を地域別に見るとソウル・京畿道・仁川、釜山・慶尚南道、大邱・慶尚北道、光州・全羅南道、全州・全羅北道、大田・忠清道、江原道、済州道でそれぞれ44.5％、52.0％、52.0％、2.5％、0.0％、50.0％、50.0％、60.0％であった。一方、統合民主党を支持したと回答した人はソウル・京畿道・仁川、釜山・慶尚南道、大邱・慶尚北道、光州・全羅南道、全州・全羅北道、大田・忠清道、江原道、済州道でそれぞれ18.0％、8.5％、9.0％、65.0％、67.0％、6.0％、10.0％、22.0％であった。

　ソウル・京畿道・仁川、釜山・慶尚南道、大邱・慶尚北道、大田・忠清道、江原道、済州道の各地域ではハンナラ党が支持を幅広く集めているのに対して、光州・全羅南道、全州・全羅北道ではハンナラ党を支持している人の割合はそれぞれ2.5％、0.0％という極端に低い結果であった。一方、統合民主党を支持した人は光州・全羅南道、全州・全羅北道でそれぞれ65.0％、67.0％であり、ハンナラ党を支持する人との格差は数十倍に上る。ソウル・京畿道・仁川、釜山・慶尚南道、大邱・慶尚北道、大田・忠清道、江原道、済州道の各地域でのハンナラ党を支持する人は統合民主党を支持する人の約2.5倍〜約8倍程度であり、湖南地域の投票行動の特殊性を示している。

　【図表4－16】から光州・全羅南道、全州・全羅北道を除く地域においてはハンナラ党が強勢を見せるのに対して、光州・全羅南道と全州・全羅北道においては統合民主党が圧倒的な支持を集めている様子がわかるが、嶺南地域全域と湖南地域全域を比較して見ると、嶺南地域ではハンナラ党が52.0％、統合民主党が8.7％の支持率を見せている一方で、湖南地域においては統合民主党が65.7％、ハンナラ党が1.7％の支持率を示している。これらの調査結果は、統合民主党が湖南地域の地域政党であり、ハンナラ党が嶺南地域の地域政党であることを如実に示すものであり、地域に依存する支持の偏在化現象を確認できる。大統領選挙だけでなく国会議員選挙においても「地域主義」が明確に表出している事実は、「地域主義」は選挙の性格とは無関係に表出する現象であること

【図表 4 － 16】第 18 代国会議員総選挙における政党支持率　　　　(単位：件、％)

		事例数	統合民主党	ハンナラ党	自由先進党	民主労働党	創造韓国党	親朴連帯	進歩新党	その他政党	投票権なし	棄権/不投票
	全体	1,000	28.1	35.5	3.5	6.7	1.5	1.7	0.6	1.6	4.0	16.8
地域	ソウル・京畿道・仁川	200	18.0	44.5	2.0	4.5	3.0	0.5	0.5	0.5	3.5	23.0
	釜山・慶尚南道	200	8.5	52.0	1.0	9.5	0.0	5.5	0.5	2.0	6.0	15.0
	大邱・慶尚北道	100	9.0	52.0	0.0	6.0	0.0	2.0	1.0	2.0	4.0	24.0
	光州・全羅南道	200	65.0	2.5	0.5	9.0	3.5	0.5	0.5	0.5	3.5	14.5
	全州・全羅北道	100	67.0	0.0	0.0	4.0	1.0	1.0	1.0	4.0	3.0	19.0
	大田・忠清道	100	6.0	50.0	25.0	3.0	0.0	0.0	0.0	0.0	7.0	9.0
	江原道	50	10.0	50.0	6.0	8.0	2.0	0.0	0.0	8.0	0.0	16.0
	済州道	50	22.0	60.0	0.0	8.0	0.0	2.0	2.0	0.0	0.0	6.0
嶺湖南区分	嶺南	300	8.7	52.0	0.7	8.3	0.0	4.3	0.7	2.0	5.3	18.0
	湖南	300	65.7	1.7	0.3	7.3	2.7	0.7	0.7	1.7	3.3	16.0
	その他	400	14.5	48.5	8.0	5.0	1.8	0.5	0.5	1.3	3.5	16.5

出所）2010 年 5 月に実施した政治意識調査の結果に基づき筆者作成。

がわかる（【図表 4 － 16】を参照）。

　各党の獲得議席数は、総議席 245 議席中でハンナラ党が 131 議席、統一民主党が 66 議席、自由先進党が 14 議席、親朴連帯が 6 議席、民主労働党が 2 議席、創造韓国党が 1 議席、無所属が 25 議席であった。地域別の議席獲得数を比較すると首都圏ではハンナラ党が 81 議席を獲得し第 1 党の座を確保し、民主党は 16 議席、その他の政党は 2 議席に留まった。湖南地域では、定数 31 議席中で統合民主党が 25 議席を占め第 1 党であったが、他の政党の当選者は皆無であり無所属が 6 議席を獲得したに過ぎなかった。一方、嶺南地域では、定数 68 議席中でハンナラ党が 46 議席を占め、統合民主党は釜山広域市と慶尚南道でそれぞれ 1 議席を獲得しただけで、ハンナラ党の分派である親朴連帯が 5 議席、無所属が 13 議席という結果であった。第 18 代国会議員総選挙における各政党の獲得議席数を比較してみても、今回の政治意識調査の結果と同様な結果であり深刻な「地域主義」の表出を確認できる（【図表 3 － 21】を参照）。

　更に、李会昌が率いる自由先進党は、李会昌の地盤である忠清南道、大田広域市で圧倒的な強さを発揮し、定員総数 24 議席中で 14 議席を獲得している。忠清北道ではハンナラ党が 1 議席、自由先進党が 1 議席であったのに対して、

統合民主党は6議席を占め特徴的な結果を示している。自由先進党は忠清道地域以外では議席を獲得することができずに、地域政党の限界を示すものでもある。

今回の政治意識調査は2010年5月1日から28日までの約1ヶ月間にわたり行ったものである。「地域主義」の統一地方選挙に対する影響を調査する目的で、2010年6月2日に実施された統一地方選挙に対する意識調査も同時に行った。市長、道知事の選挙候補者を選択する際にどの政党の候補者を支持するかに関しての設問を設定した。その結果、全体の回答者の中で30.3％の人が統一民主党の候補者を支持すると回答し27.6％がハンナラ党の候補者を支持すると

【図表4－17】2010年6月2日の統一地方選挙における政党支持の意向

(単位：件、％)

		事例数	ハンナラ党	民主党	自由先進党	民主労働党	創造韓国党	親朴連帯	進歩新党	国民参与党	なし／回答なし
	全体	1,000	27.6	30.3	6.1	4.7	0.6	1.8	0.5	1.4	27.0
年齢	満19～24歳	90	12.2	24.4	3.3	7.8	0.0	0.0	1.1	1.1	50.0
	満24～29歳	106	24.5	33.0	3.8	2.8	0.9	0.0	0.9	1.9	32.1
	満30～34歳	74	18.9	28.4	5.4	6.8	1.4	1.4	0.0	4.1	33.8
	満35～39歳	134	23.9	35.1	7.5	4.5	0.7	1.5	0.0	1.5	25.4
	満40～44歳	118	28.8	28.8	5.9	5.1	1.7	2.5	0.0	0.8	26.3
	満45～49歳	102	22.5	28.4	7.8	7.8	1.0	2.0	2.0	2.9	25.5
	満50～54歳	106	34.0	27.4	5.7	3.8	0.0	4.7	0.9	1.9	21.7
	満55～59歳	64	32.8	31.3	7.8	1.6	0.0	1.6	0.0	0.0	25.0
	満60～64歳	132	36.4	31.8	8.3	3.8	0.0	0.8	0.00	0.0	18.9
	満65歳以上	74	41.9	32.4	4.1	2.7	0.0	4.1	0.0	0.0	14.9
地域	ソウル・京畿道・仁川	200	39.5	28.5	3.0	4.5	2.0	1.5	0.5	0.0	20.5
	釜山・慶尚南道	200	48.0	7.5	1.0	8.0	0.0	4.0	0.0	1.0	30.5
	大邱・慶尚北道	100	36.0	12.0	1.0	1.0	1.0	2.0	0.0	1.0	46.0
	光州・全羅南道	200	1.5	62.5	1.5	7.5	0.0	0.5	0.5	3.0	23.0
	全州・全羅北道	100	1.0	56.0	0.0	0.0	1.0	0.0	2.0	2.0	38.0
	大田・忠清道	100	29.0	14.0	44.0	2.0	0.0	0.0	0.0	0.0	11.0
	江原道	50	32.0	14.0	8.0	4.0	0.0	8.0	0.0	4.0	30.0
	済州道	50	32.0	34.0	2.0	4.0	0.0	0.0	2.0	2.0	24.0
嶺・湖南区分	嶺南	300	44.0	9.0	1.0	5.7	0.3	3.3	0.0	1.0	35.7
	湖南	300	1.3	60.3	1.0	5.0	0.3	0.3	1.0	2.7	28.0
	その他	400	35.0	23.8	13.8	3.8	1.0	1.8	0.5	0.8	19.8

出所）2010年5月に実施した政治意識調査の結果に基づき筆者作成。

答え、統一民主党を支持する割合が 2.7％上回った結果を得た。続いて、自由先進党が 6.1％、民主労働党が 4.7％、親朴連帯が 1.8％、国民参与党が 1.4％、創造韓国党が 0.6％、進歩新党が 0.5％という結果であった。なお、支持する政党がない、または、わからないという回答も各年齢層全体で 27.0％に達し韓国においても無党派層の拡大を検出できた。特に、低年齢層になるほど無党派層が拡大している様子が窺え、30 歳代、20 歳代で無党派層が非常に多く、満 19 〜 24 歳では 50.0％にも達している。

地方選挙における政党支持率も地域によって大きな差が見られる。ソウル・京畿道・仁川、釜山・慶尚南道、大邱・慶尚北道、大田・忠清道、江原道、済州道におけるハンナラ党を支持する割合はそれぞれ 39.5％、48.0％、36.0％、29.0％、32.0％、32.0％であるのに対して、光州・全羅南道、全州・全羅北道では 1.5％、1.0％に過ぎない。一方、統一民主党を支持する割合は、ソウル・京畿道・仁川、釜山・慶尚南道、大邱・慶尚北道、大田・忠清道、江原道、済州道でそれぞれ 28.5％、7.5％、12.0％、14.0％、14.0％、34.0％であるのに対して、光州・全羅南道、全州・全羅北道ではそれぞれ 62.5％、56.0％であり、ハンナラ党と正反対の結果を示している。

要するに、2007 年に実施された第 17 代大統領選挙、2008 年に実施された第 18 代国会議員総選挙と同様にソウル・京畿道・仁川、釜山・慶尚南道、大邱・慶尚北道、大田・忠清道、江原道、済州道においてはハンナラ党を支持するという答えが最も多かったが、光州・全羅南道、全州・全羅北道においては統一民主党を支持すると答えた回答者が多く見られた。嶺南地域と湖南地域においても大統領選挙及び国会議員選挙と同様な傾向が見られ、嶺南地域はハンナラ党、湖南地域は統一民主党を支持する傾向が顕著に見られる。この結果は、地方選挙においても「地域主義」が有権者の投票行動に深刻な影響を及ぼしていることを示すものである。

なお、年齢層別の政党支持は、49 歳以下は統一民主党を支持し 50 歳以上はハンナラ党を支持する傾向が見られる。一般的に、年齢の低い層は進歩的な傾向を示し、年齢が高くなると保守的な傾向を示すが、今回の政治意識調査でも

同様な結果が得られたことになる(【図表 4 - 17】を参照)。

候補者選択に最も重要な基準として作用する「政党」、「出身地・縁故地」、「公約(マニフェスト)」とは別に、2007 年に実施された第 17 代大統領選挙における候補者支持率、2008 年に実施された第 18 代国会議員総選挙における政党支持率、2010 年に実施された統一地方選挙における政党支持を検討するための資料を作成した。

【図表 4 - 18】は、2007 年に実施された第 17 代大統領選挙において、候補者選択の基準として政党、出身地・縁故地、公約(マニフェスト)の中で何を最も重要視するかについて整理したものである。候補者選択の基準として政党と回答した人 (280 名) の中で、李明博を支持したと回答した人は 38.6%、鄭東泳を支持した人は 33.2% であった。出身地・縁故地を候補者選択の基準として支持を決めた人 (165 名) の中では、鄭東泳を支持した人は 36.4%、李明博を支持した人は 35.2% であり近似した傾向を示している。公約(マニフェスト)が候補者選択の重要条件だと答えた人 (555 名) の中では、李明博を支持した

【図表 4 - 18】候補者選択条件と 2007 年大統領選挙における支持候補との関係

(単位:件、%)

			2007 年大統領選挙時の支持候補								全体
			鄭東泳	李明博	権永吉	李仁済	文国現	李会昌	その他	投票権なし	棄権/不投票	
候補者選択の重要条件	政党	事例数	93	108	4	9	2	20	1	14	29	280
		横の比率	33.2%	38.6%	1.4%	3.2%	0.7%	7.1%	0.4%	5.0%	10.4%	
		縦の比率	33.6%	30.6%	16.7%	31.0%	5.7%	28.6%	7.7%	29.8%	19.1%	
		全体比率	9.3%	10.8%	0.4%	0.9%	0.2%	2.0%	0.1%	1.4%	2.9%	
	出身地/縁故地	事例数	60	58	3	9	2	7	6	2	18	165
		横の比率	36.4%	35.2%	1.8%	5.5%	1.2%	4.2%	3.6%	1.2%	10.9%	
		縦の比率	21.7%	16.4%	12.5%	31.0%	5.7%	10.0%	46.2%	4.3%	11.8%	
		全体比率	6.0%	5.8%	0.3%	0.9%	0.2%	0.7%	0.6%	0.2%	1.8%	
	公約(マニフェスト)	事例数	124	187	17	11	31	43	6	31	105	555
		横の比率	22.3%	33.7%	3.1%	2.0%	5.6%	7.7%	1.1%	5.6%	18.9%	
		縦の比率	44.8%	53.0%	70.8%	37.9%	88.6%	61.4%	46.2%	66.0%	69.1%	
		全体比率	12.4%	18.7%	1.7%	1.1%	3.1%	4.3%	0.6%	3.1%	10.5%	
全体		事例数	277	353	24	29	35	70	13	47	152	1,000

注) Chi-Square (16) =65.807; $p<0.01$
出所) 2010 年 5 月に実施した政治意識調査の結果に基づき筆者作成。

人が 33.7％、鄭東泳を支持した人が 22.3％ であった。棄権・不投票と回答した人は標本数の 18.9％ であったが、候補者選択の基準として政党と回答した割合は 19.1％、出身地・縁故地と回答した割合は 11.8％ であったのに対して、候補者選択の基準として公約と答えた人は 69.1％ にも達し非常に高い数値を示している。

　候補者選択の重要な基準として政党、公約（マニフェスト）と答えた回答者は李明博を支持する人に多く、出身地・縁故地と答えた回答者の多くが鄭東泳を支持している。公約（マニフェスト）が候補者選択の重要な条件だと答えた人の中には棄権・不投票した人たちが多数見られ、候補者公約（マニフェスト）が投票率に影響を与える可能性を示唆している（【図表 4 − 18】を参照）。

　【図表 4 − 19】は、2008 年に実施された第 18 代国会議員総選挙における支持政党と候補選択基準の関係を整理したものである。候補者選択の基準として政党と答えた回答者（280 名）の中で、41.4％ がハンナラ党を支持し、統合民主党を支持していると回答した人の割合は 31.8％ であった。候補者選択の基準

【図表 4 − 19】候補者選択条件と 2008 年国会議員選挙における支持政党との関係

(単位：件、％)

			2008 年国会議員選挙時の支持政党					全体
			統合民主党	ハンナラ党	その他政党	投票権なし	棄権／不投票	
候補者選択の重要条件	政党	事例数	89	116	26	11	38	280
		横の比率	31.8％	41.4％	9.3％	3.9％	13.6％	
		縦の比率	31.7％	32.7％	16.7％	27.5％	22.6％	
		全体比率	8.9％	11.6％	2.6％	1.1％	3.8％	
	出身地／縁故地	事例数	49	62	29	4	21	165
		横の比率	29.7％	37.6％	17.6％	2.4％	12.7％	
		縦の比率	17.4％	17.5％	18.6％	10.0％	12.5％	
		全体比率	4.9％	6.2％	2.9％	0.4％	2.1％	
	公約（マニフェスト）	事例数	143	177	101	25	109	555
		横の比率	25.8％	31.9％	18.2％	4.5％	19.6％	
		縦の比率	50.9％	49.9％	64.7％	62.5％	64.9％	
		全体比率	14.3％	17.7％	10.1％	2.5％	10.9％	
全体		事例数	281	355	156	40	168	1,000

注）Chi-Square（16）=65.807; $p<0.01$
出所）2010 年 5 月に実施した政治意識調査の結果に基づき筆者作成。

として出身地・縁故地を挙げた人（165 名）の中で、ハンナラ党を支持している人は 37.6%、統合民主党を支持している人は 25.8% であり、候補者選択の基準として出身地・縁故地を挙げた人の中でハンナラ党を支持している人の割合は統合民主党を支持している人よりも 11.8% も高い値を示している。2007 年に実施された第 17 代大統領選挙においては、湖南地域を地盤とする統合民主党の鄭東泳の方が嶺南地域を地盤とする李明博よりも出身地を選択基準にする人の割合が高かったにも拘らず、2008 年に実施された第 18 代国会議員総選挙では逆の傾向を見せている（【図表 4 − 18】を参照）。大統領選挙の場合は嶺南地域と湖南地域の対立が前面に押し出される傾向があるが、国会議員選挙の場合は複数の選挙区で多数の候補者により選挙戦が戦われることから候補者の個別性が相殺されるために、このような逆転現象が現われたものと考えられる。調査結果は嶺南地域の地域性として候補者本人よりも政党や組織などの公的な要素を重要視する傾向があるのに対して、湖南地域の場合は私的な要素を重視する傾向を持つことを示唆する。

　公約（マニフェスト）が候補者選択基準であると答えた人（555 名）の中では、31.9% がハンナラ党を支持し、25.8% が統合民主党を支持している。候補選択基準として公約（マニフェスト）が重要であると回答した人たちの中では 19.6% の人が棄権したと回答した。他の重要条件に比べて政党に対する支持率の方が高い。

　以上の分析結果から、回答者たちは選挙で公約（マニフェスト）を基準に候補者を選択すると言いながら、実際には選挙を棄権したり浮動層を形成するなどの形態を取る場合が相対的に多いと考えられ、実際には政党や出身地の要因の方が選択の際に大きな影響力として働くことを示唆する（【図表 4 − 19】を参照）。

　2010 年 6 月 2 日に実施された統一地方選挙の際に支持する政党と候補者選択基準に関する回答をクロス分析した結果、候補者選択の基準として政党と答えた回答者（280 名）の中で、37.1% がハンナラ党を支持し民主党は 35.4% の人が支持したことがわかった。出身地・縁故地が候補者選択の条件であると

【図表4－20】候補者選択条件と2010年地方選挙における支持政党との関係

(単位:件、%)

			2010年国会議員選挙時の支持政党				全体
			ハンナラ党	民主党	その他政党	棄権/不投票	
候補選択の重要条件	政党	事例数	104	99	28	49	280
		横の比率	37.1%	35.4%	10.0%	17.5%	
		縦の比率	37.7%	32.7%	18.5%	18.1%	
		全体比率	10.4%	9.9%	2.8%	4.9%	
	出身地/縁故地	事例数	48	54	20	43	165
		横の比率	29.1%	32.7%	12.1%	26.1%	
		縦の比率	17.4%	17.8%	13.2%	15.9%	
		全体比率	4.8%	5.4%	2.0%	4.3%	
	公約(マニフェスト)	事例数	124	150	103	178	555
		横の比率	22.3%	27.0%	18.6%	32.1%	
		縦の比率	44.9%	49.5%	68.2%	65.9%	
		全体比率	12.4%	15.0%	10.3%	17.8%	
全体		事例数	276	303	151	270	1,000

注) Chi-Square (6) =44.467: p<0.01
出所) 2010年5月に実施した政治意識調査の結果に基づき筆者作成。

回答した人(165名)の中で、ハンナラ党を支持すると答えた人は29.1%、民主党を支持すると答えた人は32.7%であった。公約(マニフェスト)を基準に候補者を選ぶと答えた人(555名)の中で、民主党を支持すると答えた人は27.0%、ハンナラ党を支持すると答えた人は22.3%であり民主党を支持すると答えた人が4.7%上回っていた。

　今回の調査結果に基づいて統一地方選挙の結果予測を試みると、政党を候補者選択の基準と考える人はハンナラ党を支持し、出身地・縁故地を重要条件とする人たちは民主党を支持すると予測することが可能である(【図表4－20】を参照)。

　ハンナラ党、民主党、自由先進党、民主労働党の政党イメージに関する設問を試みた。【図表4－21】はハンナラ党、民主党、自由先進党、民主労働党における各政党のイメージに最も近いと有権者が感じている割合を整理したものである。政党イメージとして、安定感のある政党、改革性向のある政党、アメリカとの同盟関係を重視する政党、中産層と庶民層を代弁する政党、南北関係

【図表4－21】政党のイメージ　　　　　　　　　　　　　　　　　　（単位：％）

	ハンナラ党	民主党	自由先進党	民主労働党	なし
安定感のある政党	58.2	30.4	6.4	5.0	0.0
改革性向のある政党	25.2	40.2	13.6	21.0	0.0
アメリカとの同盟を重視する政党	67.7	20.9	7.9	3.5	0.0
中産層と庶民層を代弁する政党	23.1	40.8	9.8	26.2	0.1
南北問題の管理及び解決能力のある政党	41.9	46.5	7.5	4.0	0.1
地域の均衡発展に関する政策が整っている政党	36.4	38.6	13.2	11.7	0.1
道徳的で清廉な政党	19.1	29.4	23.0	28.4	0.1
経済成長に関する政策の比重が大きい政党	58.7	26.2	9.0	6.0	0.1
福祉厚生と分配政策に比重の大きい政党	32.3	39.7	11.6	16.3	0.1
既得権層を代弁している政党	58.1	23.1	9.4	9.3	0.1

出所）2010年5月に実施した政治意識調査の結果に基づき筆者作成。

の管理及び解決能力のある政党、地域の均衡発展に関する政策が整っている政党、道徳的で清廉な政党、経済成長に関する政策の比重が大きい政党、福利厚生と分配政策に比重をおいている政党、既得権層を代弁している政党という政党イメージを設定した。

　安定感のある政党、アメリカとの同盟関係を重視する政党、経済成長に関する政策の比重が大きい政党、既得権層を代弁している政党という政党イメージに最も近い政党としてハンナラ党を指摘した割合が最も多かった。一方、改革性向のある政党、中産層と庶民層を代弁する政党、南北関係の管理及び解決能力のある政党、地域の均衡発展に関する政策が整っている政党、道徳的で清廉な政党、福利厚生と分配政策に比重をおいている政党という政党イメージに最も近い政党としては民主党を挙げた。

　有権者が安定感のある政党のイメージを持っている政党としてはハンナラ党が他の政党を大きく引き離し、次に安定感のある政党として挙げている民主党と比較しても約2倍の格差がある。アメリカとの同盟関係を重視する政党としてのイメージは圧倒的にハンナラ党が強く民主党の約3倍の有権者に共有されている。しかし、ハンナラ党は道徳的で清廉な政党という政党イメージには程

遠く、民主党、民主労働党、自由先進党に次いで最下位であった。

韓国社会において特定地域の人々の間に地域対立や地域葛藤が今も存在すると考えるかという設問に対する回答の中で全体の82.3％の人が存在すると答えており、存在しないと答えた人は8.2％に過ぎず実に韓国人の8割以上の人が地域感情や地域葛藤は存在すると感じていることがわかる。

年齢別に見ると満30～34歳、満35～39歳、満40～44歳、満45～49歳、満50～54歳、満55～59歳、満60～64歳の年齢層ではそれぞれ87.8％、84.3％、83.1％、88.2％、84.0％、82.8％、81.8％であり8割を超える高い水準を示している。一方、満19～24歳、満25～29歳の若年層では75.6％、76.4％と若干低い数値を示しているが、低いとはいっても20代の若年層でも7割を超える若者が存在すると回答していることは地域葛藤の深刻な現実を示してい

【図表4－22】地域対立や葛藤問題が存在するかにたいする意見 （単位：件、％）

		事例数	存在する	存在しない	よくわからない
全体		1,000	82.3	8.2	9.8
年齢	満19～24歳	90	75.6	10.0	14.4
	満24～29歳	106	76.4	10.4	13.2
	満30～34歳	74	87.8	5.4	6.8
	満35～39歳	134	84.3	6.7	9.0
	満40～44歳	118	83.1	9.3	7.6
	満45～49歳	102	88.2	8.8	2.9
	満50～54歳	106	84.0	11.3	4.7
	満55～59歳	64	82.8	4.7	12.5
	満60～64歳	132	81.8	5.3	12.9
	満65歳以上	74	78.4	9.5	12.2
地域	ソウル・京畿道・仁川	200	87.0	3.5	9.5
	釜山・慶尚南道	200	73.5	18.0	8.5
	大邱・慶尚北道	100	58.0	20.0	22.0
	光州・全羅南道	200	93.5	4.0	2.5
	全州・全羅北道	100	92.0	4.0	4.0
	大田・忠清道	100	99.0	0.0	1.0
	江原道	50	82.0	4.0	14.0
	済州道	50	50.0	10.0	40.0
嶺・湖南区分	嶺南	300	68.3	18.7	13.0
	湖南	300	93.0	4.0	3.0
	その他	400	84.8	3.5	11.8

出所）2010年5月に実施した政治意識調査の結果に基づき筆者作成。

る。特徴的なことは、満50〜54歳の年齢層の11.3％の人が存在しないと答えていることである。満50〜54歳の年齢層の人は、1979年の朴大統領の暗殺に始まる国内が混沌としていた時代に学生であった世代であり、深刻な「地域主義」の洗礼を受けてきた世代でもある。したがって、2002年、2007年の大統領選挙などで表出した「地域主義」を変容または弱化と把握する傾向があり、「地域主義」を消滅させようとの思いが込められた数値であると考えられる。

　地域別に見ると全ての地域において地域対立や地域葛藤が存在するという回答が非常に高い割合を占めている。大田・忠清道では99.9％の人が地域対立は存在すると回答し、存在しないと回答した人の割合は0％であり、よく分からないと答えた人の割合は1.0％に過ぎなかった。忠清道地域において地域対立の問題が深刻化している理由に世宗市問題が背景にあると考えられる。韓国人の社会的性格である共同体意識が強化されてきた忠清道地域では被害者であるという認識が共有されている。忠清道地域全体が「우리（ウリ）共同体」として認識され共同体性の反作用としての抵抗性が強化されて地域対立の存在を認容するに至っている。したがって、世宗市問題が起こっていなかったとしたならば、99.9％よりは若干低い数値を示したと考えられる。

　更に、光州・全羅南道、全州・全羅北道ではそれぞれ93.5％、92.0％であり、大田・忠清道、光州・全羅南道、全州・全羅北道の3地域では90％を越える人が地域対立は存在すると考えている。この調査結果は、大統領選挙及び国会議員選挙の結果分析と符合するものであり全羅道の投票行動の特殊性に「地域主義」の本質があることを示唆するものである。

　大邱・慶尚北道（58.0％）と済州道（50.0％）地域においては地域対立感情が存在すると答えた人の割合が50％台に留まり比較的低い値を示した。

　嶺南地域と湖南地域の間を比較して見ると嶺南地域では68.3％、湖南地域では93.0％が存在すると答え、存在しないと考えている人の割合は嶺南地域では18.7％、湖南地域では4.0％であった。湖南地域に居住している回答者の方が嶺南地域に居住している回答者に比べ地域対立の存在を積極的に認識している。両地域において存在していると回答した割合の格差は24.7％であり、その他の

地域との格差が8.2％であるのに対して明らかに高い水準を示している。湖南地域は歴史的に被害者意識を醸成してきたために、被害者の方が差別を敏感に感じることから湖南地域の値が嶺南地域よりも高い数値を示したことは合理的な結果であるといえる。

大邱・慶尚北道と済州道において地域対立が存在すると回答した人の割合が58.0％、50.0％と極端に低い結果を示した。済州道に関しては島嶼という特殊性のために、選挙においても他の地域と異なった投票行動をとる傾向があり今回に設問に対する回答も同様な脈絡で解釈することが可能である。しかし、大邱・慶尚北道地域の設問の回答の特殊性は今後解明されるべき課題を提供している（【図表4－22】を参照）。

地域対立や地域葛藤が存在すると答えた回答者に対して、「どの地域の間に地域対立や葛藤問題が存在すると思うのか」という設問に対して回答者（823名）の91.0％が嶺南地域と湖南地域の間に地域対立が存在すると答えた。次に、「葛藤問題がどのくらい深刻なのか」という設問に対しては、少し深刻だ（50.8％）、とても深刻だ（19.6％）、まあまあだ（17.7％）、あまり深刻ではない（11.2％）、全然深刻ではない（0.7％）の順番で回答を得た。全国平均で70.4％の回答者が深刻であると認識していることがわかった。地域対立が深刻であると考えている人の地域的な分布を検討して見ると、江原道、大田・忠清道、済州道、大邱・慶尚北道、全州・全羅北道、光州・全羅南道、ソウル・京畿道・仁川、釜山・慶尚南道においてそれぞれ92.7％、84.9％、84.0％、77.6％、68.5％、66.4％、66.0％、60.5％であった。

他の地域に比べ江原道の回答者の中で地域対立が深刻であると答えた割合が92.7％という最高の水準を示した。地域対立が深刻であると考えている割合が多い地域は江原道をはじめとして大田・忠清道が84.8％、済州道が84.0％であり、地域対立の当事者である湖南地域と嶺南地域における深刻であると考える割合が極端に低い結果を示している。釜山・慶尚南道が60.5％、光州・全羅南道が66.3％、全州・全羅北道が68.5％、大邱・慶尚北道が77.6％であり、最も低い数値を示す釜山・慶尚南道と江原道とは32.2％という大きな格差を示して

【図表 4 − 23】 地域対立の深刻度に対する認識　　　　　　　　　　（単位：件、％）

		事例数	とても深刻だ	少し深刻だ	まあまあだ	あまり深刻でない	全然深刻ではない	深刻だ	まあまあだ	深刻ではない
	全体	823	19.6	50.8	17.7	11.2	0.7	70.4	17.7	11.9
地域	ソウル・京畿道・仁川	174	8.0	58.0	24.7	9.2	0.0	66.1	24.7	9.2
	釜山・慶尚南道	147	8.8	51.7	26.5	10.9	2.0	60.5	26.5	12.9
	大邱・慶尚北道	58	20.7	56.9	13.8	8.6	0.0	77.6	13.8	8.6
	光州・全羅南道	187	22.5	43.9	15.5	16.6	1.6	66.3	15.5	18.2
	全州・全羅北道	92	19.6	48.9	12.0	19.6	0.0	68.5	12.0	19.6
	大田・忠清道	99	39.4	45.5	10.1	5.1	0.0	84.8	10.1	5.1
	江原道	41	43.9	48.8	7.3	0.0	0.0	92.7	7.3	0.0
	済州道	25	20.0	64.0	12.0	4.0	0.0	84.0	12.0	4.0
嶺・湖南区分	嶺南	205	12.2	53.2	22.9	10.2	1.5	65.4	22.9	11.7
	湖南	279	21.5	45.5	14.3	17.6	1.1	67.0	14.3	18.6
	その他	339	22.4	53.7	17.4	6.5	0.0	76.1	17.4	6.5

注）「深刻だ」は「とても深刻だ」と「少し深刻だ」の合計、「深刻ではない」は「あまり深刻ではない」と「全然深刻ではない」の合計である。
出所）2010 年 5 月に実施した政治意識調査の結果に基づき筆者作成。

いる。また、湖南地域と嶺南地域に焦点を絞って検討を加えると、湖南地域では 67.0％、嶺南地域では 65.4％の人が地域対立は深刻であると考えていることがわかる。湖南地域と嶺南地域以外の地域では 76.1％の人が深刻であると考えているのに対して約 10％程度低い値を示している。特徴的なことは、各種の選挙結果で最も特異な投票行動を示す湖南地域の 18.6％の人々が地域対立は深刻ではないと考えている点にある。

　地域対立の深刻度に対する認識を検討するときには、全国から人が集まり様々な地域の人々が雑居して暮らす空間であることから首都圏は評価の対象から除外することが妥当であると考える。他の地域に関して観察すると地域対立の当事者と考えられている地域の地域対立に対する自覚度は低く、傍観者的な立場に位置する地域の人々は地域対立の深刻さを強く認識していることになる。民主化以降の各種の選挙結果に表出している「地域主義」を当事者である湖南地域と嶺南地域の人々は当然の結果であると受け止めていることになり、湖南地域ではその傾向が強く現われている。このことは当該地域の文化環境の中に「地域主義」が確固たる位置を占めていることを意味する。したがって、

「地域主義」を分析するときに静態的な分析の限界を示唆するものであり、動力学的な考察の必要性を促すものである(【図表4－23】を参照)。

特定の地域やその地域の人たちの間に存在する地域葛藤の問題に対して日常生活の中でどの程度関心を持っているのかという設問に対して全体の41.9％の回答者が「普通だ」と答えており、「あまり関心がない」(25.4％)、「ある程度関心がある」(23.1％)、「全然関心がない」(6.9％)、「とても関心がある」(2.7％)という順で回答を得た。地域別に見ると江原道地域の回答者の46.0％の人が関心があると回答し、関心の度合いが他の地域と比較して最も高かった。学歴別には大学に在学している学生の回答者が最も関心の度合いが低く表れた(【図表4－24】を参照)。

東(嶺南)と西(湖南)の地域間に存在する地域対立がいつから始まったのかという設問に対して、第3、第4共和国(朴正熙)時代という回答が38.3％と最も高く、第5共和国(全斗煥)時代が21.8％、高麗及び朝鮮時代が18.8％、第1、第2共和国(李承晩)時代が8.4％と答えている。地域葛藤の問題に関

【図表4－24】地域対立や地域葛藤に対する関心度　　　　　　　　　(単位:件、％)

		事例数	とても関心がある	ある程度関心がある	普通だ	あまり関心がない	全然関心がない	関心がある	普通だ	関心がない
全体		1,000	2.7	23.1	41.9	25.4	6.9	25.8	41.9	32.3
地域	ソウル・京畿道・仁川	200	1.5	22.5	38.0	36.5	1.5	24.0	38.0	38.0
	釜山・慶尚南道	200	1.5	23.5	37.0	21.5	16.5	25.0	37.0	38.0
	大邱・慶尚北道	100	0.0	26.0	44.0	19.0	11.0	26.0	44.0	30.0
	光州・全羅南道	200	3.5	25.5	38.0	27.5	5.5	29.0	38.0	33.0
	全州・全羅北道	100	7.0	24.0	39.0	24.0	6.0	31.0	39.0	30.0
	大田・忠清道	100	1.0	12.0	59.0	27.0	1.0	13.0	59.0	28.0
	江原道	50	10.0	36.0	34.0	16.0	4.0	46.0	34.0	20.0
	済州道	50	2.0	16.0	68.0	10.0	4.0	18.0	68.0	14.0
最終学歴	中卒以下	132	1.5	18.9	47.7	22.0	9.8	20.5	47.7	31.8
	高卒	416	2.6	23.3	43.8	25.2	5.0	26.0	43.8	30.3
	大学在学	90	0.0	17.8	25.6	38.9	17.8	17.8	25.6	56.7
	大卒(大学院)以上	362	3.9	25.7	41.7	23.5	5.2	29.6	41.7	28.7

注)「関心がある」は「とても関心がある」と「ある程度関心がある」の合計、「関心がない」は「あまり関心がない」と「全然関心がない」の合計である。
出所)2010年5月に実施した政治意識調査の結果に基づき筆者作成。

して国民の7割近い人が権威主義政権時代に始まったと認識している。また、高麗及び朝鮮時代から始まったものであると考えている人が約2割も存在するという事実は重要な意味をもち、歴史的に形成された地域葛藤問題の深刻さを示唆する。

地域対立がいつの時代からそれが深刻化されたと思うのかという設問に対しては、第5共和国（全斗煥）時代という回答が30.4%と最も高く、その次は国民政府（金大中）時代が20.8%、第3、第4共和国（朴正熙）時代が14.6%、文民政府（金泳三）時代が12.9%の順で回答を得た。すなわち、民主化以前から地域葛藤は存在したと国民の大多数が考えていることになる。

地域葛藤を引き起こした原因は何かという設問に対しては全体の51.4%の回答者が選挙の際、政治家によって地域対立感情が煽り立てられたからと答えており、その次には経済関連における地域間の不均衡政策があるからと答えた人が21.4%、政府の高位管理職における人事に地域差別があるからと答えた人が18.2%、言論機関による地域葛藤の報道及び助長があったからと答えた人が5.6%であった。選挙の際に政治家によって地域対立感情が煽り立てられたから、経済関連における地域間不均衡政策があるから、政府高官における人事に地域差別があるから、言論機関による地域葛藤の報道や助長があるからなどの回答は、「地域主義」に関する先行研究により原因として指摘されてきた事由である。

地域対立の原因の中でも、国民の過半数の人々が選挙の際に政治家によって地域対立感情が煽り立てられたからと考えている。「地域主義」が権力獲得の道具として利用されてきた側面は承認するとしても、地域感情のような人間の精神活動と密接に関連する事柄に関しては地域葛藤の存在が前提とならざるを得ない。地域葛藤が存在しない前提での政治利用を議論することは自己矛盾に陥るからに他ならない。政治分野に関する設問調査の結果の分析から韓国人のほとんどの人々が地域対立は依然として存在すると認識しており、政治に関わる問題において様々な形で地域対立が現われていると思っている。更に、政治分野において地域対立や葛藤を刺激したり利用したりしてきたという側面があ

ると仮定すると、地域葛藤の歴史的な源流を探ることは重要な作業となり、社会文化的な側面から「地域主義」がどのような影響を受けているのかを検討することが重要となる。したがって、次章では「地域主義」の社会文化的要因を調査結果に基づき把握する。

第5章 「地域主義」の社会文化的要因

第1節 「地域主義」と社会文化的要因

　前章の「地域主義」の政治経済的要因分析に引き続き、本章では、社会文化的な側面での地域対立感情に関する現実を把握する目的で地域住民の認識及び態度の分析を行う。本書では、「地域主義」の社会文化的要因を把握するために、最初に有権者が感じている嶺南出身者と湖南出身者に対する好感度を調べた。そして、そのための調査手法としては、ボガーダスの社会的距離尺度（social distance scale）を用いた。ここでいうボガーダスの社会的距離尺度は人種、地域住民のような多様な社会集団に内在する社会的距離（social distance）を測定する時に利用される尺度法を意味する。

　政治意識調査にあたって、好感度調査のために以下の設問項目を設定した。①慶尚道（全羅道）出身者が同じ町に住んでいるのは嫌だ。②慶尚道（全羅道）出身者が隣の家に住んでいるのは嫌だ。③慶尚道（全羅道）出身者を友達にするのは嫌だ。④慶尚道（全羅道）出身者が家族の一員になるのは嫌だ。⑤慶尚道（全羅道）出身者と結婚するのは嫌だ。5種類の設問に対して「はい」、「いいえ」という回答を要求して「はい」には1点、「いいえ」には0点を設定し合計点数を算出した。点数が低ければ低いほど、慶尚道（全羅道）出身者に対する好感度は高いと判断できることになる。

　具体的な調査内容を把握する前に、第一に、地域間の住民の友好意識を調べた調査結果の内容からみると、慶尚道出身者に対して非常に友好的であると感じている人（5項目の合計点数が0点の人）は全体の93.3%、友好的であると

【図表 5 － 1】慶尚道出身者に対する好感度　　　　　　　　　　　（単位：件、％）

		事例数	非常に 友好的	友好的	非友好的	非常に 非友好的
	全体	1,000	93.3	3.6	1.3	1.8
地域	ソウル・京畿道・仁川	200	90.5	4.5	3.0	2.0
	釜山・慶尚南道	200	94.5	1.0	0.0	4.5
	大邱・慶尚北道	100	97.0	2.0	0.0	1.0
	光州・全羅南道	200	89.5	7.5	1.5	1.5
	全州・全羅北道	100	96.0	4.0	0.0	0.0
	大田・忠清道	100	99.0	0.0	0.0	1.0
	江原道	50	90.0	6.0	4.0	0.0
	済州道	50	94.0	2.0	4.0	0.0
地域	満19～24歳	90	93.3	2.2	0.0	4.4
	満25～29歳	106	98.1	0.9	0.0	0.9
	満30～34歳	74	93.2	2.7	1.4	2.7
	満35～39歳	134	93.3	3.7	1.5	1.5
	満40～44歳	118	91.5	5.1	0.8	2.5
	満45～49歳	102	92.2	4.9	2.9	0.0
	満50～54歳	106	95.3	3.8	0.0	0.9
	満55～59歳	64	92.2	4.7	0.0	3.1
	満60～64歳	132	90.2	4.5	3.0	2.3
	満65歳以上	74	94.6	2.7	2.7	0.0
嶺・湖南 区分	嶺南	300	95.3	1.3	0.0	3.3
	湖南	300	91.7	6.3	1.0	1.0
	その他	400	93.0	3.3	2.5	1.3

注)「非常に友好的」(0点)、「友好的」(1, 2点)、「非友好的」(3, 4点)、「非常に非友好的」(5点)。
出所) 2010年5月に実施した政治意識調査の結果に基づき筆者作成。

感じている人（5項目の合計点数が1点または2点の人）は 3.6％、非友好的であると感じている人（5項目の合計点数が3点または4点の人）は 1.3％、非常に非友好的であると感じている人（5項目の合計点数が5点の人）は 1.8％という結果であった。一方、全羅道出身者に対して非常に友好的であると感じている人（5項目の合計点数が0点の人）は全体の 87.4％、友好的であると感じている人（5項目の合計点数が1点または2点の人）は 4.8％、非友好的であると感じている人（5項目の合計点数が3点または4点の人）は 2.9％、非常に非友好的であると感じている人（5項目の合計点数が5点の人）は 4.9％ であった。両地域で0点を獲得した割合は慶尚道出身者に対して非常に友好的であると感

【図表5-2】全羅道出身者に対する好感度　　　　　　　　　　　　　　（単位：件、%）

		事例数	非常に友好的	友好的	非友好的	非常に非友好的
	全体	1,000	87.4	4.8	2.9	4.9
地域	ソウル・京畿道・仁川	200	87.5	7.0	3.5	2.0
	釜山・慶尚南道	200	76.0	9.0	5.5	9.5
	大邱・慶尚北道	100	80.0	6.0	3.0	11.0
	光州・全羅南道	200	99.5	0.0	0.0	0.5
	全州・全羅北道	100	98.0	1.0	0.0	1.0
	大田・忠清道	100	91.0	3.0	0.0	6.0
	江原道	50	70.0	8.0	10.0	12.0
	済州道	50	88.0	4.0	6.0	2.0
地域	満19～24歳	90	90.0	3.3	0.0	6.7
	満25～29歳	106	93.4	2.8	0.0	3.8
	満30～34歳	74	93.2	4.1	0.0	2.7
	満35～39歳	134	86.6	2.2	4.5	6.7
	満40～44歳	118	86.4	7.6	1.7	4.2
	満45～49歳	102	86.3	6.9	3.9	2.9
	満50～54歳	106	87.7	6.6	1.9	3.8
	満55～59歳	64	79.7	9.4	3.1	7.8
	満60～64歳	132	85.6	4.5	6.1	3.8
	満65歳以上	74	83.8	1.4	6.8	8.1
嶺・湖南区分	嶺南	300	77.3	8.0	4.7	10.0
	湖南	300	99.0	0.3	0.0	0.7
	その他	400	86.3	5.8	3.8	4.3

注）「非常に友好的」（0点）、「友好的」（1,2点）、「非友好的」（3,4点）、「非常に非友好的」（5点）。
出所）2010年5月に実施した政治意識調査の結果に基づき筆者作成。

じている人（0点を獲得した割合）が93.3%、全羅道出身者に対して非常に友好的であると感じている人（0点を獲得した割合）が87.4%であり、慶尚道出身者に対して友好的であると感じている人が5.9%も多い結果となった。

　以上のような結果は、国民全体として全羅道出身者に対してよりも、慶尚道出身者に対して友好的であると感じていることを示すものである。また、両地域で慶尚道出身者に対して非常に非友好的と感じている人（5点を獲得した割合）は1.8%、全羅道出身者に対して非常に非友好的であると感じている人（5点を獲得した割合）は4.9%であり、全羅道出身者に対して非常に非友好的であると感じている人の方が3.1%高い数値を示している。すなわち、以上の分

析結果から全羅道出身者に対してよりも慶尚道出身者に対しての方が相対的に友好的であると感じていることを示すものである。同時に、韓国人は慶尚道出身者に対して友好的であると感じ、全羅道出身者に対しては非友好的であると感じていると結論づけることができる。

　第二に、回答者の年齢別分布を検討すると、全ての年齢で90％以上の人が慶尚道出身者は非常に友好的であると感じている。すなわち、慶尚道出身者に対しては全般的に友好的であると感じている傾向を把握できる。しかし、全羅道出身者に対しては35歳以上の年齢において、非常に友好的であると感じている人が90％を越える年齢層は皆無である。更に、全羅道出身者は非友好的であると感じている人は慶尚道の場合よりも確実に高く、全羅道出身者に対して非常に非友好的であると感じている傾向を顕著に確認できる。すなわち、全ての年齢層において慶尚道出身者に対してよりも全羅道出身者に対して非友好的であると感じている傾向を把握できる。

　第三に、地域別に検討すると、全国的に慶尚道出身者に対しては友好的であると感じている傾向を把握することができる。全羅道出身者は非常に非友好的であると感じている割合は江原道が12.0％、大邱・慶尚北道が11.0％、釜山・慶尚南道が9.5％、忠清道が6.0％という結果であり、慶尚道出身者の場合と比較して非常に高い数値を示している。すなわち、江原道、大邱・慶尚北道、釜山・慶尚南道、忠清道では全羅道出身者に対して非友好的であると感じている人が非常に多いことを把握できる。

　嶺南地域と湖南地域に限定して検討を加えると、慶尚道出身者に対して友好的であると感じている人は湖南地域において91.7％、嶺南地域において95.3％であるのに対して、全羅道出身者に対して友好的であると感じている人は湖南地域において99.0％、嶺南地域において77.3％であった。すなわち、湖南地域の人々は湖南地域出身者、嶺南地域出身者の双方に対して友好的であると感じているが、嶺南地域の人々は嶺南地域出身者に対しては友好的な感情を抱き湖南地域出身者に対しては友好的な感情を持っていないという傾向を確認できる（【図表5－1】及び【図表5－2】を参照）。

慶尚道（全羅道）出身者に対して持っているイメージについて、「全然そう思わない」、「そう思わない」、「まあまあだ」、「そう思う」、「とてもそう思う」という5点尺度を設定して8つの設問を行った。回答を基礎にして慶尚道（全羅道）出身者に対して持っている肯定的感情、否定的感情の強度を調査した。8つの設問項目は以下のとおりである。①慶尚道（全羅道）出身者は親切である。②慶尚道（全羅道）出身者は信頼できる。③慶尚道（全羅道）出身者はよく人を助ける。④慶尚道（全羅道）出身者は他の地域の人々とも協調的である。⑤慶尚道（全羅道）出身者はよく人を騙す。⑥慶尚道（全羅道）出身者は自己中心的である。⑦慶尚道（全羅道）出身者は自分たち同士だけで集団を作る。⑧慶尚道（全羅道）出身者は乱暴である。

　①から④までは「全然そう思わない」は0点、「そう思わない」は25点、「まあまあだ」は50点、「そう思う」は75点、「とてもそう思う」は100点として計算し、⑤から⑧までは逆に「全然そう思わない」が100点、「そう思わない」は75点、「まあまあだ」は50点、「そう思う」は25点、「とてもそう思う」は0点として計算した。計算した合計点数を用いて慶尚道出身者と全羅道出身者の点数に有意味な差があるのかを調べるためにt-検証を行った。[122]それぞれの地域から出た値の慶尚道地域の平均値は57.9点、全羅道地域の平均値は54.5点という結果が得られ、慶尚道出身者の方が全羅道出身者に比べ高い値を示した。すなわち、回答者たちは全羅道出身者より慶尚道出身者に対して持っている肯定的感情の強度は強いと思われる。

　慶尚道出身者に対する値に地域による偏差が生じているかどうかを調べるために分散分析（Analysis of Variance）の手法を用いた。[123]慶尚道出身者に対する肯定的感情の強度を地域別に見ると光州・全羅南道は54.0点、江原道は54.3点、大田・忠清道は54.7点、全州・全羅北道は54.8点、ソウル・京畿道・仁川は55.5点、済州道は55.6点になり平均値より低い値が算出された一方で、大邱・慶尚北道は63.5点、釜山・慶尚南道は65.8点であり平均値より高い値が算出された。更に、全羅道出身者に対する点数に注目すると江原道は47.6点、大田・忠清道は51.5点、釜山・慶尚南道は52.9点、ソウル・京畿道・仁川は53.3点、

【図表5－3】慶尚道、全羅道出身者に対する肯定的感情水準（点数：平均値）（単位：点）

地域	慶尚道出身者	全羅道出身者
ソウル・京畿道・仁川	55.5	53.3
釜山・慶尚南道	65.8	52.9
大邱・慶尚北道	63.5	53.6
光州・全羅南道	54.0	59.7
全州・全羅北道	54.8	57.3
大田・忠清道	54.7	51.5
江原道	54.3	47.6
済州道	55.6	53.8
	F=25.220, p=0.000	F=9.943, p=0.000

注）F：F統計量、p：有意確率（有意水準と比較してその値が小さい場合、差があると判断する。一般的な有意水準は0.05）
出所）2010年5月に実施した政治意識調査の結果に基づき筆者作成。

大邱・慶尚北道は53.6点、済州道は53.8点であり平均値より低い値が示された。しかし、全州・全羅北道は57.3点、光州・全羅南道は59.7点であって湖南地域においては平均値よりも高い数値を示している（【図表5－3】を参照）。

　以上の分析結果から、釜山・慶尚南道、大邱・慶尚北道地域の回答者は全羅道出身者に対して他の地域出身者に比べ否定的感情を持っており、全州・全羅北道、光州・全羅南道地域の回答者は慶尚道出身者に対して他の地域出身者に比べて否定的感情を持っているといえる。

　以上の分析結果から、嶺南地域及び湖南地域に居住する人々は他の地域に比べて相互に非好意的で否定感情を持っていることがわかった。更に、光州・全羅南道と全州・全羅北道における全羅道出身者に対する肯定的感情の強度は低いのに対して、釜山・慶尚南道、大邱・慶尚北道における慶尚道出身者に対する肯定的感情の強度は非常に強く現われている。すなわち、湖南地域の人々より嶺南地域の人々の方が相対的に排他的であることを示唆する。

　慶尚道出身者と全羅道出身者に対する肯定的感情の強度と支持政党との関係を調べるために分散分析を実施した。【図表5－4】は分散分析の結果を整理したものである。慶尚道出身者に対する肯定的感情強度の格差と支持政党との相関関係を調べると、ハンナラ党を支持する人の慶尚道出身者に対する肯定的感情強度は62.2点、全羅道出身者に対する肯定的感情強度は51.2点であり、

【図表５－４】支持政党別の慶尚道、全羅道出身者に対する肯定的感情強度（単位：点）

支持する政党	慶尚道出身者	全羅道出身者
全体	57.9	54.5
ハンナラ党	62.2	51.2
民主党	54.4	58.0
その他政党	55.4	52.5
なし／回答なし	58.7	55.0
	F=23.185, p<0.01	F=15.805, p<0.01

注）F：F-統計量、p：有意確率（有意水準と比較してその値が小さい場合、差があると判断する。一般的な有意水準は 0.05）
出所）2010 年 5 月に実施した政治意識調査の結果に基づき筆者作成。

　ハンナラ党を支持する回答者の値の方が他の政党を支持する回答者の値に比べて高く、民主党を支持する回答者の値が最も低いことがわかる。一方、全羅道出身者に対する肯定的感情強度の格差と支持政党の関係を調べると、民主党を支持する人の慶尚道出身者に対する肯定的感情強度は54.4点、全羅道出身者に対する肯定的感情強度は58.0点であり、民主党を支持する回答者の点数の方が他の政党を支持する回答者の点数に比べて高く、ハンナラ党を支持する回答者の点数は最も低いことがわかる。すなわち、ハンナラ党を支持する回答者は慶尚道出身者に対して肯定的感情を持ち、全羅道出身者に対しては否定的感情を持っているといえる。また、民主党を支持する回答者は全羅道出身者に対して肯定的感情を持ち、慶尚道出身者に対しては否定的感情を持っていることがわかった（【図表５－４】を参照）。

　慶尚道出身者に対して持っているイメージと、全羅道出身者に対して持っているイメージとの間にどのような相関関係があるのかについて分析を加えた。慶尚道出身者に対して感じている親切度を基準にして全羅道出身者に対して感じている親切度を調べてみると、慶尚道出身者に対して不親切であると答えた人（124 名）の中の11.3％が全羅道出身者に対して不親切であると答え、全羅道出身者に対してまあまあ親切であると答えた人は37.9％、全羅道出身者に対して親切であると答えた人は50.8％であった。慶尚道出身者に対する親切度は、まあまあ親切であると回答した人（568 名）の中の4.4％は全羅道出身者に対して不親切であると感じている。全羅道出身者はまあまあ親切であると回答し

【図表 5 － 5】慶尚道と全羅道出身者に対して持っているイメージ〈親切さ〉

(単位：名、%)

			全羅道出身者は親切だ			全体
			そう思わない	まあまあだ	そう思う	
慶尚道 出身者は 親切だ	そう思わない	事例数	14	47	63	124
		横の比率	11.3%	37.9%	50.8%	100.0%
		縦の比率	21.9%	10.6%	12.8%	12.4%
		全体比率	1.4%	4.7%	6.3%	12.4%
	まあまあだ	事例数	25	325	218	568
		横の比率	4.4%	57.2%	38.4%	100.0%
		縦の比率	39.1%	73.4%	44.2%	56.8%
		全体比率	2.5%	32.5%	21.8%	56.8%
	そう思う	事例数	25	71	212	308
		横の比率	8.1%	23.1%	68.8%	100.0%
		縦の比率	39.1%	16.0%	43.0%	30.8%
		全体比率	2.5%	7.1%	21.2%	30.8%
全体		事例数	64	443	493	1,000

注）Chi-Square（4）=101.156：p<0.01
出所）2010 年 5 月に実施した政治意識調査の結果に基づき筆者作成。

た人は 57.2%、全羅道出身者は親切であると回答した人は 38.4% であった。慶尚道出身者は親切であると回答した人（308 名）の中の 8.1% が全羅道出身者に対して不親切であると感じている。また、全羅道出身者に対してまあまあ親切であると感じている人は 23.1%、全羅道出身者に対して親切であると感じている人は 68.8% であった。

　要するに、慶尚道出身者に対して不親切であると感じている回答者は、全羅道出身者に対しても不親切である、まあまあ親切であると回答し平均値から比べると比較的高い傾向を示している。一方、慶尚道出身者に対して親切であると感じている回答者は、全羅道出身者に対しても親切であると回答し平均値と比較すると相対的に高い割合を示している。以上の分析から、親切度に関しては慶尚道出身者と全羅道出身者の間には大きな格差は検出できない（【図表 5 － 5】を参照）。

　慶尚道出身者と全羅道出身者に対して感じる信頼度に関して調査結果を基礎に分析を試みた。慶尚道出身者に対して信頼できないと回答した人（85 名）の中で 13.9% が全羅道出身者に対しても信頼できないと回答し、まあまあ信頼

【図表5－6】慶尚道と全羅道出身者に対して持っているイメージ〈信頼〉

(単位：名、％)

			全羅道出身者は信頼できる			全体
			そう思わない	まあまあだ	そう思う	
慶尚道出身者は信頼できる	そう思わない	事例数	21	42	22	85
		横の比率	24.7%	49.4%	25.9%	100.0%
		縦の比率	12.8%	8.0%	7.0%	8.5%
		全体比率	2.1%	4.2%	2.2%	8.5%
	まあまあだ	事例数	58	303	129	490
		横の比率	11.8%	61.8%	26.3%	100.0%
		縦の比率	35.4%	58.0%	41.1%	49.0%
		全体比率	5.8%	30.3%	12.9%	49.0%
	そう思う	事例数	85	177	163	425
		横の比率	20.0%	41.6%	38.4%	100.0%
		縦の比率	51.8%	33.9%	51.9%	42.5%
		全体比率	8.5%	17.7%	16.3%	42.5%
全体		事例数	164	522	314	1,000

注）Chi-Square（4）=42.451: p<0.01
出所）2010年5月に実施した政治意識調査の結果に基づき筆者作成。

できると回答した人は49.0%、信頼できると回答した人は25.9%であった。慶尚道出身者の信頼度について、まあまあ信頼できると回答した人（490名）の中で11.8%の人が全羅道出身者に対して信頼できないと回答し、まあまあ信頼できると回答した人は61.8%、信頼できると回答した人は26.3%であった。慶尚道出身者の信頼度に関して慶尚道の人は信頼できると回答した人（425名）の中で20.0%の人が全羅道出身者に対して信頼できないと回答し、まあまあ信頼できると回答した人は41.6%、信頼できると回答した人は38.4%であった。

以上の分析結果をまとめると、親切度と同様に慶尚道出身者と全羅道出身者に対する信頼度の格差は大きくないことを結論として指摘できる（【図表5－6】を参照）。

同様の手法を用いて、慶尚道出身者と全羅道出身者に対して持っているイメージを分析した結果を整理したものが【図表5－7】である。慶尚道出身者と全羅道出身者に対して持っているイメージを「よく人を助ける」、「他の地域の人々とも協調的だ」、「よく人を騙す」、「自己中心的だ」、「自分同士だけで固まる」、「乱暴だ」という質問項目に対するイメージ調査を実施した。

【図表5－7】慶尚道と全羅道出身者に対して持っているイメージ　　　（単位：件）

		全羅道出身者はよく人を助ける			全体
		そう思わない	まあまあだ	そう思う	
慶尚道出身者は よく人を助ける	そう思わない	27	56	52	135
	まあまあだ	38	363	153	554
	そう思う	36	100	175	311
全体		101	519	380	1,000
		全羅道出身者は 他地域の人々とも協調的だ			全体
		そう思わない	まあまあだ	そう思う	
慶尚道出身者は 他地域の人々とも 協調的だ	そう思わない	36	70	47	153
	まあまあだ	85	295	141	521
	そう思う	55	108	163	326
全体		176	473	351	1,000
		全羅道出身者はよく人を騙す			全体
		そう思わない	まあまあだ	そう思う	
慶尚道出身者は よく人を騙す	そう思わない	288	152	110	550
	まあまあだ	79	253	56	388
	そう思う	14	24	24	62
全体		381	429	190	1,000
		全羅道出身者は自己中心的だ			全体
		そう思わない	まあまあだ	そう思う	
慶尚道出身者は 自己中心的だ	そう思わない	245	105	102	452
	まあまあだ	75	262	72	409
	そう思う	32	66	41	139
全体		352	433	215	1,000
		全羅道出身者は自分同士だけで固まる			全体
		そう思わない	まあまあだ	そう思う	
慶尚道出身者は 自分同士だけで固まる	そう思わない	143	71	140	354
	まあまあだ	47	198	189	434
	そう思う	40	43	129	212
全体		230	312	458	1,000
		全羅道出身者は乱暴だ			全体
		そう思わない	まあまあだ	そう思う	
慶尚道出身者は乱暴だ	そう思わない	280	106	59	445
	まあまあだ	97	303	55	455
	そう思う	23	49	28	100
全体		400	458	142	1,000

出所）2010年5月に実施した政治意識調査の結果に基づき筆者作成。

調査結果からは有意味な差は検出できなかった。慶尚道出身者に対して「まあまあだ」と答えた回答者は全羅道出身者に対しても「まあまあだ」という答えが多く、「そう思わない」という答えと「そう思う」という答えの割合は全体的に同じような水準を示しているといえる（【図表５－７】を参照）。

　慶尚道出身者に対して持っているイメージを形成するのに最も影響を与えた要因に関して調査を試みた。その結果、全体の66.1％の回答者が慶尚道出身者に直接会って経験したと回答し、新聞・放送などのマスコミという回答が22.1％、両親や親戚という回答が10.9％という順番であった。続いて学校の先生0.7％、周りの人たち0.1％、地域対立感情に対する先入観0.1％、という結果であった。一方、全羅道出身者に対して同様な質問をした結果、全体の70.9％の回答者が全羅道出身者に直接会って経験したと答え、新聞・放送などのマスコミは15.7％、両親や親戚は11.9％、学校の先生は1.0％、周りの人たちは0.3％、地域対立感情に対する先入観は0.1％という結果を得た。

　次に、慶尚道や全羅道出身者との社会的関係について「絶対できない」、「できない」、「まあまあだ」、「できる」、「絶対できる」という５点尺度を用意し比較分析を試みた。質問項目は以下の５項目を設定した。①慶尚道（全羅道）出身者と恋人関係が可能だ。②職場の同僚としてもよい。③友人になりたい。④子供や弟などに遊ぶことを禁止する。⑤知り合いになりたくない。点数計算は質問項目①から③までに関しては「絶対できない」を０点、「できない」を25点、「まあまあだ」を50点、「できる」を75点、「絶対できる」を100点に設定して点数を計算する。また、質問項目④と⑤に関しては「絶対できない」を100点、「できない」を75点、「まあまあだ」を50点、「できる」を25点、「絶対できる」を０点に設定して点数を計算した。

　以上の方法を使って算出した結果を用いて慶尚道出身者と全羅道出身者の値に有意味な差があるかどうか調べるためにｔ－検証を行った。その結果、それぞれの地域から得られた平均値は慶尚道が73.5点、全羅道が71.8点であり、慶尚道出身者の方が全羅道出身者に比べ点数が高いことがわかった。慶尚道出身者との社会的関係について算出した点数に地域格差が生じているかどうかを

【図表5－8】慶尚道・全羅道出身者に対する社会的関係の点数(平均値) (単位:点)

地域	慶尚道出身者	全羅道出身者
ソウル・京畿道・仁川	75.2	74.5
釜山・慶尚南道	78.7	69.0
大邱・慶尚北道	78.9	67.7
光州・全羅南道	74.4	80.9
全州・全羅北道	73.9	81.3
大田・忠清道	58.1	56.8
江原道	67.9	60.3
済州道	66.2	66.3
	F=30.213, p=0.000	F=36.736, p=0.000

注)F:F-統計量。p:有意確率(有意水準と比較してその値が小さい場合、差があると判断する。一般的な有意水準は0.05)
出所) 2010年5月に実施した政治意識調査の結果に基づき筆者作成。

調べるため分散分析(ANOVA)を行った。その結果、地域別に見ると大田・忠清道地域は58.1点、済州道地域は66.2点、江原道地域は67.9点であり、これらの地域においては平均値より低い点数を示した。一方、全州・全羅北道地域では73.9点、光州・全羅南道地域では74.4点、ソウル・仁川・京畿道地域では75.2点、釜山・慶尚南道地域では78.7点、大邱・慶尚北道地域では78.9点を示し、これらの地域では平均値より高い点数を示した。

更に、全羅道出身者との社会的関係について算出した点数に分散分析を行った結果、大田・忠清道地域は56.8点、江原道地域は60.3点、済州道地域は66.3点、大邱・慶尚北道地域は67.7点、釜山・慶尚南道地域は69.0点という結果が得られ、これらの地域では平均値よりも低い点数が出た。一方、ソウル・仁川・京畿道地域は74.5点、光州・全羅南道地域は80.9点、全州・全羅北道地域は81.3点であり、これらの地域においては平均値よりも高い点数を示した(【図表5－8】を参照)。

以上の結果を総合的に考察すると、回答者は湖南地域出身者よりは嶺南地域出身者の方に肯定的感情を持っていることがわかった。ソウル・京畿地域を除いて忠清道、江原道地域においても湖南地域出身者に対しては好意的な感情を持っていない。また、韓国社会において湖南地域出身者が社会的に極端に排斥されている傾向を発見することはできないが、湖南地域出身者は嶺南地域出身

者に対してかなり好意的な傾向を示し開放的な態度を見せるのに対して、嶺南地域出身者は湖南地域出身者に対して排他的で閉鎖的な傾向を検出できる。更に、大田・忠清道地域の人々は、嶺南地域および湖南地域の両地域に対して排他的であり非友好的である(【図表5-8】を参照)。

慶尚道出身者と全羅道出身者に対する社会的関係に関して算出した点数を用いて支持政党に依存する格差の発生を調査するために分散分析を行った。慶尚道出身者に対する社会的関係についての点数を支持政党別に検討すると、その他政党を支持すると答えた回答者の肯定的な強度の点数はハンナラ党や民主党を支持すると答えた回答者に比べて低く、ハンナラ党や民主党を支持するという回答者の肯定的な強度の点数には大きな格差が見られなかった。

一方、全羅道出身者に対する社会的関係についての点数の差を支持する政党別に見ると、民主党を支持するという回答者の肯定的な強度の点数は他の政党を支持するという回答者に比べて高く、ハンナラ党を支持するという回答者の肯定的な強度の点数は最も低いという結果を得た。要するに、その他政党を支持すると答えた回答者は慶尚道出身者に否定的感情を持っており、民主党を支持すると答えた回答者は全羅道出身者に肯定的感情を持っているといえる(【図表5-9】を参照)。

慶尚道出身者に対する社会的関係についての回答と全羅道出身者に対する社会的関係についての回答の間の関連性を分析してみた。まず、慶尚道出身者と

【図表5-9】支持政党別、慶尚道・全羅道出身者に対する社会的関係(平均値)

(単位:点)

支持政党	慶尚道出身者	全羅道出身者
全体	73.4	71.8
ハンナラ党	73.9	65.4
民主党	74.1	79.5
その他政党	69.0	66.8
なし/回答なし	74.7	72.3
	$F=5.663, p<0.01$	$F=41.433, p<0.01$

注)F:F-統計量。p:有意確率(有意水準と比較してその値が小さい場合、差があると判断する。一般的な有意水準は0.05)
出所)2010年5月に実施した政治意識調査の結果に基づき筆者作成。

恋人関係になれるかと質問したときの回答者の可能性の程度を検討すると、慶尚道出身者と恋人関係になることはできないと答えた回答者（23名）の中の14.7%は全羅道出身者とも恋人関係になることができないと答え、34.8%が可能でもあり不可能でもあると答え、47.8%が恋人関係になることができると答えた。慶尚道出身者との恋人関係の可能性に対して、まあまあだと答えた回答者（223名）の中の5.8%は全羅道出身者とは恋人関係になることはできないと答えており、可能でもあり不可能でもあるという答えは57.8%、36.3%が恋人関係になることができると答えた。慶尚道出身者と恋人関係になることができると答えた回答者（754名）の中の5.3%は全羅道出身者とは恋人関係になることはできないと答え、9.5%が可能でもあり不可能でもあると答え、85.1%ができると答えた。

以上の分析結果から、慶尚道出身者と恋人関係になることはできないと答えた人、可能でもあり不可能でもあると答えた人は、全羅道出身者に対しても恋人関係になることはできないと答えるか、可能でもあり不可能でもあると答えた割合が全体に比べ高い傾向を示している。すなわち、慶尚道出身者との恋人

【図表5－10】慶尚道と全羅道出身者に対する社会的関係（恋人関係） （単位：件、%）

			全羅道出身者と恋人関係が可能だ			全体
			全然できない	まあまあだ	できる	
慶尚道出身者と恋人関係が可能だ	全然できない	事例数	4	8	11	23
		横の比率	17.4%	34.8%	47.8%	100.0%
		縦の比率	7.0%	3.8%	1.5%	2.3%
		全体比率	0.4%	0.8%	1.1%	2.3%
	まあまあだ	事例数	13	129	81	223
		横の比率	5.8%	57.8%	36.3%	100.0%
		縦の比率	22.8%	61.7%	11.0%	22.3%
		全体比率	1.3%	12.9%	8.1%	22.3%
	できる	事例数	40	72	642	754
		横の比率	5.3%	9.5%	85.1%	100.0%
		縦の比率	70.2%	34.4%	87.5%	75.4%
		全体比率	4.0%	7.2%	64.2%	75.4%
全体		事例数	57	209	734	1,000

注）Chi-Square（4）=257.976: p<0.01
出所）2010年5月に実施した政治意識調査の結果に基づき筆者作成。

関係の可能性が普通以下の回答者は全羅道出身者に対しても同じ態度を取っていると判断できる(【図表5－10】を参照)。

次に、職場の同僚としてもよいかという質問項目に関して慶尚道出身者に対する意見と全羅道出身者に対する意見との間にどのような相違があるのかを分析してみた。慶尚道出身者に対して同じ職場の同僚とすることはできないと答えた回答者(23名)の中の47.8%は全羅道出身者に対しても同じ職場の同僚とすることはできないと答えており、可能でもあり不可能でもあるという答えは30.4%、同じ職場の同僚とすることができるという答えは21.7%であった。慶尚道出身者に対して同じ職場の同僚とすることは可能でもあり不可能でもあると答えた人(195名)の中の8.2%は全羅道出身者を同じ職場の同僚とすることはできないと答え、同じ職場の同僚とすることは可能でもあり不可能でもあると答えた人は53.3%、同じ職場の同僚とすることができると答えた人は38.5%であった。慶尚道出身者と同じ職場の同僚とすることができると答えた人(782名)の中の4.3%は全羅道出身者を同じ職場の同僚とすることはできないと答え、同じ職場の同僚とすることは可能でもあり不可能でもあると答え

【図表5－11】慶尚道と全羅道出身者に対する社会的関係(職場の同僚)(単位:件、%)

			全羅道出身者と同じ職場の同僚でいる			全体
			全然できない	まあまあだ	できる	
慶尚道出身者と同じ職場の同僚でいる	全然できない	事例数	11	7	5	23
		横の比率	47.8%	30.4%	21.7%	100.0%
		縦の比率	18.0%	3.3%	0.7%	2.3%
		全体比率	1.1%	0.7%	0.5%	2.3%
	まあまあだ	事例数	16	104	75	195
		横の比率	8.2%	53.3%	38.5%	100.0%
		縦の比率	26.2%	48.6%	10.3%	19.5%
		全体比率	1.6%	10.4%	7.5%	19.5%
	できる	事例数	34	103	645	782
		横の比率	4.3%	13.2%	82.5%	100.0%
		縦の比率	55.7%	48.1%	89.0%	78.2%
		全体比率	3.4%	10.3%	64.5%	78.2%
全体		事例数	61	214	725	1,000

注)Chi-Square (4) =239.621; p<0.01
出所)2010年5月に実施した政治意識調査の結果に基づき筆者作成。

た人は13.2%、同じ職場の同僚とすることができると答えた人は82.5%であった。

　以上の結果から、慶尚道出身者に対して同じ職場の同僚としてもよいかという質問に普通以下の答えをした回答者は全羅道出身者に対しても普通以下の答えをする場合が比較的多い。一方、慶尚道出身者に対して同じ職場の同僚としてもよいと答えた回答者は、全羅道出身者に対しても同じ職場の同僚としてもよいという回答をしている。すなわち、慶尚道出身者に否定的感情を持っている人は全羅道出身者対しても否定的で、慶尚道出身者に肯定的感情を持っている人は全羅道出身者に対しても肯定的である（【図表5－11】を参照）。

　職場の同僚関係と同様な方法で慶尚道出身者、全羅道出身者と「友人になりたい」、「子供や兄弟などに遊ぶことを禁止する」、「知り合いになりたくない」という社会的関係に関する質問に対する回答は、慶尚道出身者に否定的感情を持つ人は全羅道出身者に対しても否定的感情を持ち、慶尚道出身者に肯定的感

【図表5－12】慶尚道と全羅道出身者に対する社会的関係　　　　　（単位：件）

		全羅道出身者と友人になりたい			全体
		全然できない	まあまあだ	できる	
慶尚道出身者と友人になりたい	全然できない	19	17	16	52
	まあまあだ	34	168	117	319
	できる	50	125	454	629
全体		103	310	587	1,000
		自分の子供や兄弟に全羅道出身者と遊ぶことを禁止する			全体
		全然できない	まあまあだ	できる	
自分の子供や兄弟に慶尚道出身者と遊ぶことを禁止する	全然できない	707	66	16	789
	まあまあだ	48	95	11	154
	できる	17	10	30	57
全体		772	171	57	1,000
		全羅道出身者と知り合いになりたくない			全体
		全然できない	まあまあだ	できる	
慶尚道出身者と知り合いになりたくない	全然できない	736	52	20	808
	まあまあだ	30	118	5	153
	できる	5	12	22	39
全体		771	182	47	1,000

出所）2010年5月に実施した政治意識調査の結果に基づき筆者作成。

情を持つ人は全羅道出身者に対しても肯定的感情を抱いている。以上の分析結果は慶尚道出身者、全羅道出身者に対する社会的関係における差というよりも人により社会的関係に対する認識の差があることを意味する(【図表5－12】を参照)。

慶尚道と全羅道における地域葛藤の深刻度に関する質問に対して、全体の71.9％の回答者が存在はするが深刻ではないと回答した。また、深刻なので何とか解決策を工夫しなければならないという答えは21.8％、地域葛藤は存在しないという答えは6.3％あった。年齢別に見ると、満34歳以下の年齢層に比べて満35歳以上の年齢層において両地域間の対立や葛藤は深刻なので何とか解

【図表5－13】慶尚道と全羅道の間に存在する地域葛藤の深刻度　　　(単位:件、％)

		事例数	全然葛藤がない	存在するが深刻ではない	深刻なので解決策を工夫しなければならない
	全体	1,000	6.3	71.9	21.8
年齢	満19～24歳	90	12.2	74.4	13.3
	満24～29歳	106	12.3	68.9	18.9
	満30～34歳	74	5.4	83.8	10.8
	満35～39歳	134	5.2	69.4	25.4
	満40～44歳	118	5.1	70.3	24.6
	満45～49歳	102	4.9	69.6	25.5
	満50～54歳	106	4.7	72.6	22.6
	満55～59歳	64	3.1	71.9	25.0
	満60～64歳	132	3.8	73.5	22.7
	満65歳以上	74	6.8	67.6	25.7
地域	ソウル・京畿道・仁川	200	5.0	84.5	10.5
	釜山・慶尚南道	200	10.0	81.0	9.0
	大邱・慶尚北道	100	15.0	74.0	11.0
	光州・全羅南道	200	3.5	62.5	34.0
	全州・全羅北道	100	1.0	68.0	31.0
	大田・忠清道	100	3.0	57.0	40.0
	江原道	50	10.0	50.0	40.0
	済州道	50	4.0	78.0	18.0
嶺・湖南区分	嶺南	300	11.7	78.7	9.7
	湖南	300	2.7	64.3	33.0
	その他	400	5.0	72.5	22.5

出所)2010年5月に実施した政治意識調査の結果に基づき筆者作成。

決策を工夫しなければならいという答えが高い割合を占めている。地域別に見ると、何とか解決策を工夫しなければならないという回答は大田・忠清道地域が40.0％、光州・全羅南道地域が34.0％、全州・全羅北道地域が31.0％であり、これらの地域では高い割合を示したが、釜山・慶尚南道地域では9.0％であり最も低い水準を示している。

嶺南地域及び湖南地域に焦点を絞って見ると、何とか解決策を工夫しなければならないという回答は、嶺南地域においては9.7％であったのに対して、湖南地域においては33.0％に達している。これを見ると、嶺南地域よりも湖南地域の方が地域葛藤の問題を深刻に捉えており、地域葛藤の解決にも積極的な姿勢を示していることが調査の結果わかった(【図5－13】を参照)。

両地域に存在する地域葛藤の原因について調べるために、4つの設問項目を用意した。その項目は以下のとおりである。①両地域の葛藤の原因は慶尚道出身者の性格による。②両地域の葛藤の原因は全羅道出身者の性格による。③両地域の葛藤の原因は不公平な地域発展政策による。④両地域の葛藤の原因は政治圏の煽動による。「全然そう思わない」、「そう思わない」、「まあまあだ」、「そう思う」、「本当にそう思う」の中から選んでもらい結果を100点に換算した。「全然そう思わない」は0点、「そう思わない」は25点、「まあまあだ」は50点、「そう思う」は75点、「本当にそう思う」は100点に設定し分析を試みた。

その結果、地域葛藤の原因は政治圏の煽動によるという項目の点数が73.8点と最も高く、不公平な地域発展政策によるが65.2点、全羅道出身者の性格

【図表5－14】慶尚道と全羅道の間に存在する地域葛藤の原因　　　　　(単位：点)

	慶尚道出身者の性格による	全羅道出身者の性格による	不公平な地域発展政策による	政治圏の煽動による
全体	36.0	37.7	65.2	73.8
嶺南	32.4	41.1	58.3	73.6
湖南	33.2	28.3	74.8	80.8
	t=-0.396, p=0.692	t=6.673, p=0.000	t=-8.712, p=0.000	t=-4.069, p=0.000

注）t：t-統計量、p：有意確率（有意水準と比較してその値が小さい場合、差があると判断する。一般的な有意水準は0.05）
出所）2010年5月に実施した政治意識調査の結果に基づき筆者作成。

によるが37.7%、慶尚道出身者の性格によるが36.0点であった。嶺南地域、湖南地域の回答を比べてみると嶺南地域においては全羅道出身者の性格によるという回答が多いが、湖南地域においては不公平な地域発展政策によるという回答、政治圏の煽動によるという回答が多かった。この調査結果は、両地域の回答者の間に地域葛藤の原因に対する見方に大きな差が存在するということを示すものである（【図表5－14】を参照）。

韓国における地域葛藤の問題認識について設問を設定し調査を実施した。設問項目は以下の通りである。①既成世代の問題だ。②中高生にも関わる問題だ。③主に政治家たちの問題。④主に社会のエリートたちの問題だ。⑤国民全体と関わる問題だ。「全然そう思わない」、「そう思わない」、「まあまあだ」、「そう思う」、「本当にそう思う」の中から選んでもらい100点に換算した。「全然そう思わない」は0点、「そう思わない」は25点、「まあまあだ」は50点、「そう思う」は75点、「本当にそう思う」は100点に換算して分析を行った。

地域葛藤は主に政治家たちの問題だという項目の点数が75.8点と一番高く、既成世代の問題だと考える人が66.9点、主に社会のエリートたちの問題だと

【図表5－15】地域葛藤の問題に関する意見 (単位：点)

地域	既成世代の問題だ	中高生にも関わる問題だ	主に政治家たちの問題だ	主に社会のエリートたちの問題だ	国民全体と関わる問題だ
全体	66.9	30.8	75.8	54.9	51.0
ソウル・京畿道・仁川	70.8	29.4	76.9	52.4	54.9
釜山・慶尚南道	70.8	23.6	79.9	58.3	48.4
大邱・慶尚北道	66.3	25.5	78.8	56.5	48.3
光州・全羅南道	68.1	27.0	81.1	54.5	51.0
全州・全羅北道	62.8	33.3	77.3	56.8	48.0
大田・忠清道	57.5	51.3	59.3	49.8	54.0
江原道	61.0	38.0	72.0	61.0	56.0
済州道	64.5	38.0	61.5	50.5	46.5
	F=6.218 p=0.000	F=19.832 p=0.000	F=14.394 p=0.000	F=2.652 p=0.010	F=2.508 p=0.015

注）F：F-統計量、p：有意確率（有意水準と比較してその値が小さい場合、差があると判断する。一般的な有意水準は0.05）
出所）2010年5月に実施した政治意識調査の結果に基づき筆者作成。

考える人が54.9点、国民全体と関わる問題だと考える人が51.0点、中高生にも関わる問題だと考える人が30.8点という結果を得た。地域別に見ると、光州・全羅南道地域、釜山・慶尚南道地域、大邱・慶尚北道地域、全州・全羅北道地域においては、主に政治家たちの問題であるという答えが他の地域より多く、大田・忠清道地域においては中高生にも関わる問題であるという答えが多かった(【図表5−15】を参照)。

韓国を首都圏(ソウル・仁川・京畿道)、江原道地域、忠清道地域、嶺南地域(釜山・大邱・蔚山・慶尚道)、湖南地域(光州・全羅道)、済州道地域の6地域に分類し、地域やその地域出身者に対する好感度を5点尺度の「とても嫌いだ」、「嫌いな方だ」、「まあまあだ」、「好きな方だ」、「とても好きだ」の中から選択してもらい100点に換算した。「とても嫌いだ」は0点、「嫌いな方だ」は25点、「まあまあだ」は50点、「好きな方だ」は75点、「とても好きだ」は100点に点数を設定して各地域に対する好感度を分析した。

分析結果は、首都圏が62.7点、江原道地域が62.2点、忠清道地域が62.1点、済州道地域が60.7点、嶺南地域が59.1点、湖南地域が58.8点であった。嶺南地域と湖南地域の間だけに焦点を絞って検討を加えると、嶺南地域の回答者は湖南地域に対して50.3点、湖南地域の回答者は嶺南地域に対して51.8点であり、相手の地域に対する好感度は他の地域に比べて低い方だといえる(【図表5−16】を参照)。

次は、回答者に自分の出身地を人に言う時に、どのくらい誇りに思っているのかについて質問を試みた。その結果、全体の50.3%の回答者は特別な感じは

【図表5−16】地域に対する好感度 (単位:点)

		首都圏	江原道	忠清道	嶺南地域	湖南地域	済州道
全体		62.7	62.2	62.1	59.1	58.8	60.7
嶺・湖南区分	嶺南	59.0	61.3	60.3	71.5	50.3	58.0
	湖南	63.1	60.9	61.3	51.8	72.5	64.3
	その他	65.1	63.9	64.1	55.1	54.9	60.1

出所)2010年5月に実施した政治意識調査の結果に基づき筆者作成。

【図表5－17】出身地（故郷）を人に言う時の態度　　　　　　　　　（単位：件、%）

		事例数	とても誇りを持って言う	少し誇りを持って言う	特別な感じがないのでありのまま言う	隠したいけれど故郷なので本当のことを言う	本当の故郷は隠して特定の地域を言う
	全体	1,000	24.4	19.2	50.3	2.4	3.7
地域	ソウル・京畿道・仁川	200	14.0	12.5	69.5	4.0	0.0
	釜山・慶尚南道	200	24.5	28.0	46.5	1.0	0.0
	大邱・慶尚北道	100	21.0	17.0	60.0	2.0	0.0
	光州・全羅南道	200	17.5	21.0	55.5	4.0	2.0
	全州・全羅北道	100	29.0	19.0	50.0	2.0	0.0
	大田・忠清道	100	33.0	17.0	17.0	1.0	32.0
	江原道	50	32.0	14.0	52.0	0.0	2.0
	済州道	50	66.0	18.0	14.0	2.0	0.0

出所）2010年5月に実施した政治意識調査の結果に基づき筆者作成。

ないのでありのままを言うと答えており、とても誇りを持って言うと回答した人は24.4%、少し誇りを持って言うと回答した人は19.2%、本当の故郷は隠して特定の地域を言うと回答した人は3.7%、隠したいけれども故郷なので本当のことを言うと回答した人は2.4%であった。

　地域別に見ると、済州道地域の人々は自分の出身地について誇りを持って言うと回答した人が他の地域に比べて極端に多かった。済州道地域は島嶼であり伝統的に半島の文化とは全く異なる独自の文化を形成してきた地域であり、朝鮮王朝の中心部から距離的にも遠く中央の干渉をあまり受けなかったことから、済州道地域の人々は独自性が強く自尊心も高い性格を持っている。したがって、自分の故郷に対して誇りを持っているので調査結果において非常に高い数値を示したことには合理的な理由が存在する。

　大田・忠清道地域の回答者は特徴的な調査結果を示し、とても誇りを持って言うと回答した人が33.0%であり他の地域に比べて高い水準を示しているが、本当の故郷は隠して特定の地域を言うと回答した人は32.0%にも上り平均値の10倍もの人が本当の故郷は隠して特定の地域を言うと答えている。このような回答の両極化現象が表出している地域は大田・忠清道地域以外にはなく、「地域主義」における大田・忠清道地域の微妙な立場を示唆する結果といえる。この結果は、嶺南地域と湖南地域の間の地域葛藤の狭間に揺れる忠清道地域の立

場を表す貴重な根拠となり得ることを意味する(【図表 5 - 17】を参照)。

次に、地域を首都圏(ソウル・仁川・京畿道)、江原道地域、忠清道地域、嶺南地域(釜山・大邱・蔚山・慶尚道)、湖南地域(光州・全羅道)、済州道地域に分類して、普段から暮らしやすいと思っており大人になったら働きながら家族と一緒に暮らしたいと思う地域を3つ挙げて下さいという質問を設定した。その結果、第1位は31.9%の回答者が挙げた首都圏、次は嶺南地域(20.7%)、湖南地域(18.1%)、忠清道地域(12.0%)、済州道地域(8.7%)、江原道地域(8.6%)の順であったが、現在自分が住んでいる地域で暮らしたいと答えた人が最も多い結果を得た。第1位から第3位までの回答を整理すると、首都圏が77.9%、忠清道地域が56.6%、江原道地域が47.3%、済州道地域が43.3%、嶺南地域が39.9%、湖南地域が34.8%の順で自分が将来暮らしたい地域として示された。

地域対立や地域葛藤が形成された原因について7つの設問を設け、「全然そう思わない」、「そうは思わない」、「まあまあだ」、「そう思う」、「とてもそう思う」の5点尺度を設定し100点に換算した。「全然そう思わない」は0点、「そうは思わない」は25点、「まあまあだ」は50点、「そう思う」は75点、「とてもそう思う」は100点として計算し結果を分析した。7つの設問は以下のとおりである。①特定の地域出身者たちがお互いの地域出身者の人性や性格に偏見を持っているからだ。②1960年代以降、政府の進めた経済開発政策において湖南地域が疎外されたからだ。③政党や政治家たちが選挙のたびに地域葛藤を助長したからだ。④長い間嶺南地域出身の大統領が出て、権力を独占し湖南地域出身者を疎外したからだ。⑤新聞や放送などのマスコミが特定の地域出身者に対し偏った報道をして地域葛藤を煽り立てたからだ。⑥嶺・湖南の地域葛藤は三国時代、高麗時代、朝鮮時代に由来する歴史伝統によるものだ。⑦学校や社会で地域葛藤を克服するための教育的な努力をしなかったからだ。

分析を行った結果、政党や政治家たちが選挙のたびに地域葛藤を助長し利用してきたからだという答えは74.7点、1960年代以降、政府の進めた経済開発政策において湖南地域が疎外されたからだという答えは67.1点、新聞や放送

【図表５−18】地域葛藤の形成原因　　　　　　　　　　　　　　　　　　　（単位：点）

		見解①	見解②	見解③	見解④	見解⑤	見解⑥	見解⑦
全体		63.2	67.1	74.7	66.3	66.9	53.5	54.1
嶺・湖南区分	嶺南	61.9	60.4	74.8	59.8	67.3	51.0	50.7
	湖南	62.3	77.6	82.7	80.4	71.9	58.5	58.6
	その他	54.8	64.2	68.7	60.6	62.8	51.7	53.3

出所）2010 年 5 月に実施した政治意識調査の結果に基づき筆者作成。

などのマスコミが特定の地域出身者に対して偏った報道をし、地域葛藤を煽り立てたからだという答えは 66.9 点、長い間嶺南地域出身の大統領が出て、権力を独占し湖南地域出身者を疎外したからだという答えは 66.3 点、特定の地域出身者たちがお互いの地域出身者の人間性や性格に偏見を持っているからだという答えは 63.2 点、学校や社会機関で地域葛藤を克服するための教育的な努力をしなかったからだという答えは 54.1 点、嶺・湖南の地域葛藤は三国時代、高麗時代、朝鮮時代に由来する歴史伝統によるものだという答えは 53.5 点であった。

嶺南地域と湖南地域の間の事例を比較してみると、長い間嶺南地域出身の大統領が出て、権力を独占し湖南地域出身者を疎外したからだという見解に対して、嶺南地域の回答者は 59.8％であり他の見解に比較して低い点数を示したが、湖南地域の回答者は同じ見解に対して 80.4 点を示し最も高い点数であった（【図表 5−18】を参照）。

地域葛藤の解決策として 12 種類の解決策（【図表 5−19】を参照）を提示し、どの解決策が効果的だと思うのかに関しての設問を設定した。分析作業には「大きく寄与する」、「少し寄与する」、「寄与しない」、「分からない」という 4 つの回答の中から、「寄与する」と「少し寄与する」という答えの回答率の和を用いた。

マスコミ（テレビ・新聞）の地域葛藤に関する報道姿勢の改善という答えが 80.7％と最も効果的な解決策として挙げられた。地域間開発投資の改善が80.1％、遅れをとっている地域に対する政府主導の積極的な開発が 78.7％、両地域間の交流を活発化する姉妹関係及び文化・学術行事の積極的な開催が

【図表5－19】地域葛藤軽減のための解決策

番号	解決策
①	地域的な均衡を考慮した高位公職者の任命。
②	行政区域の改編。
③	大統領選挙制度の改善。
④	国会議員選挙制度の改善。
⑤	政党制度の改善。
⑥	地域間経済的格差を解決するための政策。
⑦	地域間開発投資の改善。
⑧	遅れをとっている地域に対する政府主導の積極的な開発。
⑨	標準語教育の強化。
⑩	マスコミ（テレビ・新聞）の地域葛藤に関する報道姿勢の改善。
⑪	血縁・地縁・学縁を重んじる社会的な雰囲気の改善。
⑫	両地域間の交流を活発化する姉妹関係及び文化・学術行事の積極的な開催。

出所）2010年5月に実施した政治意識調査の結果に基づき筆者作成。

78.3%、地域間経済的格差を解決するための政策が78.0%、血縁・地縁・学縁を重んじる社会的な雰囲気の改善が77.1%、地域的な均衡に配慮した高位公職者の任命が69.4%、行政区域の改編が62.5%、政党制度の改善が62.5%、国会議員選挙制度の改善が56.7%、大統領選挙制度の改善が55.4%、標準語教育の強化が38.7%という結果であった。

地域別に見ると、ソウル・仁川・京畿道地域、全州・全羅北道地域では解決策⑦を最も効果的であると回答し、光州・全羅南道、済州道地域では解決策⑧、釜山・慶尚南道、大邱・慶尚北道地域においては解決策⑩、大田・忠清道地域では解決策①、江原道地域では解決策⑧、解決策⑩、解決策⑫を最も効果的な方策であると回答した。一方、嶺南地域と湖南地域に限定して見ると、嶺南地域においては解決策⑩を最も効果的な解決策であると考えているのに対して、湖南地域においては解決策⑦を最も効果的な方法だと考えている。すなわち、嶺南地域においてはマスコミの地域葛藤に関する報道姿勢の改善を最も効果的な解決策であると考えているのに対して、湖南地域においては地域間の開発投資の改善を最も効果的な方法だと考えている。更に、湖南地域においては、解決策⑥の地域間経済的格差を解決するための政策、解決策⑧の遅れを取っている地域に対する政府主導の積極的な開発を解決策として挙げる人の割合も解決

【図表5－20】慶尚道と全羅道の間に存在する地域葛藤の深刻度　　　　　　（単位：％）

		解決策											
		①	②	③	④	⑤	⑥	⑦	⑧	⑨	⑩	⑪	⑫
全体		69.4	62.5	55.4	56.7	62.5	78.0	80.1	78.7	38.7	80.7	77.1	78.3
地域	ソウル・京畿道・仁川	68.5	69.5	63.5	64.5	67.0	89.0	92.0	88.5	46.5	86.5	85.0	85.5
	釜山・慶尚南道	59.5	62.5	60.5	58.0	62.0	72.0	69.5	67.0	43.0	76.0	71.0	75.0
	大邱・慶尚北道	59.0	37.0	32.0	40.0	45.0	61.0	65.0	58.0	28.0	73.0	66.0	68.0
	光州・全羅南道	80.0	62.5	59.0	64.0	72.0	87.5	90.5	92.5	26.5	86.0	85.5	75.5
	全州・全羅北道	76.0	59.0	65.0	60.0	60.0	80.0	82.0	77.0	28.0	79.0	72.0	80.0
	大田・忠清道	89.0	80.0	43.0	40.0	61.0	76.0	77.0	78.0	57.0	84.0	78.0	87.0
	江原道	68.0	62.0	52.0	58.0	56.0	70.0	74.0	82.0	46.0	82.0	78.0	82.0
	済州道	40.0	58.0	44.0	50.0	58.0	62.0	72.0	74.0	38.0	66.0	66.0	70.0
嶺・湖南区分	嶺南	59.3	54.0	51.0	52.0	56.3	68.3	68.0	64.0	38.0	75.0	69.3	72.7
	湖南	78.7	61.3	61.0	62.7	68.0	85.0	87.7	87.3	27.0	83.7	81.0	77.0
	その他	70.0	69.8	54.5	55.8	63.0	80.0	83.5	83.3	48.0	82.8	80.0	83.5

出所）2010年5月に実施した政治意識調査の結果に基づき筆者作成。

策⑦と同じ程度の数値を示している。要するに、湖南地域の人々は湖南地域の経済発展と経済格差の改善こそが地域葛藤の解消に繋がると考えている人が最も多いことになる（【図表5－20】を参照）。

　嶺南地域と湖南地域の地域葛藤は李明博政権になってどの程度解消されたと思うのかという設問に対して、全体の65.5％が「以前と同じだ」と答え、13.4％が「解消された方だ」、12.8％が「以前よりひどくなった方だ」、5.9％が「以前よりかなりひどくなった」、2.4％が「かなり解消された方だ」と答えた。

　地域別に見ると、他の地域に比べて光州・全羅南道地域、全州・全羅北道地域においては、以前よりひどくなったという回答が高い数値を示した。嶺南地域と湖南地域の回答を比べても嶺南地域よりも湖南地域において以前よりひどくなったという回答が高い割合を占めている（【図表5－21】を参照）。

　両地域間の地域葛藤が将来的に解決される可能性についての質問を試みた。全体の73.1％の回答者が、かなり難しいが解決できると回答し、これから5年以内には相当程度解決できると答えた回答者が15.9％を占めた一方で、全然解決の見込みがないという回答も11.0％に及んでいる。地域別に見ると、光州・

【図表5－21】李明博政権における地域葛藤の解消度 　　　　　　　　　（単位：名、%）

		事例数	かなり解消された方だ	解消された方だ	以前と変わらない	以前よりひどくなった方だ	以前よりかなりひどくなった	解消された方だ	以前と変わらない	ひどくなった
全体		1,000	2.4	13.4	65.5	12.8	5.9	15.8	65.5	18.7
地域	ソウル・京畿道・仁川	200	4.5	25.0	68.0	1.0	1.5	21.5	70.0	8.5
	釜山・慶尚南道	200	4.0	17.5	70.0	7.5	1.0	21.5	70.0	8.5
	大邱・慶尚北道	100	1.0	16.0	73.0	7.0	3.0	17.0	73.0	10.0
	光州・全羅南道	200	0.5	2.5	53.5	32.5	11.0	3.0	53.5	43.5
	全州・全羅北道	100	2.0	5.0	58.0	17.0	18.0	7.0	58.0	35.0
	大田・忠清道	100	0.0	5.0	73.0	19.0	3.0	5.0	73.0	22.0
	江原道	50	4.0	16.0	64.0	4.0	12.0	20.0	64.0	16.0
	済州道	50	2.0	20.0	72.0	2.0	4.0	22.0	72.0	6.0
嶺・湖南区分	嶺南	300	3.0	17.0	71.0	7.3	1.7	20.0	71.0	9.0
	湖南	300	1.0	3.3	55.0	27.3	13.3	4.3	55.0	40.7
	その他	400	3.0	18.3	69.3	6.0	3.5	21.3	69.3	9.5

注）「解決された方だ」は「かなり解決された方だ」と「解決された方だ」の合計、「ひどくなった」は「以前よりひどくなった方だ」と「以前よりかなりひどくなった」の合計。
出所）2010年5月に実施した政治意識調査の結果に基づき筆者作成。

【図表5－22】嶺・湖南間地域葛藤の解決可能性 　　　　　　　　　　　　（単位：件、%）

		事例数	これから5年以内にはかなり解決できる	かなり難しいが解決できる	全然解決に見込みがない
全体		1,000	15.9	73.1	11.0
地域	ソウル・京畿道・仁川	200	24.5	70.5	5.0
	釜山・慶尚南道	200	19.0	77.0	4.0
	大邱・慶尚北道	100	19.0	69.0	12.0
	光州・全羅南道	200	10.5	67.5	22.0
	全州・全羅北道	100	4.0	85.0	11.0
	大田・忠清道	100	17.0	72.0	11.0
	江原道	50	4.0	82.0	14.0
	済州道	50	18.0	68.0	14.0
嶺・湖南区分	嶺南	300	19.0	74.3	6.7
	湖南	300	8.3	73.3	18.3
	その他	400	19.3	72.0	8.8

出所）2010年5月に実施した政治意識調査の結果に基づき筆者作成。

全羅南道地域の回答者の方が他の地域に比較して全然解決の見込みがないという答えの割合が高い傾向を示している。嶺南地域と湖南地域を比べてみると、

これから5年以内には相当程度解決できるという回答は、嶺南地域においては19.0%、湖南地域においては8.3%を占めている。全然解決の見込みがないという回答は、嶺南地域においては6.7%、湖南地域においては18.3%を占めている。両地域間の地域葛藤の解決可能性について嶺南地域は楽観的である一方で、湖南地域では否定的な見方をしていることが調査の結果わかった(【図表5－22】を参照)。

　以上の分析からみると、韓国の「地域主義」の社会文化的要因は、2つの側面から分析できる。1つは、表面的な問題として、両地域間において好感度と信頼性が乏しく、その結果、相手地域に対する相互否定的なイメージが固定化されることによって、相互不信の関係を形成していることである。もう1つは、両地域の人々の不信の構造が膠着化することによって、その反動として自らの地域に対する強い帰属意識を形成するようになったことである。その結果、韓国特有の帰属意識を意味する「우리(ウリ)共同体」意識が強化されるようになったと考えられる。「우리(ウリ)共同体」の概念は、韓国社会特有の社会文化的背景をもつ帰属組織を説明する上で有効な言葉であるが、日本の韓国政治に関する研究分野では、まだ一般的に使われている言葉ではない。したがって、以下では、上記の政治意識調査の分析に基づく社会文化的要因の結果を踏まえた上で、理論的枠組みから、「地域主義」を形成する概念であると同時に、「地域主義」の産物としてより強化される「우리(ウリ)共同体」の性質を検討する。

第2節　「地域主義」と韓国の政治文化

　本節では、韓国の「地域主義」の社会文化的要因を形成する「우리(ウリ)共同体」の性質を論じる前に、政治学における政治と文化に関する一般的理論と議論の展開を把握する。そのために、第一に、文化と市民意識に関する理論的枠組みを把握する。第二に、政治と市民意識に関する一般的理論の内容を概

略的に紹介する。最後に、韓国特有の政治文化的要因である「우리（ウリ）共同体」の性質を詳しく把握する。

(1) 文化と市民意識

　人間内部の精神的・心理的作用としての意識と文化の関係性を文化人類学的観点から検討すると、人間が自然環境に適応し開拓することによって文明化された社会へと発展し、社会環境の中では人間の相互作用により刺激と反応が持続的に表出されるという過程の中で、意識により有形・無形の形態を採り表象されたものが文化であると考えることができる。人間は生存を永続的に維持するために能動的な適応体系として環境に適応しようとする。自然環境は人間にとって開拓対象であると同時に宿命的な共存対象であるが、社会環境は人間が適応すべき対象であり文化である。人間は自然環境と社会環境の双方から様々な刺激を受容しつつ生存し、それに対応する反応としての精神的刺激を経験する。

　我々が文化遺産という言葉を使用する場合、偉大なる人類文明の有形・無形の文化遺産を意味し、文化遺産は民族固有のアイデンティティーを持ち、文化遺産の中には共同体意識が内包されている。これは時代と生活環境が変化するのに伴い生成・消滅・変容する過程を通じ民族の価値観と生活様式を形成してきた精神的産物といえる。したがって、文化圏の相違は当該文化圏に住んでいる人々の精神的相違であると同時に精神構造の多様性が文化的相違を生成する。

　アメリカの社会学者ジェフ・クルター（Jeff Coulter）[124]は、感情は先天的な生理反応ではなく、特定の共同体の文化的信念、価値観、道徳体系により決定される信念、判断、期待、内容などの形態によりその性格が規定され、羞恥心や罪悪感を経験することができる能力は文化的知識と推論の因習が介入されなければならないと考えた。したがって、解釈体系である文化的信念、価値観、道徳体系が変容すれば同じ刺激でも異なった反応が表出するとした[125]。感情を文

化的な観点から解釈すると東洋や西洋の挨拶方法から文化的相違を感じる事例も文化的に構成された意味と解釈体系によるものと考えられる。

　更に、社会構成主義者は社会文化的意識を社会文化的に規定された意味・解釈体系内に積極的に取り込み長年学習される過程と見ている。しかし、このことは社会文化的に形成された意味と解釈の体系の中で能動的に学習された意識が変化しないということを意味するわけではない。社会文化的に意味・解釈体系が変容すれば、それにより意識の解釈も変化する。例えば、韓国社会の民族的精神を「恨」と解釈する権威主義的敗北意識が、2002年のサッカーワールドカップにおける躍動的な応援文化を通じて「興」の肯定的意識に変化しているというマスコミの反応からも、同一文化圏内においてさえ文化的意識は時代状況によりその解釈体系が異なることもあり得るということがわかる。このように社会構成主義者が文化的に概念化した意識は生来の生理的反応ではなく、ある状況に対する能動的な学習によって社会文化的に作られた認知的反応である。意識は社会構成員同士の相互作用により共有・合意された社会的反応であると同時に文化的反応であり文化意識の概念といえる。

　文化意識を社会構成員同士の相互作用によって共有される合意された社会文化的反応だとすると、「社会」と「共有と合意」には2つの意味が含蓄されている。前者はある特定の集団、または特定の共同体としての地域的特殊性を持つことであり同一の意識の特殊性を意味し、後者は社会構成員間の相互作用により共有・合意された意識の普遍性を意味する。なお、社会構成員間の相互作用は一種の集団的意識のコミュニケーションであり、文化と集団的意識の相関関係と普遍性を内包している。

　人間が死ぬと誰もが普遍的に悲しみを感じる。これは死に対する感情の普遍的な形態であると考えられ、悲しみという情動（emotion）である。しかし、東洋文化圏では死を現世における生命の終わりではあるが永遠不滅の来世にいく過程だと考える。日本は神道の国であるが、死に関しては仏教的意識が国民の間に支配的に浸透し、日本人の多くの家庭が仏教儀式により葬式を執り行い死者の供養をするといわれ、死を受容する意識は悲しみと厳粛性を内在化した

ものである。一方、韓国において葬式は祭礼として認識され死者を喜びと共に見送る意識が葬式文化として支配的である。民族独自の情動は長年の間に慣習により支配されてきた普遍的な感性であると同時に文化的に特殊な意識が内包されており、相互に異なる意識の意味体系に起因する感情であるといえる。したがって、人間の死の受け止め方の場合でも普遍性と特殊性が同時に観察できるように、文化意識は普遍性と特殊性を同時に内在化していると考えることができ、意識の特殊性は民族的情動とも表現できる。

一般的な意識の認知的要素は生活満足度と関連があり、意識は認知的な側面を反映すると主張したワトソン（J.B.Watson）[126]は、意識要素を肯定的意識と否定的意識に分け意識の類型を分類した。ワトソンによると、我々が感じる楽しさ、愛情、幸せなどの正的情動（肯定的感情）を通じて生きる喜びを感じ他人との建設的な人間関係を促進できるが、恐怖、怒り、悲しさなどの負的情動（否定的感情）は個人の幸福を減退させ、更に他人との非建設的な人間関係を形成するとした。[127]

更に、エクマン（P.Ekman）とフライエセン（Friesen）は顔面表情の写真から幸福（happiness）、驚き（surprise）、悲しみ（sadness）、恐怖（fear）、嫌悪（disgust）、怒り（anger）という6種類の感情を表す特定の顔筋の動きのパターンに対する判断はどの文化でも同じように大筋で一致しているという傾向を発見した。すなわち、基本的な感情は顔面に表出され、それが普遍的に解釈され

【図表5－23】意識の類型化による正的情動と負的情動

意識類型		意識志向	解決策
正的情動（肯定的感情）	内向的	衝動的心境伴う―衝動的な行動が自己の内部に現れる	幸せ、希望、興奮、強さ、柔らかしさ
	外向的	衝動的行動伴う―衝動的な行動が自己の外部に表出	嬉しさ、情熱的、活気、興味津々、元気な、用心、楽しさ、自慢
負的情動（否定的感情）	内向的	衝動的心境伴う―衝動的な行動が自己の内部に現れる	悲しみ、寂しさ、罪悪感、恥ずかしさ、劣等感、不安、過敏、傷つく
	外向的	衝動的行動伴う―衝動的な行動が自己の外部に表出	恐怖、悔しさ、反抗、神経質的、敵対的、攻撃的

出所）筆者作成。

ることを示す実験結果を得た。プルチック（Plutchik）は既存の6つの感情類型に期待（anticipation）、受容（acceptance）を加え8種類の意識類型を提案した。また、ウォルボット（Wallbott）とシュリオ（Scherer）は27ヶ国で行った精神的経験の普遍性と特殊性を証す研究において楽しさ、恐怖、悲しみ、嫌悪、羞恥心、罪悪感といった感情が非常に有意味的に、国別の差異があることを明らかにした。このような一連の研究の多くは深層的な意識の体験と経験、それによる身体的・心理的変化の要因を究明することに目的を持つが、感情の類型に関する様々な研究の枠組は主として正的情動と負的情動により感情を類型化している。ミラー（J.G.Miller）は、文化とは人生を営む環境世界とその中で起こる様々な事件を理解し組織化する意味体系であるとした。[128]

　要するに、文化は人間の感情経験をも包含するものであり個々人が日々の生活を営む文化環境の中での刺激と反応、そして表出に繋がる人間の精神的・心理的活動を組織化して意味を体系化する過程が文化と意識を繋ぐ関係だといえる。その意味で、韓国の「地域主義」の文化的性格は、両地域間の好感度と信頼性というものが地域市民相互の地域に対する否定的感情によって判断されてきたという特徴がある。そして、このように他の地域を否定的に捉える文化と市民意識の形成という側面からみると、韓国の「地域主義」は、政治学でいう文化と市民意識の関係を研究する既存の理論と関連づけて把握することも可能である。

(2) 政治と市民意識

　韓国の「地域主義」の社会文化的要因を、政治と市民意識に関する理論と関連づけてみると次のように把握することができる。政治と意識の相関関係が学問的な関心事として登場したのはそう昔の話ではない。これは政治アクターとしての市民が理性的で合理的だという偏狭な観念が支配的であったために、非理性的で非合理的な感性の要素である人間の内面的な情動や意識とは無関係であるという認識が一般的であったことによる。ジェームス・ブライスは、「彼

は賢明で愛国主義的で公平無私である。その唯一の願いは、それぞれの争点においてどちらが正しいかを知り、競争している候補者たちの中から最良の人を選ぶことである。彼の常識は、自国の憲法についての知識に助けられて、自分の前に提出された議論のいずれが正しいかを賢明に判断する能力を彼に与えるであろうし、他方、彼自身の熱意は彼を投票所に赴かせるのに十分である」と述べ古典的政治理論の前提をなす市民像を定式化している[129]。これに対して、G・ウォラスは衝動（impulse）、本能（instinct）、性向（disposition）によって駆り立てられる存在としての人間の姿を指摘し、人間性への考察を怠った政治研究の問題点を指摘した[130]。

今日の政治学において政治心理学は独自の学問的領域を形成し意識を政治と分離したりはしない。意識は政治学において政治コミュニケーション分野として政治情報の処理過程で政治的態度や意思決定過程に意識がもたらす影響を中心に研究され現在もこの分野を中心として研究が行われている。なお、政治意識を政治学の観点から概念化するのではなく認知理論を援用し政治コミュニケーションの分野で意識の役割を研究している。政治における意識の機能と役割は主として意識の類型化による政党、利益集団に対する好感度で肯定と否定を評価的基準として計量的研究の尺度として活用されている。

1960年代にアメリカの選挙における有権者の性向研究を行ったミシガン大学のキャンベル（A.Campbell）たちは、政党一体感または政党同一性（Party Identification）は心理的な性向であり長期間にわたる特定政党に対する感情的愛着、または帰属意識であると規定した[131]。このように、政治社会化を通じて形成される感情的愛着（Affective Attachment）は、政治的偏見や政治的寛容と、支持している政党による理念的葛藤と対立する集団の間における嫌悪感や親近感と密接に関連している。これがアメリカの国家アイデンティティを形成する政党一体感（Party Identification）や党派意識（Partisanship）に影響を与えると把握した。

感情が理性的政治判断を妨げる可能性があるという論点を提示するフィスク（Fiske）とテイラー（Taylor）の研究は、意識が政治の理性的判断力を忘却さ

せる歪んだ現象を生起すると把握し、意識が形成される学習過程において意識反応が記憶され強い先入観を形成することにより、意識反応を招来した詳細な情報は忘却されるとした[132]。例を挙げると、政治キャンペーンにおいての意識誘発的なイメージコマーシャル、刺激的な政治的発言、誹謗中傷などは政治への否定的意識を形成する。

　マルコス（Marcus）とメックン（Mackuen）は、グレイ（J.A.Gray）の性格心理学の神経科学理論である行動接近と行動抑制の体系を用いて政治環境の変化に対する人間の行動性向を研究した。彼らは意識は人間が政治環境に適応するための人間の活動の一種であり、理性的能力を背後から支えその長所を最大化させる触媒として作用するとした[133]。このような意識は正的情動として表出し、正的情動を経験することにより慣性的な政治行動を誘発するという感情知能理論（Affective intelligence theory）を繰り広げた。感情知能理論によると、政治的行動性向は正的情動と結びついた性向体系（Disposition System）と負的情動と結びついた監視体系（Surveillance System）に分類することができる。

　正的情動の体系は、有権者が政治コミュニケーションの過程で政党及び政治家に肯定的な感情としての喜び、希望、誇りなどを感得するようになると、政党アイデンティティや理念的性向のような既存の先入観により慣性的に投票行動を行うようになるという。一方で負的情動の体系は、有権者が怒り、悲しみ、恐怖、心配などの否定的な感情を経験することにより既存の慣性的な政治行動よりは監視体系が作用し政治環境を探索しようとする動機が誘発され、政党及び政治家に対する理性的判断によって積極的に参加しようとする。選挙広報の例で考えると、恐怖や心配を経験すると監視体系の作用のために選挙キャンペーンに対する関心が増大し積極的に選挙情報を収集しようとする傾向を示す。しかし、Marcus理論はグレイのBAS/BIS理論モデルにおける不安と恐怖の機能を強調し過ぎている。個別的で多様な意識の経験を否定と肯定とで類型化して正的情動の類型を感動（enthusiasm）とし、負的情動の類型を恐怖（fear）と不安（anxiety）と規定し情動の個別性を分類しているが、負的情動に起因する政治的性向を強調し過ぎる短所を持っている。要するに、意識が政

治的判断や意思決定や行動に及ぼす影響を理論化して検証することに重点を置くあまり、政治意識を誘発する先行変数に関する論議が不足する結果を招来している。

　しかし、ある時点での人間の感情が個々人の状況による認知的解釈に依存するという仮定のもとで繰り返す日常的経験が情動的反応を更に誘発する。情動的反応は独立的で無作為に生まれるものではなく環境に対する認知的な評価から生まれるものである。このような評価による情動的経験は個人の行動を予測する主要な変数になり得るという意識誘発仮定と関連して注目を集めている個別意識の認知評価理論は政治コミュニケーションの分野で頻繁に言及されるモデルである。政治意識を誘発する要因に焦点をおいて認知評価的意識誘発要因を加えて意識の媒介効果を分析することが認知評価理論のポイントである。このような認知評価理論は、政治的事象に対する個人の特定した認知評価によって特定な意識を経験し、それに伴い特定の政治的行動が誘発されると見ている。認知評価的政治意識研究の先駆的な業績として挙げることができるのはコノーバー（P.J.Conover）とフェルドマン（Feldman）の1986年に行った国政支持率に関する研究である。悪化した経済状況は政府の経済政策の失敗が原因であると考える有権者の場合には、怒りが誘発され怒りを感じる有権者の国政に対する支持率は下落する。

　一方、経済状況の悪化は国際経済の沈滞が原因であると判断する有権者の場合は、怒りの感情よりは心配の感情が誘発され国政支持率には影響を与えないという分析結果を提示した。すなわち、否定的な政治環境に対する責任の根拠を何に求めるかにより怒りの感情と心配の感情が差別的に誘発され、誘発された感情に依存して政治的な意思決定にも差別的に影響を及ぼすという点を理論化すると共に統計資料を通じて検証して政治心理学の研究領域に認知評価理論の原型を提示した。[134] 政治意識研究において認知評価理論は政治家のイメージ評価、社会政治的不安要素と意識の相関関係、マスコミと政治意識の相関関係を追及するための重要な理論として評価されている。

　実際、韓国の「地域主義」の社会文化的要因の調査結果からみると、両地域

の市民の意思決定は政治家に対するイメージ、社会不安を助長する政治家の言説とマスコミの報道という３つの要素が複雑に絡み、市民が相手の地域に対して否定的イメージを形成するように至ったと把握できる。すなわち、韓国の「地域主義」において政治と市民意識は、同じ地域に属している市民が同じ環境の中で同じ情報によって、同じ感情を抱き、同じ意識を形成するようになったと考えられる。そうすると、結局、帰属している地域の政治家の言説を信頼し、その政治家と政党を支持する形態として行動を取るということは、ある意味一つの帰属集団の集団行動、まさしく「우리（ウリ）共同体」という概念に近い部分がある。したがって、次節では、文化、政治と市民意識と一般理論と関連する韓国特有の「우리（ウリ）共同体」という帰属集団の特徴を具体的に検討する。その前に、韓国の政治文化の理論的背景を概略的に検討し、その後、「우리（ウリ）共同体」の性格と構造を把握する。

(3)「地域主義」と韓国特有の政治文化理論

韓国政治の伝統と並行して形成されてきたのは韓国の政治文化的側面である。韓国の政治文化は韓国政治の連続面そのものであって容易に変化しにくく、韓国政治の伝統と並行して形成され韓国政治を規定してきた[135]。外来文化の受容と拒絶の反復過程を通して文化は長い歴史の中で集積されてきた多様体を形成し様々な外的要因により変化を受けはするが、政治文化のような人間の感性や思考に関与する分野では容易に変化することはない。したがって、政治文化的側面も「地域主義」発生の重要な要因の一つと考えられる。

韓国の政治文化を分析するためには文化の定義を確立しなければならない。歴史的に文化に対する様々な定義づけがなされてきたが、文化に初めて明確な定義を与えたのはイギリスのエドワード・タイラー（1832～1917）であるとされ、1871年に出版された著作『原始文化』において、文化もしくは文明とは、その広い民族誌的な意味においては知識、信仰、芸術、道徳、法律、慣習などの人間が社会の構成員として獲得した能力や習性の複合的全体である

と定義し文化を具体的・実体的に把握する努力をした。1930年代以降から抽象的な定義が出現する。アメリカの文化人類学者クライド・クラックホーンは1952年に文化とは根本的には一個の形態または型またはデザインまたは仕方であるから、それは人間の具体的な行動からの抽象であって、それ自体行動ではないと定義した。その後、記号論的、象徴主義的な傾向を持って今日に到っている。このように文化の定義には大きく分類して実体的な定義と抽象的な定義が対立する。政治文化を検討する際の文化とは、あくまでも実体に根ざしたものでなければならない。なぜならば、政治は人間が行う行為の集積に他ならないからであり、抽象的な議論は現実政治の実態解明に役立つことはないからである。実体的な定義によると、文化とは外面的および内面的な生活様式の体系であり生きるための工夫であることになる。要するに、文化とは様々な生きるために必要な工夫の集合体であり、個々の生きるための工夫が無数に集積した有機体的構造を形成していると把握できる。個々の生きるための工夫を文化要素と呼んでいる。すなわち、文化は文化要素という無数のモザイク片の集合体であるモザイク画に喩えることができる。文化をシステムとして把握するためには文化の境界を仮想的に設定する必要があり、モザイク片はモザイク画の特定の位置の構成要素としてのみ意味を持つのであって他のモザイク片との互換性はないと考えられ、モザイク片自体が機能性を具備し全体としての構造性を担保する。このように理解することによって文化は一種の有機体として把握でき、仮に外部環境からの作用ベクトルに起因する刺激に対して変化したとすると、変化した一部分で変化した部位を修復する反作用ベクトルが働き刺激と変化が相互作用を引き起こす。

　それでは、韓国文化を規定している根幹となる概念は何であろうか。日本が「恥の文化」であるとするならば、韓国は「우리（ウリ）」の文化であると考えることができる。この事実は、様々な書物や論文で指摘されてきていることで特に目新しい指摘ではないが、筆者は次のように韓国の「우리（ウリ）」の文化の特徴を分析したいと思う。

　韓国人の意識下に構築された「우리（ウリ）」の意識こそが、韓国社会にお

ける「우리（ウリ）」を基本単位とする社会構造を形成し韓国人に特有な性向としての共同体性が醸成されたのであり、血縁・地縁・学縁のネットワークが形成されたと考えられる。更に、朱子学という宋代になって完成された新しい儒教思想が、韓国人の潜在的に持っていた意識に乗数的に作用し、「우리（ウリ）」の意識を確固たる韓国人の社会的性格として形成した。「우리（ウリ）」の意識の形成に伴って、競争性や共同体性、それに付随する抵抗性を生み出していったと考えられる。更に、朱子学の民衆への浸透は道徳志向性や権威主義的性向を強化してきた。「우리（ウリ）」の意識と「우리（ウリ）」の意識を共有する社会構造である「우리（ウリ）共同体」構造、及びこれを強化する背景としての朱子学的性向こそが韓国社会の根幹を形成しているものであるが、「우리（ウリ）共同体」構造が特殊構造をしているために韓国人や韓国人社会を理解困難なものにしている。人間は自分自身に固着した思考法は常に普遍性を持つものであると認識する性向を形成する傾向があるので、自己の思考法と異なる他者の思考法に対して異物感を感知し相互に不協和音を生じさせるからである。

　本書では、「우리（ウリ）」を基本単位とする社会構造を「우리（ウリ）共同体」構造と呼ぶことにし、構造内部に共有されている意識を「우리（ウリ）共同体」意識と呼ぶことにしたい。

第3節 「우리（ウリ）共同体」の概念と構造

　「우리（ウリ）」とは韓国語で「われわれ」を意味する。韓国の社会構造は、自己を中核として家族が「우리（ウリ）」の最小構造を形成し、最小構造の外縁を親族が取り囲み、その周囲に友人・知人が配置された同心円的構造を形成している。比喩的に説明すると、「우리（ウリ）共同体」構造はバームクーヘンのような多層構造をなしていると考えられ、このバームクーヘン構造の各層の境界はゴム風船のように伸縮自在に拡大・縮小する柔構造を形成し、構造が

【図表5－24】「우리（ウリ）共同体」構造の概念

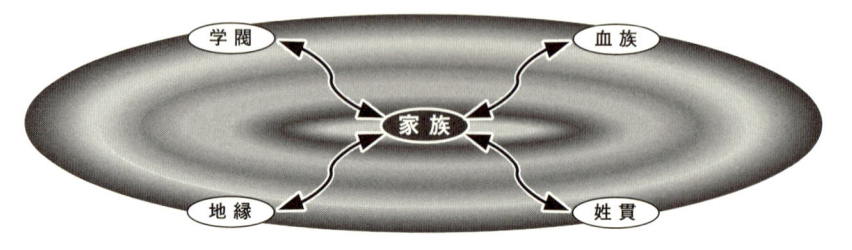

```
    学閥              血族
        ↘         ↗
          家族
        ↗         ↘
    地縁              姓貫
```

出所）筆者作成。

アメーバーのように自由自在に形を変えていく点に特徴がある。

　韓国社会では「우리（ウリ）」を中心に全ての行動が規定され、全ての価値判断も「우리（ウリ）」の立場から思考される。文化伝統というものは様々な要素を吸収して長い歴史の波に洗われながら形成されていくものであり、このような文化的な特性を持つようになった原因は文化伝統的な要因、社会経済的な要因などの様々な要因が考えられる。

　韓国人が「우리（ウリ）」という表現を用いる時には最小構造である家族を意味する場合もあり、家族を表現する時に「우리집（ウリチプ）」という場合もある。「집（チプ）」とは、家、住まい、家屋、家庭、家族、家門などを意味する単語である。場合によっては、恋人と2人だけの「우리（ウリ）」という状況も当然のこととして理解できる。この場合は愛情を媒介とした精神的な繋がりが「우리（ウリ）共同体」意識の本体を形成している。反対に、「우리（ウリ）共同体」の最大構造は韓国国民ということになり、韓国という国は「우리나라（ウリナラ）」すなわち「われわれの国家」である。もちろん、北朝鮮を含めて「우리（ウリ）」と理解することも可能であり、「우리민족（ウリミンジョク）」すなわち「われわれの民族」と表現することも場合によっては可能である。更に、最小構造と最大構造の中間構造も無数に理解できて、自己の置かれた状況によって変幻自在に変態する。例えば、本貫、学閥、閨閥、地域閥などが多次元的に作用し多元的な「우리（ウリ）共同体」構造を形成している。「우리（ウリ）」が意味する範囲は多様であり、多層構造を形成す

る「우리（ウリ）共同体」構造という韓国社会に特有の社会構造を発見できる。

「우리（ウリ）共同体」という名の共同体は「정（情）」を根幹とする強い絆で結合し共同体の内部では厳格な道徳規範が遵守されている建前である。したがって、共同体性は極めて限定的な性格を帯びたものであって、「우리（ウリ）共同体」構造の中核に位置する家族が何よりも優先され、自己を家族という「우리（ウリ）共同体」の中核に埋没させてしまう傾向を持つ。更に、「우리（ウリ）共同体」の中核から周縁の外部構造になればなるほど共同体意識は希薄になる傾向を持つともいえる。要するに、文脈の中で「우리（ウリ）」の領域は自由自在に変化するのであり、自己利益誘導型の意識構造であるとの指摘も可能である。また、「우리（ウリ）共同体」意識が文化伝統の中で形成されてきた理由は、支配者層の過酷な収奪から身を守るための民衆の苦肉の知恵であると考えられる。

韓国の社会学者である崔在錫は韓国人の社会的性格について韓国的家族主義が根幹にあると指摘し①社会構成単位は家である、②この家はどのような社会集団よりも重視される、③一個人はこの家から独立できない、④家内の人間関係も自由で平等なものではなく、いつも上下の身分秩序によって成り立つ、⑤このような人間が、単に家族内ばかりでなく家族外の外部社会にまで拡大された社会の組織形態を韓国的家族主義であると呼んでいる。(139)崔在錫が主張するように韓国的家族主義の概念を硬直的な組織形態として把握するのではなく、外部刺激に対応して伸縮自在に拡大縮小する構造体として理解する点に「우리（ウリ）共同体」構造という概念を提示する意義を持つ。

韓国社会が「우리（ウリ）共同体」構造を形成するようになった源泉は、朝鮮王朝時代の社会体制に求めることができる。党争に明け暮れた官僚たちは自己と一族の利益追求に全精力を費やし、本来的には国民を守るべきはずの国家が国民から収奪することのみに奔走してきた朝鮮王朝時代の歴史があり、日本の植民地化により日本総督府の意向を意識して生活してこなければならなかった被支配者としての歴史があって、生活の知恵として韓国人独特の「우리（ウ

リ）共同体」意識を醸成し、これを土台に伸縮自在に拡大縮小する構造体としての「우리（ウリ）共同体」構造が形成されるに至ったと考えられる。

以下において、「우리（ウリ）共同体」構造と「우리（ウリ）共同体」意識という概念を軸に韓国における伝統的な政治文化の特性を抽出する。韓国の伝統文化は韓国政治の連続面そのものであって容易には変化しにくく、韓国政治の伝統と並行して形成され社会を規定してきた。[140] 文化は長い歴史の集積であり様々な外的要因により変化を受けはするが、人間の感性や思考に関与する分野では容易に変化するとは考えられない。この事実こそが「우리（ウリ）共同体」構造を理解するときに最も重要な視点である。

韓国において土着文化を育て守ってきた主体は、支配階層の収奪から解放されることのなかった一般民衆であった。韓国人が持つ共同体性やその反作用として形成される抵抗性は、一般民衆の中で醸成され維持されてきた特徴であるといえる。支配階層の収奪から生活を防衛する目的を持った生活の知恵であった共同体性は、朝鮮王朝から日本の植民地時代にかけての数百年間の間に韓国人に独特な社会的性格として形成され、韓国人の社会構造が「우리（ウリ）共同体」構造に変容する過程を通じて強化されてきた性向に他ならない。「우리（ウリ）共同体」構造の形成に伴って、「우리（ウリ）共同体」の外部に対して「남（ナム）」すなわち「他人」であるとする抵抗性が社会的性格として形成されることになった。

韓国は儒学の影響を色濃く残している国家であり、儒学の中でも特に朱子学が朝鮮王朝500年の間継続して国学として信奉され朱子学以外の思想は異端として弾圧の対象となった。朱子学は君子の道を目指す学問であり、君子の道を歩むには「理」に適った生き方をするべきであるとされ、本来的には「理」とは道徳性を意味した。朱子学が主張する徳目として「孝」「弟」「忠」「信」「誠」などを指摘できるが、この中でも朱子学では「孝」を特に尊重し、「孝」とは両親に対する親孝行を意味した。親が生きている時には親の健康管理をして親の身体に気を配り、また親に心配をかけないように正しい行いをするように心掛け、親が亡くなった後は親を風水的に良い場所に墓を築き、定期的に祭祀を

行い先祖の霊を慰撫することが「孝」に忠実な行いであるとされた。

　更に、家族の者が生活に困ると親が心配するので、兄弟姉妹が互いに助け合うことが道理であるとされた。したがって、敷衍すると一族に経済的に困っている者がいれば助けるのが当然の行為であり、「理」に適合した行為であると理解された。要するに、伝統的な韓国社会において贈与行為は道徳的な行為として一般的に把握されたのである。この理由は、「우리（ウリ）共同体」意識を共有している「우리（ウリ）共同体」の構成員であるとの認識が行為の根幹にあるからであり、朱子学的な思考法により優越者が劣位者に対して贈与行為をすることは当然の義務であるという共通認識が成立していて、優越者の劣位者に対する贈与行為は道徳的行為であると韓国社会で認容されているからに他ならない。

　朝鮮王朝時代の両班の生活信条として最も重要視されていたことは「奉祭祀、接賓客」であった。すなわち、祖先に対しての祭祀を欠かさず丁重に行なうことと、親族や友人をはじめとする訪問客を丁重にもてなすことである。訪問客は手ぶらで訪れることはなく贈答品を携えて訪問するのが礼儀であり、帰るときには土産物を頂くという習慣は現在でも普通に観察できる日常風景である。例えば、16世紀の日記資料である柳希春の『眉巌日記』には、10年間に2,788回も贈答品を受取り1,053回も贈り物をしたという記録がある。[141] 10年間の期間に実に3,841回も物品の授受が行なわれ、毎日のように贈答品のやり取りを実施している計算になる。この事実を、日記の著者が贈り物の授受が特別に好きだったと結論づけるのには無理があり、両班の生活信条として「奉祭祀、接賓客」の伝統が一般的な現象であると考えるほうが説得力を持つといえる。したがって、「奉祭祀、接賓客」の行動様式は儒教的礼節から由来するものと理解する方が妥当性を持つと考える。

　贈与というものが人間社会の中で果たす機能を明らかにしたマルセル・モース（Marcel Mauss）は、『贈与論』の中で、「われわれの道徳や生活自体の相当な部分は、常に義務と自由が混淆した贈答制の雰囲気そのものの中に停滞している……市場価値しか持たない物も多く存在するとしても、物はなお市場価値

の他に感情的価値を持っている。われわれの道徳は単に商業上の物だけではない。われわれの間には、今もなお、過去の習俗を支持する人々や階級が存在しているし、また、われわれのほとんどすべての者は、すくなくとも、一年の中のある時期あるいはある機会には、それらの習俗に服するのである」と述べている。更に、マルセル・モースは、贈与は支配と服従の関係を作り出し集団の絆を強化する働きがあると指摘している。通常は、贈与によって形成された支配と服従の人間関係を恩顧主義と呼んでいる。韓国社会には恩顧主義が明確な形で現れていることを観察できる。長い歴史の歳月の中で培われてきた恩顧主義の伝統は、「우리（ウリ）共同体」構造を強化する役割を担ってきた。韓国では現在でも現金を授受することは日常的な行為であり広い意味での賄賂社会であるといえる。しかし、贈与行為一般を悪であると決め付けることは不適当であり、人間社会の中で贈与行為が人間関係の潤滑剤の役割を果たしている側面を看過してはならない。

　同心円的な「우리（ウリ）共同体」構造は、時として外部刺激に対応して伸縮自在に拡大縮小する。韓国人は「우리（ウリ）」と認識する範囲の内部においてのみ共同体意識を共有するのであり、この共同体を維持する紐帯が「정（情）」である。したがって、時と場合により、共同体意識を共有する範囲が異なり、各共同体の内部では原理的には個人が尊重される平等空間を形成し強固な共同体意識が醸成されている。しかし、共同体の外部に対しては「남（ナム）」すなわち他人であるとして強い抵抗性を示すのである。したがって、外部に対する抵抗性を示すが故に、自己防衛と「우리（ウリ）共同体」内部の安寧秩序を維持するために「우리（ウリ）共同体」の構成員は互いに団結し共助する。共同体性を強調すればするほど、その反作用として「남（ナム）」に対する抵抗性を助長することになる。すなわち、状況に対応して「우리（ウリ）共同体」がどのように概念設定されるかが最大の鍵となり、共同体の枠組みの概念設定に応じて「남（ナム）」に対する抵抗性の強度も異なってくるのである。

　コミュニケーションの状況や場によって「우리（ウリ）」の意味する範囲や

程度が異なるので、時空間の状況を韓国人は本能的に把握することができる能力を持ち、韓国人同士のコミュニケーションの中では、様々な変化に応じて状況を正確に把握し意思疎通がなされている。しかし、異邦人とはコミュニケーション自体は成立するが、異邦人にとっては極めて理解困難な状況が現出する可能性があるのである。会話の中にも「우리（ウリ）」という表現が頻出するが、自由自在に拡大縮小する「우리（ウリ）」の概念把握に異邦人が困惑することになるのは、現在話題となっている「우리（ウリ）共同体」の内部に自分が包摂されているか否かの判断が人間関係の形成にとって重要であるからである。要するに、韓国社会においては周囲の空気が読めるか否かが人間関係の形成にとって重要な鍵になる。

　エドワード・ホール（E.T.Hall）は、『文化を超えて』の中でコンテクスト（context）の高低を示す指標を提案した。[143] コンテクストとは、コミュニケーションの発信・受信に際して文脈すなわち事件や事柄の背後事情や脈絡などの前後の繋がりをどの程度重視するかという指標のことである。エドワード・ホールによると、コンテクストとは「ある出来事にまつわる情報で、その出来事の意味と密接に関連している」概念である。すなわち、高コンテクスト文化の社会での情報伝達においては、発信者と受信者が情報や社会通念を共有しており、発信者の微妙な所作に対しても反応し発信者の真意を正確に把握できる能力を持っている。逆に、低コンテクスト文化の社会においては、発信者は受信者に対して多くの情報を提供しなければ発信者の真意を受信者に伝達することができない。要するに、高コンテクスト文化の社会では曖昧な表現であっても受信者は発信者の意図を察することが可能であり、周囲の空気が読めないことは高コンテクスト文化社会では致命傷となる。エドワード・ホールの調査結果（1990年）によると、最もコンテクストが高いのは日本人であり、次に中国人、その次は韓国人、アフリカン・アメリカン、ネイティブ・アメリカン、アラブ人、ギリシャ人、ラテン系の人々、イタリア人、イギリス人、フランス人、アメリカ人、スカンジナビア人、ドイツ人、ドイツ系のスイス人という順番であった。[144] この事実は、日本社会や韓国社会において場の空気を読むことが

非常に重要であるという生活実感と符合するものである。

「우리（ウリ）共同体」意識を理解する上で、重要な概念が「정（情）」の概念である。韓国では「정이 들었다（情が深まった）」という表現をよく用いる。「정（情）」こそが、共同体内部に存在する共通の精神的な絆であるからである。「우리（ウリ）共同体」が支配階層や「남（ナム）」すなわち他人から収奪を受けるとき、「우리（ウリ）共同体」内部は団結し「남（ナム）」に対する抵抗性を現出するのである。これが、歴史的には様々な党派抗争や地域葛藤、更には農民反乱という形で現出したのだと考えられる。要するに、「정（情）」が転化し「한（恨）」が形成されたのである。

「한（恨）」の意識構造は階層によって二分される。支配階層である君主や両班たちにも、支配階層なりの「한（恨）」があり、支配者による収奪に晒され人権を無視された社会の下層で生きる庶民たちにも彼らなりの「한（恨）」がある。支配階層の「한（恨）」は、葛藤と恐怖に由来するものが多く呪術や物理的な解決方法により決着を図るのが彼らの対策であった。一方、庶民の「한（恨）」は宿命と同義語であり、生存と幻想的理想にその源流を見出すことができる。宿命に対する諦観と妥協により「한（恨）」から解脱しようともがき苦しみながらも未来に希望と生き甲斐を見出そうとするのが常態であった。その「한（恨）」の情念を歌唱に託したのが韓国独自の民俗芸能であるパンソリである。換言するならば、パンソリは朝鮮民族の「한（恨）」の表出の総体であるといってもよく、朝鮮王朝時代後期に庶民の中から生まれた演唱芸能であり、庶民の生活と情念を生き生きと唱い上げている民俗芸能であるといえる。(145)それ故に、民族の精神構造を分析する貴重な資料であるともいえる。パンソリは一筋の希望を信じながら生きてきた庶民の「한（恨）」の情念を表現する方法であった。『春香伝』を歌劇『春香歌』に脚色した申在孝を始め、今日までのパンソリの歌い手たちは一般市民から蔑まれてきた妓生であり身分の賤しい階層に属する人々であった。(146)彼らは、自分たちの不平不満の感情を芸術領域で吐露し気炎を上げることでしか自分自身の「한（恨）」を納得させる道はなかった。「한（恨）」の情念を唱いあげることが、支配者階層との葛藤を生み出した抵抗

性、反抗性、風刺性などが様々な場面で現出する契機となっている。

　ここで注意すべきは「한（恨）」は単なる「うらみ」ではなく、あくまでも「정（情）」が転化した情念である点である。したがって、「한（恨）」は「정（情）」に対する追慕の情や「あこがれ」という性格を持ち未来志向性を内包する。韓国において、憎しみと復讐心を伴った恨みの情は怨恨（ウォンハン）、怨痛（ウォントン）、怨望（ウォンマン）などと通常は表現され「한（恨）」とは別の語彙を用いる。「한（恨）」の情念は、「理」とひとつになろうとする合一のベクトルを持つものであり、また同時にそれが不可能であるということを認識していることからくる嘆きなのである。⁽¹⁴⁷⁾「한（恨）」が憧憬という性格を持ち未来志向的な性格を持つ故に、韓国人の上昇志向性とも関係を持つのである。「우리（ウリ）共同体」の根幹を成す「정（情）」は「한（恨）」に転化し、「한（恨）」が韓国人の精神構造の中核を形成することになる。「정（情）」を根幹とする「우리（ウリ）共同体」は共同体性の反作用として抵抗性を生み出すのである。

　それではなぜ、共同体性の反作用として抵抗性が生じるのであろうか。人間は祖先、宗教、歴史、価値観、習慣や制度によって自己のアイデンティティを確認する。その上で、文化的な集団と一体化する。すなわち、自己のアイデンティティの確認作業を通じて部族、民族、宗教などに基づく共同社会を形成し、共同体は他の共同体に対して基本的に生物の自己防衛本能から由来する抵抗性を示し、共同体の構成員である自覚が自己の精神的な安定を促す。生物の自己防衛本能から由来する自衛本能の発露として共同体内部では内部規範が遵守され、共同体は他の共同体に対しては基本的に抵抗性を示す。

　ところで、最近の免疫学の進歩は我々に臓器移植、アレルギー、エイズなどの社会問題までも「自己」と「非自己」の問題として考えなければならないことを示唆している。⁽¹⁴⁸⁾免疫とは、外部から浸入してきた「自己」とは異なる「非自己」に対して抵抗性を示す現象のことである。要するに、「自己」は自分とは異なる「非自己」を識別し自分のアイデンティティを決定する行為を細胞のレベルで行っているのである。すなわち、「自己」のアイデンティティの確

立は「非自己」に対する抵抗性を生み出すのである。このことは、文化の面でも同様な指摘が可能であり、文化も他の文化から文化要素を受け入れながら他の文化に対して抵抗性を示し、そのことによって自他を識別し文化の境界を画定し直すことを繰り返しているのである。[149]

第4節　競争社会と「우리（ウリ）共同体」

　韓国人の性向として私的なネットワークを非常に大事にする反面、自己のネットワークに属さない人を排除・敵対する傾向があるといわれ、その社会構造は、自分を中心に、その周縁に家族、親族、親友・恋人、地縁・学縁の友人、知人へと同心円状に形成された「우리（ウリ）共同体」の世界と、外縁的世界である「남（ナム）＝他者」という形で区分されている[150]。すなわち、「우리（ウリ）共同体」と「남（ナム）＝他者」の間には、抵抗・競争関係が存在していると一般的に理解されている。具体的にいえば、「우리（ウリ）共同体」の内部では儒教的な礼節が硬く守られる一方で、「남（ナム）＝他者」に対しては儒教的礼節を問題にしないということであり、帰属意識を形成する基準として儒教的礼節を重視しているのである。要するに、「우리（ウリ）共同体」の内部では「理＝道徳性」が厳格に維持されるのであるが、その外部の存在である「남（ナム）＝他者」に対しては礼儀や秩序は成立しないし、成立させる必要はないと認識されている。もちろん、韓国人の帰属意識、繰り返していえば儒教的礼節に基づいた身内である「우리（ウリ）共同体」と「남（ナム）＝他者」を区分する帰属意識は、中華思想の影響を受けたものであると考えられる。具体的にいえば、明の滅亡後に異民族国家である清が成立し、朝鮮王朝が儒教倫理の正統性に起因して小中華を標榜したことが大きく影響している。この中国思想により影響を受けた「우리（ウリ）共同体」の帰属意識は、「理＝道徳性」という形で共同体の人々同士が厳格に守るべき思想が存在し維持されている一方、外部の存在である「남（ナム）＝他者」に対しては礼儀や秩序

は成立する必要もなく、無縁な存在として位置づけられてきたのである。結局、「우리（ウリ）共同体」とは、韓国特有の帰属意識によって形成された独特の組織体である。

　実際、韓国人は地縁、血縁、学縁のネットワークにより形成された「우리（ウリ）共同体」の内部で基本的に生活し、「우리（ウリ）共同体」の内部では「남（ナム）＝他者」からの攻撃・収奪に対して相互扶助を行いながら団結している。相互扶助の中には精神的な部分と物質的な部分とが存在する。「우리（ウリ）共同体」の中では、贈与を与え合わなければならないという互酬性の原則の存在を発見できる。人間が贈与を行うのは経済的利得のためばかりではなく、他の人間や仲間たちとの間の社会的結合や連帯を求めて社会的交換を行うのである[151]。政治哲学者のマルセル・モースは贈与が権力を生み出すという事実を明らかにし、贈与によって生み出された支配と服従の関係を恩顧主義と呼んだ。恩顧主義は古今東西全ての政治社会の次元で該当するものであり特定の国や組織に特徴的なものではないが、社会構造に人間関係が大きく寄与している韓国社会においては恩顧主義が貫徹しているといえる。恩顧主義の人間関係には、感情的に相手と結びつこうとする非打算的側面と相手との関係から利益を得ようとする打算的側面という二律背反する要素が存在し、庇護者も依存者もこの二律背反の呪縛から逃れられないのである[152]。

　韓国における恩顧主義とは伝統的行為によって裏づけられたものである。朝鮮王朝時代において、在地両班層は邑単位の結集体である郷案組織を結成して、儒教的礼節を背景にその階層の結合をはかっただけでなく、私的に婚姻関係や学問の師弟・同学関係などを通じても階層的結合を強化していった[153]。私的な人間関係のネットワークも指導者階層と民衆の相互作用の下で形成されたものであり、日本植民地時代、更に権威主義的な政治体制を通じて強化された。地縁、血縁、学縁のネットワークは権力による収奪と競争・対立の中で自己の生活と安全を守りながら自己利益を実現し、上昇志向するための基盤として機能している[154]。

　地縁、血縁、学縁を基盤とした「우리（ウリ）共同体」の内部では共同体性

と親和性を持ち得るが、「우리（ウリ）共同体」の外部に対しては競争性や分派性を助長する。すなわち、地縁、血縁、学縁のネットワークを超えた共同体性は欠如している。したがって、自己の利益実現が制度化されていない条件の下では、成功者は公的資源を自己の地縁、血縁、学縁のネットワークの強化のために用いることになり、「우리（ウリ）共同体」構成員の利益実現のために権力獲得競争に情熱を傾けることになるのであり、ここに不正・腐敗を生み出す温床が存在するといわれている。[155]

　このような韓国特有の帰属組織である「우리（ウリ）共同体」が自らの利権を獲得・維持する中で生まれたのが、過度な競争社会の構図である。韓国社会が競争社会であることは長い歴史の中で形成されてきた伝統に裏づけられたものであり伝統文化の一翼を担うものであると一般的にいわれている。もちろん、その源流は朝鮮時代からの伝統とも無縁ではない。具体的にみると、韓国の歴史においては一時期を除くと継続して文官が権力を握り文治主義が貫徹している社会であったことが競争社会を生み出したという背景がある。文治主義社会にあっては武力で正当性を争うことはなく、利権をめぐって文官同士が弁論で戦い、持論の正当性を主張し、その弁論の正当性が認められれば権力を獲得するとともに自然と経済的利益を得ることができたのである。このような文官同士の弁論に基づく権力獲得競争に勝利するために、その権力を保持するための帰属組織が形成され、「우리（ウリ）共同体」という形で組織化されてきたのである。この時、「우리（ウリ）共同体」という伝統的帰属組織を形成する弁論中心の権力獲得構図こそが朱子学的思想に基づく「우리（ウリ）共同体」の形成過程であったと韓国では認識されている。この事実を裏づける形で、韓国の朱子学的思想に基づく「우리（ウリ）共同体」と呼ばれる帰属組織の形成と競争社会の構造を把握した調査研究がある。具体的に説明すると以下のように説明できる。

　G・ホフステードのIBM調査結果では韓国は権力格差が大きく集団主義的な傾向を持った国として分類され、権力格差が大きい国の人々は権威主義的な傾向を持つことを明らかにしている。[156] 要するに、韓国社会は権力格差が大きく

権威主義的な性向を持つ社会であると考えることができる。韓国社会のように権威、権力、富の一貫性を求めようとする社会においては、権威主義的性向は自己利益実現のために上昇志向性と直結する。朝鮮王朝においては朱子学が国学と定められたために朱子学の原理主義的解釈が正当化規範となり、正当化規範としての四書五経の解釈は権力闘争と直結し恣意性を帯びることにならざるを得なかった。したがって、本来の道徳性とは乖離した道徳志向性を形成することに繋がったと考えられる。そして、「우리（ウリ）共同体」という形で形成された韓国特有の帰属意識が創りあげた競争性は、今日の韓国の政治文化の中で深く内在化しているといわれている。「우리（ウリ）共同体」は、自己の私的人間関係のネットワークによって結集され、外部の存在である「남（ナム）＝他者」に対して差別的行動様式を取り排除する傾向にある。(157) したがって、この差別・排除の構造は、「우리（ウリ）共同体」と「남（ナム）＝他者」の間で対峙する関係を形成することにより妥協点を模索する中立的態度を取ることを難しくさせ、帰属する組織である「우리（ウリ）共同体」の利権を獲得することに力を結集するという構図を作るに至ったのである。その結果、自己の利益を守るために派閥を形成することに直結せざるを得ない状況が形成されるのである。そして、韓国の政治文化における派閥の対立とは、地縁、血縁、学縁のネットワークが基礎となって形成された「우리（ウリ）共同体」と「남（ナム）＝他者」の間で、利害関係をめぐって対立する競争関係を形成し、それが社会構造の中で内在化されるようになったと理解できる。

　自らの帰属組織を結束させる政治思想として朱子学の伝統を持つ韓国の政治文化は、「우리（ウリ）共同体」の利益を獲得し維持するために、更に２つの性質を形成するようになった。その性質とは上昇志向性と権威主義的性向である。ここでいう上昇志向性とは、自らの帰属組織の利益を守るために、常に現在より高い社会的地位を獲得しようとする性格である。一方、権威主義的性向は、昔は支配者階層に限定されていた性向であったが、現代においては獲得した権力を保持するための統治手段・手法として定着したものである。さらに、民主化運動の過程を経て、上昇志向性と権力主義的性格は、進歩とよばれる政

治理念を持つ人々が新たな「우리（ウリ）共同体」を形成し、保守と呼ばれる既存の「우리（ウリ）共同体」と闘う競争関係を作るに至ったのである。いずれにしろ、両者において進歩と保守という政治的思想は異なるが、朱子学の伝統を継承する形で弁論に基づいた正当性を主張し、弁論に勝利することで自らの帰属組織である「우리（ウリ）共同体」の利権と権力の獲得・維持を図っているという事実は、韓国特有の「우리（ウリ）共同体」への帰属意識の伝統が今も継承されていることを表している。更に、民主化以降、上昇志向性と権力主義的性向は、「우리（ウリ）共同体」と呼ばれる帰属組織の構成員の中で深く浸透しているようにみえる。なぜならば、「우리（ウリ）共同体」の権威主義的性向は、中央集権的性格が強い韓国政治において、中央の権力を獲得する戦いが年々激化しているからである。既にこの点に関しては、第１章及び第２章～第３章の選挙分析の結果で詳しく述べているので参考にしてほしい。いずれにしろ、「우리（ウリ）共同体」の権威主義的性向が強いことはいうまでもない。その事実を裏付ける研究として、グレゴリー・ヘンダーソンの研究がある。

　グレゴリー・ヘンダーソンは韓国の政治社会の特徴を強い中央志向を持つ「中央へ向かう渦巻き」であると表現した。マイナスの電子が陽極に吸引されるように何物をも吸引する権力に対する強い執着が一般民衆にまで浸透した理由は、儒教では道徳と権力と富は本来三位一体であると考えられてきたからに他ならない。儒教的礼節を遵守し少しでも道徳に近づくことは富の獲得に繋がると認識されてきた。韓国社会において金銭的に裕福であることは無条件に憧れの対象なのであり、伝統的に富は権力を生み権力は富を生む社会なのである。だからこそ、韓国では受験地獄が深刻であり、現代の科挙ともいえる法曹界の登竜門である考試試験（日本における司法試験）受験生の勉強量には壮絶なものがある。科挙に人生を掛けて臨む理由は、現在も過去も科挙に合格することが全ての物を手に入れる手段に他ならないからである。この事実は韓国の後進性を示すものと評価される傾向があるが、マルセル・モースが指摘する恩顧主義が浸透した国であるという評価も可能である。すなわち、恩顧主義は

「우리（ウリ）共同体」意識と密接な関係を持つのである。

更に、G・ホフテードの研究結果からも韓国社会の権威主義的性向は裏づけられる。彼は、権力格差の小さな社会と権力格差が大きい社会を定義し、基本的な相違点として管理職の特権や地位を表すシンボルは一般的であり期待もされていると指摘するが、韓国社会に典型的に符合する事例であるといえよう。[160]権力格差の大きい社会では権威主義的な傾向を持つことは当然である。このような韓国社会に観察できる権威主義的性向および上昇志向性を示す事例は枚挙に暇がない。2人の研究者の分析からみても、韓国社会の権力を獲得しようとする帰属組織の競争性は、結果として「우리（ウリ）共同体」と呼ばれる私的ネットワークの結束力を強化し、他方では競争性、対立性、分派性を作り出したと理解できる。そして、「우리（ウリ）共同体」という帰属組織の権力を獲得する過程で生じた社会的性質こそが、権威主義的性格と上昇志向性である。この性格が今日の韓国社会の競争性の基底を形成したと理解できる。

それでは、「우리（ウリ）共同体」と呼ばれる帰属組織の表出として現われた「地域主義」においてはどのようにこの競争性が現れているのだろうか。この点を、もう少し詳しく突き詰めて検討する必要があると思われる。それでは、「우리（ウリ）共同体」という韓国特有の帰属組織が創りあげた競争性を背景に生まれた地域対立の様子を、今回の調査結果に基づき検討することにする。

2010年5月に実施した「地域主義」に関する政治意識調査の自由記述の中で記されている内容からみると、回答者の17.4％の人々が、特定の地域が発展した遠因はその地域出身者が「重要な経済産業を先行して投資し、発展できる環境を作り上げた」からと述べ、地縁に基づいた「우리（ウリ）共同体」の帰属組織が経済的利権を特定地域に配分し、地域間の競争を助長したと指摘している。具体的な地域発展の内容としては、「道路整備」と「工業団地造成」が大きな比重を占めている。[161]

更に、それだけではなく「우리（ウリ）共同体」という帰属組織の構成員を優先して登用することで帰属組織出身の人脈を形成し、人材登用において他者を差別・排除する傾向が顕著であり、その結果、他の帰属組織である「남（ナ

ム）＝他者」と対立する状況が生まれたという指摘もある。代表的な意見としては、「人材登用に関して特定地域出身者を優遇する傾向がある」という見解がある。そして、「우리（ウリ）共同体」という帰属意識に基づく人材登用は、上記で述べた差別的地域の経済発展の結果を生み出した遠因でもある。具体的な意見をみると、「力のある国会議員の地域が発展している」、「政治家の出身地を第一に発展している」、「与党の地盤である地域が発展しているから」、「特定地域出身者に権力が集中しているから」、「大統領出身地域に予算が集中しているから」などの意見が多く出されている。結局、「地域主義」の背後にある「우리（ウリ）共同体」という帰属組織出身の人材は、彼らの帰属組織の出身地域を支援することで、人脈と地縁を統合する更なる拡大した「우리（ウリ）共同体」を形成し、帰属組織内部の結束を図ったと理解できる。

　すなわち、「우리（ウリ）共同体」という帰属組織の利権を確保するために、結束を図る過程で現れた韓国人の社会的性格としての競争性は、単に一時的に利権を巡って集まる組織体とは性質が違うようにみえる。更に、「우리（ウリ）共同体」が作りだした競争性が地域の経済発展の状況を左右するという現状からみると、韓国社会の競争性は非常に深く定着していることを表している。既に、先行研究の中で不均衡な経済発展が「地域主義」の原因であるとする見解を把握したが、「우리（ウリ）共同体」という韓国特有の帰属組織の利権と権力をめぐる結束力と、その中で生まれた競争社会の構造からみると、単に経済的利権を獲得するための「地域主義」という分析は少し表面的な捉え方に偏っており、問題の本質を深く把握していないように思われる。

　結局、韓国の政治文化的特性である「우리（ウリ）共同体」という帰属組織の特徴を踏まえてみると、韓国社会の「地域主義」とは、表面的には経済的利権だけを巡る地域対立のように見えるが、突き詰めると、韓国社会の伝統的権力獲得をめぐる政治思想文化を背景に生まれた競争社会の中で現れた現象であると理解できる。

第6章　韓国政治における「地域主義」の特徴と課題

第1節　韓国の「地域主義」研究の言説と課題

(1) 地域間の経済格差と「地域主義」

　民主化以降の大統領選挙において出現した「地域主義」の原因として最も多く主張されてきたのが地域間経済格差の問題である。この仮説は地域間の不均衡な社会経済的な発展、特に嶺南地域と湖南地域間の格差問題が「地域主義」を出現させたとするものである。更に、経済格差の遠因は過去30年間の政府主導型の経済成長政策の結果であると主張する。過去に獲得してきた既得権を防衛しようとする嶺南地域の人々の思惑と、疎外と後進性に対する不満からこれを改善しようとする湖南地域の人々の願望が嶺南地域と湖南地域の葛藤を生み、1987年以降の大統領選挙及び国会議員選挙において「地域主義」という現象を出現させたと指摘する。1988年に韓国社会学会が調査した結果によると、過去の経済発展過程において嶺南地域が最も恩恵を受けていると考える人（回答者の41％）が相当数に上る反面、湖南地域が最も恩恵を受けていないと考える人（回答者の46％）も相当数に上る。嶺南地域と湖南地域の格差問題が、政府の差別的な政策に起因するものであると考える人（回答者の65％）は更に増加する。[166]

　具体的かつ実証的データからみると【図表6-1】のように、1995年時点での主要な社会経済指標をまとめたものから内容を確認できる。【図表6-1】

【図表6-1】地域別の主要経済指標（1995年）　　　　　　　　　　　（単位：％）

分野	地域				
	ソウル・京畿	忠清	嶺南	湖南	その他
人口	45	10	29	12	4
地域別総生産	46	10	30	11	4
都市化	93	68	90	66	69
第一次産業比率	5	17	10	21	17
1人当たりの所得	103	97	103	92	82
事業体数	55	6	29	6	2
総従業員数	46	8	36	6	1
付加価値	43	10	36	9	2

注）人口、地域別総生産、事業体数、総従業員数、付加価値は、全国に対する地域が占める比率。都市化と一次産業比率は、地域内における都市人口及び一次産業が占める。1人当たり所得は全国平均を100とした指数。
出所）李甲允『韓国の選挙と地域主義』1998年、44頁を用いて筆者作成。

から読み取れることは人口において湖南地域は嶺南地域の約40％に過ぎず、地域総生産に関して比較して見ると湖南地域は嶺南地域の約36％に過ぎない。また、第一次産業の全国構成比は嶺南地域が10％であり湖南地域は21％であるが、都市化の割合は嶺南地域が90％であり湖南地域は66％である。すなわち、嶺南地域は湖南地域よりも都市化・工業化が進展していることがわかる。1人当たりの所得水準も嶺南地域は湖南地域よりも30％以上高い。その他の部門においても嶺南地域と湖南地域の地域格差は明確に現れている。

　【図表6-2】は、1955年の時点での主要な社会経済指標を表にまとめたものである。【図表6-1】と【図表6-2】を比較検討すると、人口に関しては湖南地域の人口比率は24％から12％に12％減少し、忠清地域の人口比率は16％から10％に6％減少し、嶺南地域の人口比率は33％から29％に4％減少しているが、ソウル・京畿道地域の人口比率は18％から45％へ27％も増加している事実がわかる。確かに人口減少率は湖南地域が最大ではあるが、ソウル・京畿道地域以外の全ての地域で人口減少が起こり、増加しているのはソウル・京畿道地域のみであるという事実に注目すべきである。人口はソウル及びその近郊の首都圏に一極集中化しているという現実がある。

　次に、地域別総生産を比較してみると湖南地域は18％から11％に、忠清地

【図表 6 − 2】地域別の主要経済指標（1955 年）　　　　　　　　　　　（単位：%）

分野	地域				
	ソウル・京畿	忠清	嶺南	湖南	その他
人口	18	16	33	24	16
地域別総生産	37	12	26	18	7
都市化	50	7	29	14	14
第一次産業比率	20	53	38	60	40
一人当たりの所得	220	70	90	80	80
事業体数	26	18	36	14	14
総従業員数	26	13	40	13	6
付加価値	40	7	33	10	10

注）人口、地域別総生産、事業体数、総従業員数、付加価値は、全国に対する地域が占める比率。都市化と一次産業比率は、地域内における都市人口及び一次産業が占める。1 人当たり所得は全国平均を 100 とした指数。
出所）李甲允『韓国の選挙と地域主義』1998 年、44 頁を用いて筆者作成。

域は 12％から 9％に減少しているが、嶺南地域は 26％から 30％に増加しソウル・京畿道地域は 37％から 46％に増加していることがわかる。同様に、他の項目に関しても比較検討を加えると、次のような一般的事実を把握できる。第一に、過去 40 年間に最も発展した地域はソウル・京畿道地域であるという事実であり、最も発展の遅れた地域は湖南地域であるという事実である。第二に、ソウル・京畿道地域と嶺南地域は発展を遂げてはいるものの嶺南地域の発展の程度とソウル・京畿道地域の発展の程度には著しい格差があるという事実であり、凋落している地域の中での湖南地域と忠清地域及びその他の地域の凋落の程度は同程度なものであるという事実である。第三に、ソウル・京畿道地域と他の地域との格差は嶺南地域と湖南地域の間の格差と比較して極めて大きいという事実である。

　以上の結果から考察すると、仮に、地域主義的な政党間対立が地域間の社会経済的発展の格差を単純に反映したものであるとするならば、嶺南地域と湖南地域の間の対立よりはソウル・京畿道地域とその他の特定地域の間の対立がより深刻なものになるはずであり、その他の地域と嶺南地域の地域対立も深刻なものになるはずである。しかし、実際には 1987 年以降の選挙において表出した「地域主義」は嶺南地域と湖南地域の対立構図を基本的に意味する。嶺南地

【図表6-3】地域別人口比率

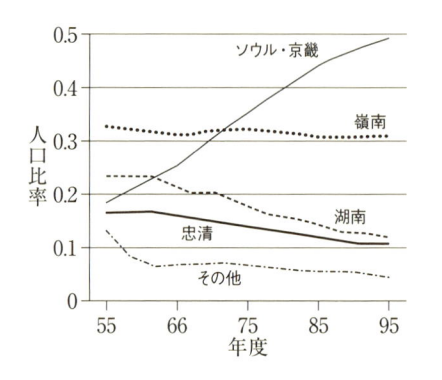

【図表6-4】地域別総生産比率

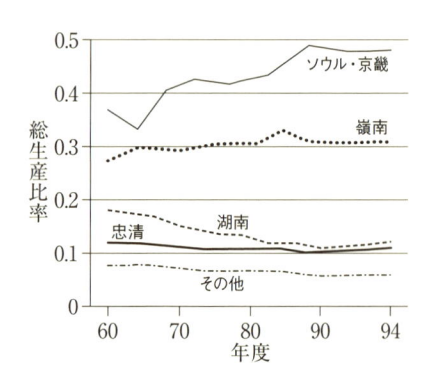

【図表6-5】地域別事業所数比率

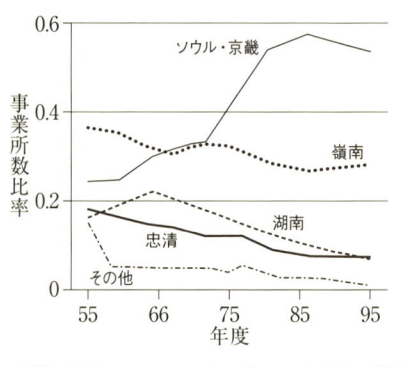

【図表6-4】地域別の付加価値比率

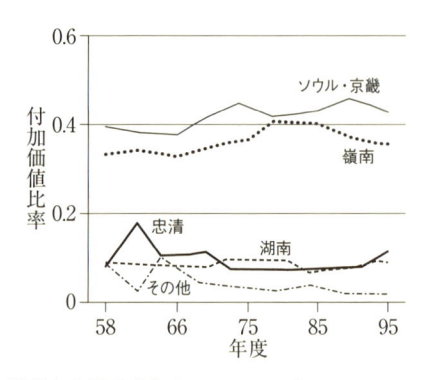

出所）図表6-3～6-6まで全て、李甲允『韓国の選挙と地域主義』オルム、1998年。

域と湖南地域の対立構図は、前述したような地域間の社会経済的な発展の格差を自動的に反映していない。

【図表6-3】～【図表6-6】は、各々地域別の人口比率、総生産量の比率、事業所数の比率、付加価値の比率に関してグラフ化したものである。地域はソウル・京畿道地域、嶺南地域、湖南地域、忠清地域、その他という分類がしてある。【図表6-3】から【図表6-6】を参照して把握できる点は、産業化過程における地域別の社会経済的格差は分野別・時期別に差異を見せているとい

う事実である。例えば、地域別総生産の比率は産業化の速度の差異に応じてその格差が大きく拡大しているが、1人当たりの生産量は農村人口の都市流入、特に忠清道の人々と湖南地域の人々の首都圏への流入に関してはそれ程大きな差異はないと考えて差し支えない。一般的に地域間の格差は時期別に格差の拡大・維持・減少などの変化を経ているが、1960年代と1970年代には格差が拡大している反面、1980年代を起点として格差が維持または減少の傾向を見せている。特に、1980年代半ば以降、大都市地域と農村地域間の所得格差は急速に減少している。地域別の社会経済的格差を議論するとき留意しなければならないことは、地域内の道別または都市と農村の間にもかなり大きな格差が存在していることである。また、1人当たりの平均所得をみても嶺南地域の平均は全国平均を上回ってはいるが、大邱の平均所得は1990年代に入って全国14市道中最も低い所得水準を示している。[167]

　このような社会経済的な格差が生じた理由は政府が傾斜的経済発展政策を採用したことにある。すなわち、政府が経済発展を促進させるために傾斜的経済発展政策を採用し、特定産業に対して金融、産業、労働力、交通、水道、電気などの分野に投資を集中させると共に、投資を特定地域に集中させた結果として直接的な経済効果が現れ、それを追うようにして民間部門の投資が促進されて地域間の経済格差が拡大するという結果が生じたと考えるべきである。

　ここで仮に、先行研究が指摘するように政府の傾斜的経済発展政策が「地域主義」の原因であったと仮定してみよう。この仮定に立脚すると、政府の政策は効率性を優先したのではなく効率性以外の理由から特定地域を集中開発地域に指定するか、または政府指導者の出身地域や縁故主義などの要因で恣意的に特定地域を選択したのではないかという疑問が生まれてくる。この点に関して、ソウル・京畿道地域が最も発展した地域になったという事実や、嶺南地域の中でも慶尚北道地域よりも慶尚南道地域がより発展しているという事実は政府指導者の縁故主義や地域覇権主義と考えるよりも政策的合理性から導かれた経済成長政策が成功した結果であると考える方が合理的な解釈である。1960年代後半からの韓国経済の急速な発展は、日韓基本条約の締結とベトナム派兵

によって外貨導入にめどが立ち制度的にも工業化の条件が整備されたことにある。経済発展の基礎的条件を備えた上で、韓国政府は第2次5ヶ年計画において輸出志向型工業化の方針を確立した。北朝鮮と対峙する特殊な政治状況の下で、どのようにして経済成長を達成するかが最重要課題であった時代背景を考慮すると、縁故主義的な地域偏重政策を採用する余裕などなかったと考える方が合理的な解釈である。

一方、筆者が独自に実施した今回の社会調査の結果において特定地域が優遇されたと思っている人の大多数が経済問題を挙げている事実は「地域主義」の原因を偏向的な経済政策に求める見解を補強する結果といえる。しかし、経済発展政策により特定地域が優遇されたり差別されたりしなかったと回答した約2割の事例が特定地域が優遇されたとは考えず、その中で地域均等に発展がなされたと考えている人が75.3％、地域の特性を生かして発展したからと回答した人が10.3％を占めている事実は、「地域主義」の発生原因を経済格差に求める見解に疑問を投げかける結果でもある。

要するに、ソウル・京畿道地域や嶺南地域が忠清地域や湖南地域に比較して発展してきた理由は、政府の意図的な政策の結果であると考えるよりも政策の合理性から導かれる必然的なものであったと考える方が合理的である可能性が高い。両地域の格差はすでに植民地時代より始まっているものであるという事実も、「地域主義」の発生原因を経済格差に求める見解に疑問を投げかける。すなわち、朝鮮総統府の地域開発政策は、地下資源が豊富な朝鮮半島北部の鉱工業を発展させることであった[168]。そして、人口が比較的集中していた朝鮮半島南部地域の産業の発展のために、ソウル・平壌・大田・大邱・釜山を5大拠点都市と定め集中開発を行った[169]。更に、朝鮮戦争の際に釜山・大邱地域は戦場になることはなく、朝鮮戦争期間中は釜山を臨時首都に定め資本・労働力・市場がこの地域に集中していたという事実も見逃してはならない。

以上のような論拠から、地域間の経済社会的発展の格差が主たる原因で「地域主義」を表出させたのであるとまでは言い切れないと考える。もちろん、地域間の経済的な格差が潜在的な地域葛藤に負の作用を及ぼしたであろうという

推測は成り立つ。しかし、そのことが主たる原因であると判断して湖南地域の異常なまでの投票行動を説明する既存の先行研究は、「地域主義」に関する捉え方が短絡であると思わざるを得ない部分がある。

しかし、「地域主義」を経済発展の格差に求める見解からは再反論が予想される。「地域主義」で問題になっているのは嶺南地域と湖南地域であるにも拘らず他の地域との経済発展格差を論及するのは議論のすり替えであるとの主張である。したがって、この反論に対する分析を行う必要がある。

【図表6－3】～【図表6－6】は1995年度までの統計資料を用いて作成されたものである。先行研究の多くは1995年度までの統計資料を用いて議論を展開しており、1995年以降の経済指標に関しての説明は十分になされていないのが現状である。しかし、「地域主義」が最も深化した事例は1992年、1997年の大統領選挙の時であり、2002年、2007年の大統領選挙においても「地域主義」は表出したと把握できる。更に、民主化以降の国会議員選挙においても深刻な「地域主義」の表出を確認できる。したがって、1995年以降の経済指標を用いた検討が不可欠であると考え、【図表6－7】～【図表6－11】を資料として準備した。

【図表6－7】～【図表6－11】は1995年以降の地域別人口、地域別総生産、地域別事業所数、地域別従業員数、地域別付加価値額を独自に調査してグラフ化したものである。

【図表6－7】は、地域別の人口推移をグラフ化したものであるが、詳細に検討して見ると首都圏への一極集中が加速している様子を読み取ることができる。1990年以降も首都圏の人口は急激に増加し、人口増加している地域は首都圏だけであり、他の地域は基本的に減少傾向にあると把握することができる。忠清道地域は2000年以降に人口が若干増加しているが首都圏の増加率とは比較にならない。忠清道地域は首都圏に隣接する地域であることから首都圏の拡大現象として把握するべき現象である。更に、近年の政治課題となっている世宗市問題の影響もあると考えられる。要するに、韓国の人口は1995年以降増加基調にあるが、人口増加分は全て首都圏の人口増加に直結していると考

【図表6-7】地域別の人口　　　　　　　　　　　　　　　　　　　（単位：千人）

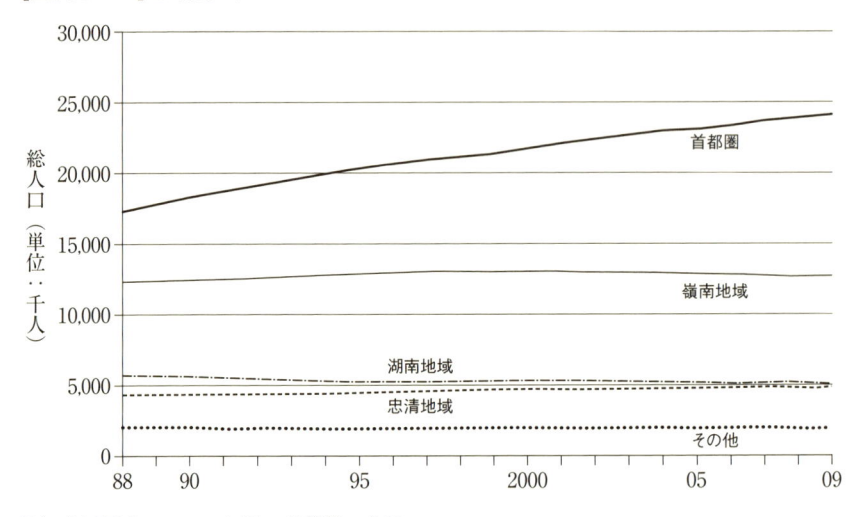

総人口（単位：千人）

首都圏
嶺南地域
湖南地域
忠清地域
その他

注）首都圏はソウル、仁川、京畿道の合計。
出所）韓国統計庁経済統計局（http://kostat.go.kr/portal/korea/index.action）。

【図表6-8】地域別の国内総生産　　　　　　　　　　　　　　　　（単位：10億ウォン）

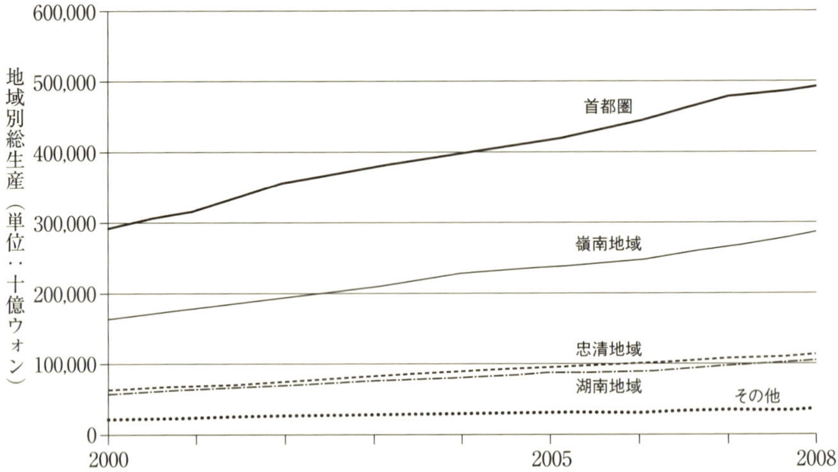

地域別総生産（単位：十億ウォン）

首都圏
嶺南地域
忠清地域
湖南地域
その他

注）首都圏はソウル、仁川、京畿道の合計。
出所）韓国統計庁経済統計局（http://kostat.go.kr/portal/korea/index.action）。

えて大きな誤りはないと考える。

【図表6－8】は地域別の国内総生産の推移をグラフ化したものである。2000年以降、地域別の国内総生産は各地域とも増加傾向にあることがわかる。特に、首都圏では2000年から2008年の間に約1.7倍も増加し首都圏における国内総生産は年率で約2％を越える経済成長を果たしている計算になる。首都圏に次いで嶺南地域でも成長の伸び率は著しく、忠清地域、湖南地域の伸び率を相当程度上回っている。要するに、韓国経済の拡大に伴い全国的に国内総生産額は伸びてはいるが、首都圏と嶺南地域の伸び率は他の地域よりも高い水準を維持していることが把握できる。【図表6－8】を検討すると、忠清道地域と湖南地域の国内総生産の絶対額も伸び率も同一であると考えて差し支えない。経済格差が「地域主義」の原因であるとするならば、忠清道地域と嶺南地域においても嶺南地域と湖南地域の間に表出するような得票率の偏在化現象が発見されなければならない。国内総生産のみで判断することは危険であるが、他の経済指標からも同様な結論を導き出すことができる。

【図表6－9】は、1993年から2008年までの資料に基づいて地域別の事業所数の推移をグラフ化したものである。事業所数は景気循環の影響を受けて増減の波を繰り返しているが、全体的には増加傾向を保っていると判断することができる。1993年から15年間に首都圏では約1.5倍に増加しているし、その他の地域でも増加傾向を保っていると判断してよいと思われる。首都圏が最高の総事業所数であることは指摘するまでもないが、湖南地域と忠清地域の事業所数は数の面からも伸び率の面からもほぼ同一の傾向を読み取ることができる。しかし、嶺南地域の事業所数は数の上からも伸び率の上からも湖南地域や忠清地域を遥かに上回っており、湖南地域と忠清地域の人々が不満を抱いても不思議は無い結果となっている。

金大中政権が発足してから以降、湖南地域のインフラ整備を重点的に行ったことにより産業が育成されたとの認識もあるが、事業所数の変化を観察する限り地域間の経済格差が縮小すると予測することは難しいと思われる。事業所数の増加は経済の活性化と深い関係を持つが、首都圏と他の地域との格差は拡大

【図表6－9】地域別の事業所数 (単位：千社)

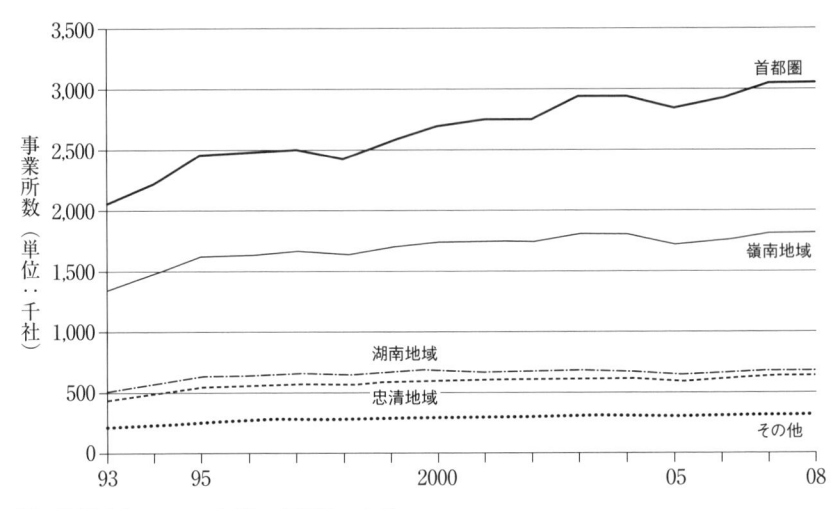

注) 首都圏はソウル、仁川、京畿道の合計。
出所) 韓国統計庁経済統計局 (http://kostat.go.kr/portal/korea/index.action)。

【図表6－10】地域別の従業員数 (単位：千人)

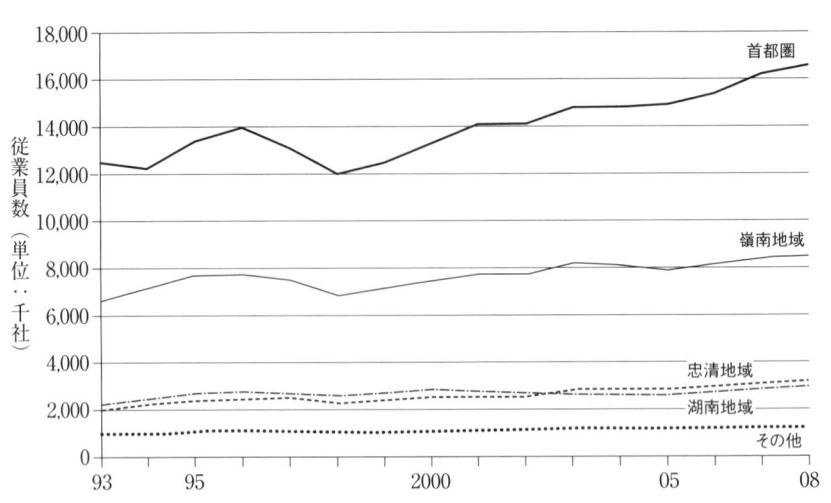

注) 首都圏はソウル、仁川、京畿道の合計。
出所) 韓国統計庁経済統計局 (http://kostat.go.kr/portal/korea/index.action)。

基調にあり、嶺南地域と首都圏との格差も確実に拡大している。更に、湖南地域と忠清道地域は同一の傾向を持ち、忠清地域と嶺南地域との間に「地域主義」が深刻化していない事実は「地域主義」の原因として経済格差以外の要素を検討するべき課題であることを示唆する。

【図表6－10】は、地域別の従業員数の推移をグラフ化したものである。地域別の従業員数の推移も景気の影響を大きく受けて年度ごとの変動が大きいが、首都圏では2000年以降は順調に増加している傾向が読み取れる。嶺南地域では1997年のIMF危機以降は増加に転じ1999年以降は微増ではあるが伸びが続いていると判断してよい。湖南地域と忠清地域は人数的にも伸び率からいっても横ばいと判断してよいと思われる。湖南地域、忠清地域と嶺南地域の格差は、1990年代前半までの傾向が変化しないで2008年まで維持されていると考えてよい。

【図表6－10】から読み取れることは、忠清道地域と湖南地域は同様に低い水準を示しているが、嶺南地域では微増傾向、首都圏では著しい拡大傾向を検

【図表6－11】地域別の付加価値額　　　　　　　　　　　　　（単位：10億ウォン）

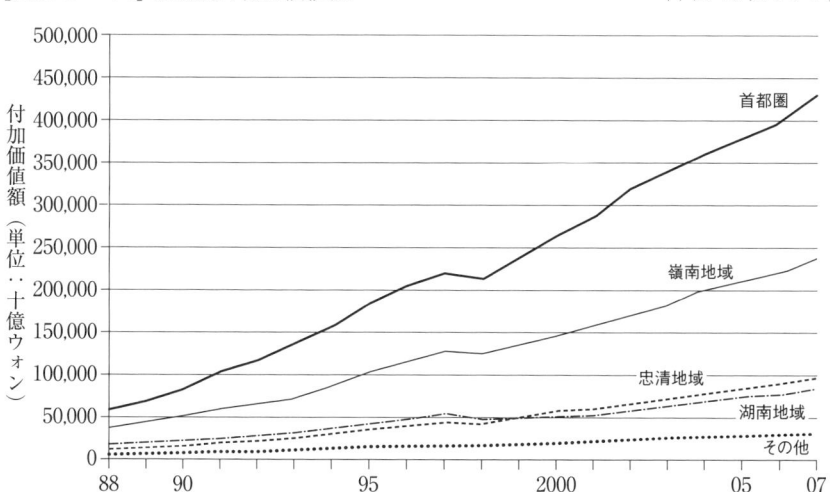

注）首都圏はソウル、仁川、京畿道の合計。
出所）韓国統計庁経済統計局（http://kostat.go.kr/portal/korea/index.action）。

出できる。忠清道地域と嶺南地域の間に極端な「地域主義」が表出していない事実は地域別の従業員数の資料からも経済的要因以外の理由の存在を示唆する。

【図表6－11】は、地域別の付加価値額の推移をグラフ化したものである。地域別の付加価値額の推移を検討すると、地域間の経済格差が拡大している様子がわかる。韓国経済の拡大に伴って全ての地域で拡大基調にあることがわかるが、伸び率は首都圏が最大であり次に嶺南地域の伸び率が大きいことがわかる。したがって、地域別の付加価値額に関しては民主化以降に格差が拡大している様子をグラフから読み取ることができる。

【図表6－3】～【図表6－6】と【図表6－7】～【図表6－11】の経済資料を比較検討する時、結論的にいえることは経済の地域間格差は縮小するよりは拡大していると考える方が実情に適合している。金大中政権以来、忠清地域、湖南地域の経済発展を促す政策を採ってきた効果もあり着実に忠清地域と湖南地域の経済が拡大している様子は理解できるが、それ以上に首都圏と嶺南地域の経済成長は著しく地域格差解消には程遠いというのが現実である。したがって、「地域主義」の原因を経済格差に求める見解は非常に説得力を持つ見解であるといえる。しかし、多くの先行研究が1995年までの資料に基づいて分析を加えているために、「地域主義」の実態との乖離が生じていることに対する合理的な説明が求められる。

すなわち、経済格差が「地域主義」の本質的な原因であるとするならば以下の4点に関する合理的な説明が用意されなければならない。第一、地域発展が湖南地域と同様な様相を示す忠清地域と嶺南地域の地域対立はなぜ生じないのか。第二、経済格差は拡大していると考えられるにも拘らず第15代大統領選挙、第16代大統領選挙、第17代大統領選挙と大統領選挙の度に光州広域市、全羅北道、全羅南道での得票率はなぜ一貫して低下しているのか。第三、仮に湖南地域の経済発展が促され嶺南地域との経済格差が縮小したときに「地域主義」は弱化するといえるのか。すなわち、この疑問は湖南地域の経済発展が嶺南地域や他の地域の反発を招くことはないのかという問題とも関係することで

ある。第四、大統領選挙と国会議員選挙結果とを合理的に整合性を持って説明することは果たして可能か。

(2) 歴史的な地域葛藤と「地域主義」

　湖南地域の人々と嶺南地域の人々の間に存在する競争意識、湖南地域以外の地域の人々が湖南地域の人々に対して持っている差別意識を説明するために地域葛藤や偏見を歴史的な産物であるとして説明する研究がある。[170]「地域主義」の源流を三国時代に求める見解もあるが、百済の中心地が現在の湖南地域ではないことから後三国時代に源流を求め、高麗太祖の『訓要十條』の第八條に以下のように記述されていることに注目している。[171]

　　『訓要十條』[172]
　　車峴：車嶺山脈以南と公州江の外は山形と地勢の並びは背逆になっており、人心もまた、同様である。そこの州郡の人が王政に参加し王侯国戚と婚姻し国政を執るようになれば、或いは国家を変乱し、或いは統合した怨恨を抱き、挙動する道を犯し、乱を起こすことになる。さらに、以前、官寺の奴婢、津澤の雑尺に属していた輩が、或いは権勢に取り付かれて背信し、或いは王侯宮院に取り付き、言葉巧みに権勢を弄び政事を危うくし、政変を起こす者が必ずいるのである。たとえ良民であっても、絶対に官吏の地位を与えるようなことはしてならぬ。（日本語訳は筆者）

　車嶺以南公州の外とは、現在の錦江以南の地域のことであり全羅道地域と忠清南道の一部地域を指す。この地域は地理的形勢が背逆の相であるので、人心もまた同様に謀反を起こす傾向を持っている。この地方の人が政治に参加したり王侯貴族と結婚して国政に関与するようになると国家に対する反乱を起こすようになるので、たとえ良民であっても官吏に登用など絶対にしてはいけないと述べている。この文章には強い風水思想の影響が観察でき、高麗の太祖王建

は風水思想を道詵から学んだとされている。道詵は韓国風水思想の元祖であるとされており、新羅末期に伝来した禅宗系統の僧侶で全羅南道の玉龍寺で禅門を開いていた人物である。『訓要十條』の第二條において寺院の建立に関しては道詵の推薦に従って建立する他は禁止するとしていることから、王建が道詵を非常に信頼していた様子を確認できる。[173]

『訓要十條』の第八條の文章からは王建が湖南地域に対して強い警戒心を持っていたことが読み取れる。しかし、このような歴史的な人事差別は当時の政治エリートに関してのみ妥当性を有するのであって、一般庶民の間では別世界のことであったであろうことは想像に難くない。民主主義国家における選挙投票行動は合理性を持った一般大衆の行動であって、歴史的に形成された地域差別感情が現在まで残存し直接的に影響を与えるとは考えられない。したがって、このような歴史的資料だけから「地域主義」を説明することは合理性がない。しかし、地域の人々の深層心理の中に二次的記憶として被差別意識が形成されてきた要因であることを否定まではできない。更に、『訓要十條』には政治的意図を感じるとの見解もある。[174] また、『訓要十條』は太祖が親授したものではなく、後世において捏造されたものであるという見解もある。[175] 官吏登用上の差別は、朝鮮王朝時代にも存在したが、朝鮮王朝時代に最も差別を受けたのは咸鏡道・平安道・黄海道などの朝鮮半島北部地域であったという指摘もある。[176] 朝鮮王朝時代に見られる地域的な偏見は、湖南地域の人々の性格に由来するものか、または、風俗的な側面における偏見であった。このような湖南地域の人々に対する否定的な評価は朝鮮王朝時代末期には庶民の間にある程度浸透していたと考えられる。[177]

また、統一新羅時代に嶺南勢力が朝鮮半島全体を支配していた事実から、1000年間続く嶺南支配構造に着目して湖南地域は周辺勢力であり常に支配対象でしかなかったという事実を根拠に地域偏見を説明する見解もある。[178] その見解によると、支配地域の中でも生産力に富む湖南地域に対する反逆への警戒心が偏見を醸成したのであるとしている。

一般的に、偏見というものは家庭環境、学校、友人などを通して社会化され

習得されていくのである。このような偏見は比較的幼いころに形成され、持続され固定化される過程を経て人間の深層心理の中に組み込まれていく。湖南地域の人々が偏見の対象となる特別な理由がない状況の下では、湖南地域の人々に対する湖南地域以外の人々の偏見は朝鮮王朝時代後期より続く地域間の人々の固定観念のためであって、偏見という根拠のない非科学的な迷信が社会化される過程で人間の深層に蓄積され、それがある契機によって表出する可能性がある。人間は深層心理の中に偏見を内在化し、偏見を持っているからこそ個性が生じる。自己と他者は異なるのであるという自我の意識は必然的に偏見を内包している。したがって、この見解が提供する視角は決して軽視されるべきではないが、地域間の偏見や固定観念という理由だけで極端なまでの「地域主義」の表出を説明するには無理がある。

(3) 偏在的な人材登用と「地域主義」

　前記の2つの見解に続いて主張されているのがこの見解であり、権威主義政権下において閉鎖的・恣意的に政治社会エリートの人材登用が行われた結果、「地域主義」が表出したと主張する。この見解は1961年の5・16軍事革命以降、慶尚道出身者が政権を担っていたため、嶺南地域の出身者が優遇された一方で、湖南地域の出身者は冷遇されたと指摘し、ただ単に政治闘争からくる人事構成の地域的な不均衡だけでなく、権力を通して社会経済的な格差をも招来したのであると論じている[179]。

　【図表6-12】は、政治社会的なエリート層を各時代別に地域別比率を整理したものである。国会議員、最高裁判所判事、行政部高官、国営企業・言論界・大企業の経営者などの社会的指導者の出身地域を比較して見ると地域間の格差が歴然と存在する事実がわかる。全国区の国会議員の場合、嶺南地域出身は湖南地域出身よりも2倍であるだけでなく人口比率より遥かに高い数値を示している。人材登用に当たっての嶺南地域出身者に対する偏重は高級官僚や重要閣僚の場合には格差がより拡大する。第5共和国以降は長官・次官の40％以上、

【図表6－12】政治社会的エリートの地域別比率　　　　　　　　　　　　　　（単位：％）

分野		出身地域							合計
		ソウル・京畿	江原	忠清	湖南	慶北	慶南	以北	
全国区議員	維新政友会	21.7	5.4	10.4	12.2	17.2	8.6	24.4	99.9
	第11代	22.6	2.2	12.9	14.0	23.7	16.1	8.6	100.1
	第12代	25.0	3.3	12.0	18.5	17.4	20.7	3.3	100.2
	第13代	13.5	4.1	8.1	25.7	21.6	17.6	9.5	100.1
	第14代	14.5	6.5	16.1	21.0	24.2	14.5	3.2	100.0
	第15代	30.4	2.2	10.9	21.7	17.4	8.7	8.7	100.0
行政部長官・次官	第3共和国	18.5	4.5	14.3	11.3	13.4	14.0	24.1	100.1
	第4共和国	13.4	9.5	14.7	12.9	18.5	16.4	14.7	100.1
	第5共和国	14.6	4.2	8.3	6.3	33.3	22.9	10.4	100.0
	盧泰愚	17.3	4.5	12.4	12.0	24.4	21.4	7.9	99.9
	金泳三	17.6	1.5	18.0	15.1	18.0	22.9	6.8	99.9
安保関係部署長	第3共和国	15.0	0.0	25.0	10.0	15.0	20.0	15.0	100.0
	第4共和国	12.9	6.5	9.7	6.5	29.0	25.8	9.7	100.1
	第5共和国	14.6	4.2	8.3	6.3	33.3	22.9	10.4	100.0
	盧泰愚	5.4	0.0	21.6	0.0	35.1	27.0	10.8	99.9
	金泳三	9.5	4.8	4.8	0.0	33.3	47.6	0.0	100.0
最高裁判事（大法官）	第3共和国	13.3	0.0	13.3	20.0	0.0	20.0	33.3	99.9
	第4共和国	0.0	0.0	27.3	9.1	18.2	27.3	18.2	100.1
	第5共和国	19.2	0.0	19.2	19.2	23.1	15.4	3.8	99.9
	盧泰愚	18.8	6.3	12.5	25.0	12.5	18.8	6.3	100.2
	金泳三	40.0	0.0	0.0	30.0	20.0	10.0	0.0	100.0
国営企業体の長	1988	36.8	0.0	13.2	0.0	34.2	13.2	2.6	100.0
	1991	23.2	7.1	17.9	7.1	28.6	10.7	5.4	100.0
	1993	19.7	6.6	23.0	8.2	21.3	21.3	0.0	100.0
	1995	25.4	6.8	13.6	6.8	27.1	18.6	1.7	100.0
財閥の総帥	1970	11.1	0.0	2.2	0.0	33.3	11.1	22.2	99.9
	1980	23.8	4.8	7.9	3.2	12.7	22.2	25.4	100.0
	1988	27.6	3.4	6.9	3.4	20.7	24.1	13.8	99.9
	1994	30.0	6.7	10.0	3.3	10.0	30.0	10.0	100.0
言論会社代表	1968	18.5	0.0	11.1	11.1	22.2	11.1	25.9	99.9
	1978	28.6	4.8	4.8	14.3	9.5	14.3	23.8	100.1
	1988	30.0	0.0	15.0	0.0	15.0	20.0	20.0	100.0
	1995	47.6	9.5	9.5	9.5	9.5	9.5	4.8	99.9

注）以北と表記してあるのは、現在の北朝鮮に含まれる地域の出身者であるという意味である。
出所）李甲允『韓国の選挙と地域主義』1998年、56頁を筆者が修正のうえ使用。

安全保障関連の重要ポスト（青瓦台秘書室長、安企部部長、内務長官、検察総長、治安本部長など）の60％が嶺南地域出身者である。このような人事の偏重現象は維新体制と第5共和国を経て第6共和国に至りさらに強化されている。

　しかし、安全保障関連のポストの場合、国を超え時代を超えていかなる政権であっても自分の側近を任命するのが常識であって特に韓国だけの特徴であるとはいえない。日本の政権政党の場合も総理大臣と同じ派閥か、または自分の信頼できる人物の中から官房長官や秘書官などの側近を任命するのが普通である。確かに、長官・次官人事における湖南地域出身者は人口比率を考えても低い水準にあるが、他の地域と比較すると特別に低い水準とはいえず、湖南地域出身者が特に疎外されているとは結論づけられない。しかし、第6共和国における国営企業体の経営者の場合は大きな違いを見せ、1995年のデータでは嶺南地域出身者は45.7％であり湖南地域出身者は6.8％に過ぎない。大西裕は同じデータの分析を通して権威主義政権時代には湖南地域出身者が特別に冷遇されていると判断できないとし、嶺南地域出身者が優遇されている程度が強くなるのは第5共和国以降であり縁故主義的な人事の横行は民主化以降の現象を考えたほうがいいように思われると説明している。[180] また、司法分野に関しては異なる傾向がある。【図表6－12】によると、大法官の場合は第6共和国時代の嶺南地域出身者と湖南地域出身者の比率はほぼ同一である。大法官の場合は司法考試という資格試験を経なければならない特殊事情から政治的任用と関連性が薄いことが理由として考えられる。[181]

　権威主義政権時代と民主化以降の人事偏重現象を確認する目的で、歴代政権別に行政エリートの出身地域を調査し整理したものが【図表6－13】である。行政エリートの出身地域を比較して見ると、どの政権であっても慶尚道出身者が全羅道出身者を上回っている。また、忠清道出身者と全羅道出身者の人数はほぼ同じと見てよい。したがって、人数の上では他の地域よりも慶尚道出身者が人事の上で優先的に採用されたことを示唆している。すなわち、慶尚道の出身者は優遇されたといえるが、全羅道の出身者が特別に冷遇されてはいない。

【図表6－13】歴代政権別の行政エリートの出身地域　　　　　　　　　　（単位：人）

区分	李承晩	朴正熙	朴正熙	全斗煥	盧泰愚	金泳三	金大中	計
ソウル	59	38	11	29	24	38	13	212
京畿道	35	20	6	18	20	23	17	139
江原道	16	9	16	7	11	7	7	73
忠清北道	12	12	4	9	12	18	10	77
忠清南道	31	25	18	19	22	27	18	171
全羅北道	12	16	4	13	13	18	12	88
全羅南道	1	22	15	14	17	24	27	120
慶尚北道	22	41	29	61	52	54	23	284
慶尚南道	24	48	18	42	57	67	19	275
済州道	1	8	2	0	2	1	2	16
以北	51	92	22	20	19	14	9	227
外国	0	0	0	0	1	1	7	9
小計	264	342	145	232	252	292	164	1,691
資料不詳	14	4	2	2	0	1	0	23

注）行政エリートは国務総理、各機関長、行政部長官、次官級、局長級の人数の合計。
出所）連合ニュース（http://www.yonhapneews.co.kr/）、中央日報（http://www.joins.com）、東亜日報ホームページ（http://www.donga.com/）の人物情報を用いてマクロゲイト社が調査。

　特に、民主化以降の盧泰愚政権、金泳三政権時代の慶尚道に対する優遇は極端であるといってよい。金大中政権時代になり慶尚道優遇傾向は緩和され全羅道や忠清道出身者の割合が増加している。金大中政権の時代には全羅道が優遇されたとの主張を慶尚道の人々が繰り広げることがあるが、慶尚道優遇を緩和したと評価する方が合理的であろう。

　更に、政治社会的な人材登用に関する格差の原因を李甲允は次のように分類している。[182]第一の見解は、地域間の不均衡な社会経済的発展に起因するとする。例えば、ソウル・京畿地域と嶺南地域は産業化・都市化・交通・教育などの面で発展しているので、相対的に遅れている地域と比較して自己発展の契機を獲得しやすい。その結果として社会的エリートの人事配置に差異が生じたと説明する。第二の見解は、権威主義政権時代の指導者層が自己の地域出身の人材を優遇した偏向的な人事政策が原因であると考える。その理由として、第4、第5共和国時代において、嶺南地域出身者の比率が他の地域出身者の比率より政治社会的な人材登用に関して急激な伸長を見せていることを根拠とする。第

三の見解は、政権の地域的性格に起因して地域偏重現象が生じたのであると考える。すなわち、第6共和国以降、嶺南地域から圧倒的な支持を受けた嶺南地域中心の政府であったがために嶺南地域出身者を優遇したのであると説明するのである。第四の見解は、社会的な距離感が原因であると主張する。この根拠として、人事権を持っている個人の主観的判断の中に湖南地域の人々に対する否定的感情が作用し湖南地域以外の人々に比較して不利な結果をもたらしたことを指摘している。

　この分類の中では、指導者層の縁故主義が原因であるとする第二の説が一番妥当性を持つと考える。しかし、人事の地域的偏重が著しくても、その事実はその後の統計的な結果から説明されるに過ぎず、人事の地域的偏重が行われていた当時に嶺南地域であれ湖南地域であれ、またその他の地域であれ、一般庶民が人事の地域偏重をどれ程理解していたかは極めて疑問である。湖南地域の人々が自分たちは疎外されているという漠然とした感覚は持ちえても、その事実認識が一般大衆にまで浸透し、それが直接的原因で極端ともいえる投票行動に直結するとは思えない。

　更に、【図表6－13】を詳細に検討する時に、偏在的な人材登用を「地域主義」の直接原因であるとする見解は妥当性がないことを示唆する。歴代政権において慶尚道出身者だけが優遇されていることは事実であるが、全羅道出身者が著しく冷遇されている事実はない。例えば、行政エリートの中で全羅道出身者の人数と忠清道出身者の人数に大きな格差が存在するわけではない。嶺南地域が優遇されていることに対する反発が影響を与えているとするならば、忠清道地域と嶺南地域の間には強い地域対立が検出されなければならない。しかし、民主化以降の大統領選挙において忠清道地域と嶺南地域の間に地域対立は検出できない。すなわち、偏在的な人材登用が存在したことは事実として認めてよいが、嶺南地域が優遇されている事実はあっても湖南地域が特に冷遇されている事実はないのである。

　したがって、偏在的な人材登用を「地域主義」の直接原因であるとするには無理があり、光州や全羅道の金大中に対する95％以上もの得票率を、偏在

的人材登用から説明することは不可能である。複数の有力候補者が存在していながら、特定候補が95％以上もの得票を獲得することは奇跡的な状況であり、表面的な理由で根拠づけるのは不適当である。相手候補の全てが泡沫候補であり特定候補の経歴や人柄などの個人的素養が特に優越しているというような極めて特殊な条件下であっても、このような現象が出現するかは疑問である。「地域主義」は特殊な現象であることを前提に据えるべきであると考える。以上のような論拠から、権威主義政権下における閉鎖的・恣意的な政治社会における人材登用が原因であるという既存の「地域主義」と関連する先行研究の主張には疑問が生じる。

第2節　統治制度と「地域主義」
—— 法制度的要因分析の視点を踏まえて ——

　1987年に実施された第9次憲法改正により、韓国国民は直接選挙により大統領を選出するという悲願を達成した。この憲法改正は同年6月の6・29民主化宣言に端を発するものであり、国民の長年にわたる民主化への努力の結晶と評価できるものである。韓国は日本の植民地統治下から解放された後、1948年7月17日に公布された大韓民国憲法から40年間に9回もの改正を経験した。憲法は国家を構成する国民の社会契約であり国家の最高規範である。また、憲法は国家の根本規範であり最も高い法的安定性を求められるものである。したがって、憲法改正には一般の法律改正よりも高い障壁を設けている国家が多いことは法的安定性が重要であることを物語っている。憲法学では制定された憲法典に他の成文法に優る権威を認め、通常の法律に比べて特に慎重な改正手続を必要とする憲法を硬性憲法と呼んでいる。この定義に従うと大韓民国憲法は硬性憲法であると評価できる。[183]

　憲法は国家のあり方・運営に関する根本規範であるが、同時に憲法は社会の政治的・社会経済的・文化的な関係によって規定される。しかし、政治社会は

常に変動しているが故に、生物同様に不断の変化を免れず、憲法自体も一種の有機体的な性質を持つことは避けられない。このことは基本的に憲法典にも妥当する。憲法典は制定時における政治的・社会経済的・文化的諸勢力間の妥協・調整による決断を基盤に、国政のあり方を一定の理想・価値観の下に、将来に向けて枠づけ・固定化しようとして制定されるものである。しかし、憲法制定時の諸勢力相互の関係は時の流れと共に変化し理想や価値観さえも変容していくのが常である。このような変化・変容は、憲法典のあり方自体にも投影されることは止むを得ない。[184]

憲法の変動が不可避的なことであったとしても、韓国における憲法改正の頻度は比較的高いといえるが、諸外国と比較して改正の頻度が極端に高いとは評価できない。[185]大韓民国憲法の場合、第3次憲法改正と第9次憲法改正を除外し、その他の改憲は主要な改正点が統治機構と選挙制度に関するものであり国民の基本的人権の拡充に資するものではなかったことに改正の最大の特徴がある。更に、諸外国の事例を参照すると、韓国のように統治制度が頻繁に改変されている例は確認することができない。[186]韓国憲法改正の歴史を辿るとき、憲法改正が権力者の恣意的な動機に起因したものである事実が見えてくる。この問題に関連して、1971年12月に制定された国家保衛に関する特別措置法の合憲性が争われた事案では、憲法裁判所が国家保衛に関する特別措置法は超法規的な国家緊急権を大統領に付与しているという点で、憲法を否定し破壊する反立憲主義、反法治主義の違憲の法律であると明確に憲法違反であることに言及している1994年6月30日の憲法裁判所決定が注目される。[187]近代的立憲主義の観点から違憲性を指摘していることは画期的であり、この決定は形式的な立憲主義から実質的な立憲主義への脱皮を意味しているといえる。

元来、韓国における憲法学はドイツの憲法理論を受け継ぐ形で発展した。しかし、韓国の経験した歴史は韓国憲法の新たな特徴を生み出したといえる。その特徴とは、民主主義が極めて重要な価値を持っているという点である。その理由は、韓国においては民主主義と立憲主義が同時に成立したために立憲主義の議論が民主主義の陰に隠れてしまっているからである。この特徴は韓国にお

いて民主主義に関する文献が多いにも拘らず立憲主義に関する文献がほとんど見当たらないという事実からも推察できる。立憲主義に関して金哲洙は、近代立憲主義の内容として基本権保障主義・国民主権の原則・権力分立の原則・成文憲法の原則・硬性憲法の原則の５つをその基本要素として指摘している。また、權寧星は近代立憲主義憲法は①国家意思を全般的・最終的に決定することができる最高権力である主権を国民が保有するという主権在民の原理、②個人の自由と私有財産権等を中心とする基本権の保障、③国民の自由と権利を制限するためには議会が制定した法律に根拠がなければならず執行と司法も法律に依拠して行使されなければならないという法治主義、④主権者たる国民が直接に国家意思や国家政策を決定するのではなく代表機関を選出して代議機関をして国民の代わりに国家意思等を決定させる代議制の原理、⑤国家作用を立法・執行・司法作用に分割してこれらの作用をそれぞれ分離・独立させ別個の機関に担当させることによって国家機関相互間に抑制と均衡を維持させる権力分立の原理、⑥憲法を成文化しなくてはならないという成文憲法主義などを基本原理としたと述べている。しかし、どちらの理解も立憲主義の実質的な機能である基本的人権の尊重という観点が欠如している。すなわち、戦前の日本やドイツと同様に形式的法治主義の域を脱していないといえる。

　第１章では韓国の憲法改正の歴史的経過を辿ることにより韓国における憲法改正の特異性を指摘した。韓国における憲法改正の変遷史を概観する時に権力者の恣意的な意図によって憲法改正が実施されてきた歴史的事実が浮かび上がり、権力者の意図の実現として統治機構と選挙制度の改正が主たる改正点であったという事実が明らかになった。統治機構は国民の基本的人権を担保する機能を担うものでなければならず、統治機構の変革は国民の基本的人権の保障に重大な影響を及ぼすものであるから国民各層の議論と合意を要求する。更に、選挙は国民主権という民主主義の基本原理を実践する過程であり最も重要な国民の政治参加制度であるので、統治機構や選挙制度の変革を伴う憲法改正を実施するに際しては、国民の基本的人権を阻害することのないように最大限の配慮がなされなければならないことはいうまでもない。このような観点から検討

を加えると、韓国における憲法改正は主権者たる国民の基本的人権を確保するという本来の憲法の目的を逸脱した権力者の恣意的な動機に基づいて繰り返されてきたと評価せざるを得ない。しかし、第3次憲法改正（第2共和国憲法）と第9次憲法改正（第6共和国憲法）は、国民の権力に対する抵抗の勝利という評価も可能であり、このことは韓国人が社会的性格として持っている抵抗性の表出と考えられる。

　1948年に制定された制憲憲法である第1共和国憲法以来、1960年の4・19学生革命により成立した第2共和国憲法の一時期に議院内閣制が採用されたことを除くと、韓国憲法は統治形態として一貫して大統領制を採用してきた。1987年までの約40年間に9回もの憲法改正を経験し第9次の憲法改正である第6共和国憲法のみが国民の意見を反映した唯一の憲法であると評価できるものである。換言するならば、第6共和国憲法において初めて韓国国民は近代立憲主義的な意味における憲法を獲得したともいえる。ただし、憲法改正も政治社会の変動に伴い憲法も変化を免れることはできず、憲法典自体も一種の有機体的な性質を持つことは避けられない。憲法改正は国政のあり方を一定の理想・価値観の下に、将来に向けて枠づけ・固定化しようとして実施されるものであるから、その時点における政治的・社会経済的・文化的諸勢力間の妥協の産物であるという側面を否定できない。同時に第6共和国憲法は、韓国の憲法史上初めて与野党の妥協と国民的協議によって行われた憲法改正であると一般に評価されているが、与野党の妥協や国民的協議は憲法が持つ宿命の一断面に過ぎない。そう考えると、真に評価されるべきは権力者の恣意的な動機を封じ込めた国民の強固な意思にこそ求められるべきである。すなわち、憲法改正の議論において重要なことは、権力者の恣意をいかにして封じ込め、国民の基本的人権を確保・拡充する制度をもまたいかにして構築するかにある。権力は常に濫用の危険性を内包しているので、権力の濫用を防ぎ個人の権利や自由を確保するためにこそ立憲主義憲法は機能するからに他ならない。現行憲法は、1987年の6・29民主化宣言を受けて改正されたため、民主化勢力と旧政治勢力との妥協の産物であり過渡的なものであるといえる。しかし、韓国国民の民

主化への熱意が第6共和国憲法誕生の原動力であったことを過小評価してはならない。

　現行憲法は統治形態として大統領制を中心としつつ、古典的な大統領制の礎であるアメリカ型の大統領制には見られないいくつかの異質的制度を導入して独特な政府形態を構成している。[191]憲法上の韓国大統領制度を概観すると、大統領は行政府の首班としての側面と国家元首としての側面を有しており（憲法第66条第1項及び第4項）、非常に強大な権限を持っている。行政府の首班としての機能としては、国務総理、国務委員（日本の国務大臣に相当）・行政各部長官（日本の各省大臣に相当）の任命権などである。一方、国家元首の側面としては立法府である国会に対して法案の拒否権や大統領令の制定権を持っており、司法府のうち最高裁判所長官に当たる大法院長の任命権や憲法裁判所裁判長の任命権を持っている。

　現行憲法は大統領制と議院内閣制の融合形態を採用した制度であるとみなすことができるが、大統領の権限が非常に強大である点に特徴を持っている。大統領に権限が集中している現実は政治勢力が二極化し対立する構図に集約される。二極化の構図は英国の保守党と労働党の歴史的対立に象徴されるように特定階層やイデオロギーを代表する二大政党制を予定するものである。しかし、1987年以降の韓国政治は分裂と合従連衡を繰り返し、健全な二大政党制の構築には程遠いというのが現実である。分裂と合従連衡は権力闘争と表裏一体であり一盧三金と俗称される指導者たちの権力争い以外の何物でもない。権力闘争は手段を選ばないというのが現実政治の実際であり、歴史的な地域葛藤の存在を土台として大統領制という制度的要因が対立を激化させ「地域主義」の強化に繋がってきたと考えられる。韓国において強力な権限を持つ大統領制が採用されてきた理由を南北対峙という現実に求める場合があり、国家危急の際には強力なリーダーシップが必要であると説明される。しかし、韓国憲法の変遷史を辿る時に別の側面が表出してくるのである。制憲憲法制定過程において当初は議院内閣制を予定していたが李承晩の強い反対で大統領制が採用されることになった。その後も独裁体制を継続するために北朝鮮問題を口実として利用

し、大統領制を維持してきた事実は権力者の権威主義的傾向を裏づけるものである。

更に、韓国の政党の実態にも「地域主義」の遠因を求めることができる。過去の研究から政党の機能と役割について、政策を立案すること、政治家を育成すること、政府を組織すること、国民に対する政治教育などが指摘されてきた[192]。本来的には政策を共有する集団であるべき政党がカリスマ性を持つ政治指導者の私的政党として存在し、地域政党の性格を強く持ち続けてきたことも「地域主義」と無関係ではない。「地域主義」は1970年代の朴正熙政権時代から表出し1987年の民主化以降強化されてきたという評価が一般的である。民主化以降の第6共和国に至って、多党化現象が出現した理由を分断体制の変容に伴う「地域主義」の顕在化であるとする見解がある[193]。しかし、多党化現象を分断体制の変容や価値観の多様化と直結して考えるのは早計であり、政治指導者の権力追及に由来する政治闘争の結果であると理解するべきである。

民主主義の破壊ともいえる権力者の横暴は、国民の民主主義への理解が不足していたこととも大いに関係がある。しかし、憲法改正の国民投票において国民の過半数が賛成し改正が実現した現実にも目を向ける必要がある。憲法改正における国民の意思を検討することにより韓国人が持つ権威主義的性向を抽出することが可能である。例えば、第1次憲法改正は、反対派が多数を占める国会において国会議員の間接選挙という形で大統領選挙が実施されれば李承晩が大統領に選出される可能性はないという状況を打開するために実施されたものである。この改正は与野党の提出した憲法改正案から双方の主張を取り入れた改正案を新たに作り制定されたものとされているが、国会議員を国会に軟禁するなど国家の暴力装置を利用した強権的な手段を用いた強引な手法で成立させたものである。第1次改正憲法の規定に基づいて1952年8月5日に国民による直接選挙によって大統領選挙が実施され、李承晩が投票総数の73％を獲得して第2代大統領に当選した。国会議員の多数が反対している中で、李承晩が高い得票率を確保できた理由として①朝鮮戦争が継続していたこと、②現役の大統領としての有利性、③国民の民主主義に対する理解不足、④選挙に対する

干渉などの理由が考えられる。不正選挙などのバイアスを除外しても全国民の代表である国会議員の大多数が反対する状況下で李承晩が大統領に当選できた理由は、李承晩のカリスマ性と韓国人の権威主義的性向に原因を求めることができる。更に、国家の存亡を掛けた朝鮮戦争への危機意識は共同体意識を活性化させ李承晩への支持を拡大したと考えられる。

　第5次憲法改正における国民投票の結果も貴重な分析素材を提供してくれる。たとえば5・16軍事革命に始まる36年間の軍人支配体制は民族の伝統であった文民統治の原則を覆すものであったとの評価も可能である。韓国は文民統治の原則を民族の誇りとし軍人の支配を国家の堕落とみなしてきた。しかし、5・16軍事革命は儒学的思考回路に起因する「理（道徳性）」に優れた君主が民衆を指導し統治するという文民統治原則の転換を意味するわけではない。1962年12月17日に実施された第5次憲法改正における国民投票で朴正熙政権の提案した憲法改正案に約80％の国民が賛成した事実は民政移行を望む国民の意思として理解されるべきである。朴正熙が民主共和党の大統領候補に選ばれると民政移行の公約に反するとして強い反対に遭遇し朴正熙は軍を退役し民間人として大統領選挙に臨まざるを得なかった。すなわち、「理」に反する行動に対しては、韓国人は強い抵抗性を示すのである。4・19学生革命や権威主義政権時代の民主化要求運動も韓国人の社会的性格である抵抗性の表出であると考えられる。国民大衆が共同体意識を共有し共通の敵である権力者側に抵抗性を示すことは「우리（ウリ）共同体」意識の反作用としての帰結である。

　2000年に実施されたアジアバロメーター調査の結果は「地域主義」の表出の原因として制度的な側面を無視できないことを示している。[194]【図表6－14】はアジアバロメーター調査において、官民の制度に対する韓国市民の信頼度を調べた結果を図表に整理したものである。

　【図表6－14】から韓国人の官民の制度に対する信頼度は、58.6％の信頼を得た軍隊を除いて他の国と比較して相対的に低い水準を示し、国会、政府に対する信頼度はそれぞれ10.7％、22.3％という極端に低い数値を示していること

【図表6－14】官民の制度に対する韓国市民の信頼度　(単位：%)

		信頼度
公的制度	軍隊	58.6
	法制度	42.6
	警察	41.4
	地方自治体	25.9
	政府	22.3
	国会	10.7
民間制度	NGO（非政府組織）	58.6
	宗教団体	57.9
	マスコミ	57.1
	労働組合	46.4
	国内の大企業	38.3
	国内で営業している多国籍企業	37.5

出所）アジアバロメーター調査結果。猪口孝他編著『アジアバロメーター（都市部の価値観と生活スタイル）』明石書店、2005年、67頁を用いて筆者作成。

がわかる。国民の代表で構成される国会に対する信頼感の低さは民主主義の定着にとって憂慮すべき現象である。しかし、民間部門の制度全体を概観すると信頼度にばらつきはあるものの公的制度よりは民間の制度に関して比較的高い信頼度を示している。このことは、信頼度の低さが韓国社会全体に関わる一般的な問題ではなく政府と政治制度に限定された問題であることを示唆している。更に、軍隊に対して58.6％、警察に対して41.4％という最大級の信頼を寄せていることからも韓国社会は階層性の強い組織に信頼感を寄せる傾向にあることがわかる。アジアバロメーター調査の結果は、韓国人は代表民主主義制度に対する信頼度が低く、階層性の強い権威主義的な制度に信頼を寄せる傾向を推測させるものである。大統領制が維持されてきた理由の一つとして社会的性格に起因して大統領制に信頼感を持つ傾向を指摘できる。

また、アジアバロメーター調査の中に「いくつかの政治システムの例を挙げます。あなたはそれぞれの政治システムがこの国にとって良いと思いますか、悪いと思いますか」という質問がある。民主的政治制度に対しては87.7％の韓国人が「非常に良い」「かなり良い」と答えており民主的政治制度の定着が裏づけられる。しかし、「国会や選挙に制約されない強力なリーダーによる政府」

という選択肢に63.4％の韓国人が「非常に良い」「かなり良い」と答えている。国会や選挙に制約されない強力なリーダーによる政府とは独裁政治を意味し国民の3分の2が独裁政治に肯定的な考えを持っていることがわかる。更に、「軍事政権による政治」という選択肢にも31.3％の韓国人が肯定的な態度を取っている。(197) この調査結果は韓国人の社会的性格である権威主義的性向を強く裏づけるものであるが、軍部が非常に力を持っていた時代に権力を行使できた階層の人々による過去への憧憬も結果の一部に内包されている可能性がある。

　権力者が自己の権力拡大のために利用できる物は全て利用しようとすることは古今東西の権力の持つ本質である。したがって、相手との権力闘争に勝利するためには相手との相違点を差別的に強調することが必要不可欠であり、対立点を意図的に創り上げることも必要である。民主化以降の韓国政治状況において、権威主義時代の国民の要求であった民主化の勝利は全国民に共有する政治課題の消滅を意味した。韓国の民主化とは大統領直接選挙制の導入と同義であり、大統領直接選挙制度の実現は新たな政治的対立点の創造を余儀なくされた。権力者の権力への執着は新たな政治課題としての「地域主義」を浮上させることに躊躇はなかった。大統領に権力を集中させる大統領中心制は「地域主義」を浮上させる格好の舞台を提供したといえる。大統領への権力集中は選挙勝利者への権力集中を意味し、勝利者集団である「우리（ウリ）共同体」構成員に多大な富と権力が保障されることを意味した。大統領候補の陣営は強い絆で結合した「우리（ウリ）共同体」を形成し、他の候補者陣営を「남（ナム）」すなわち他人であると規定して儒教的礼節空間から除外して手段を選ばない攻撃を加えることになった。大統領選挙での敗北は自己の富と権力への脅威に直結する。「地域主義」の表出原因として制度的な側面を指摘するのは以上のような理由からである。要するに、大統領制度に内在する権力の集中が韓国の伝統的な政治文化と相乗的に作用し権力闘争を激化させてきた要因なのである。権力闘争の激化は地域感情に共鳴し、他の要因による乗数的効果も作用して極端な形での「地域主義」を表出させてきたと考えられる。

第3節　民主化闘争と「地域主義」

　6月抗争以後の民主化の過程は、大統領の直接選挙制と国会議員選挙の小選挙区制の導入などの選挙制度の変更をもたらしただけでなく、盧泰愚候補の6・29民主化宣言に見られるように政権与党自らが民主化を積極的に推し進めたため、権威主義時代に韓国の政党間対立の最も重要な課題であった民主対非民主の対立の構図を大きく弱化させる結果をもたらした。その上、選挙制度の民主化に起因して政治闘争の場が拡大し、金大中・金泳三の政治権力闘争も激しさを増していったのである。(198)これと共に民主対非民主の対立軸では有権者の投票行動が規定できなくなったことを権力者たちは認識し、政治家たちは新たな選択基準、言い換えるならば対立軸を有権者に提示しなければならなくなった。民主化に起因する政治を取り巻く状況の変化が、「地域主義」が登場する決定的な契機になったと考えられるのである。すなわち、「地域主義」を表出させた有権者の意識と投票行動は、民主化という状況に規定された歴史的産物であるともいえるのである。(199)盧泰愚は6・29民主化宣言の中で「……根拠のない人身攻撃や大衆煽動によって敵愾心を煽りたて、混乱と無秩序が横行し、地域感情を刺激して国家の安定を損ない、真正な民主発展を阻害するようなことがあってはならない……」と述べている。(200)このことは、民主化宣言の時点で地域葛藤が既に存在し、その現実を盧泰愚は明確に認識していたことを示すものである。

　権力の極大化を目指す政治家の集合体である政党は有権者の支持を受けるために、すでに形成されている重大な社会的対立を利用するだけでなく、社会的な対立点が欠如している場合には積極的に対立点を作り出すものである。このことは、権力維持のためには不可避な過程であるといえる。このようにして、民主化以降表出した地域主義現象は民主化の過程にその萌芽を見ることができる。

　1987年の6月抗争の結果、政府と与党は民主化措置を果敢にやり遂げ、民

主化の遂行は与野党間の政策の差を消滅させた。このことによって、政党の支持動員手段や投票者の選択基準における地域変数の登場をもたらしたのである。また、大統領職を取り巻く実質的な権力闘争を許容し、金大中と金泳三の間の亀裂を招来し、両陣営の支持獲得競争が「地域主義」を深化させた。更に、この過程において忠清地域を代表する政治家である金鍾泌が加わり、地域主義的な政党対立が拡散した。このように1987年の大統領選挙において姿を現し始めた「地域主義」は、1988年の国会議員選挙において更に明確なものになっていった。一般的に大政党に有利であるといわれる小選挙区制の下で、野党が統合せず分裂した状態で選挙を戦う理由は、野党は全国的に見れば第2位以下の政党であるが、特定地域では第1位の政党であるがために、地域政党として選挙を戦った方が議席数を確保できるからに他ならない。すなわち、自己の政党に有利に働くように考えられた合理的戦略なのである。第13代国会議員総選挙において与小野大の国会が形成されたが、秘密交渉の結果1990年1月に3党統合が成立した事実も権力極大化を追求する政治家の合理的選択の結果であると考えるべきである。すなわち、3党の統合は金大中にとっては湖南地域以外の地域の支持を利用して全国的に多数票を安定的に独占できる半永久的な支配連合を形成できる可能性が高いためであった。

　政治家と有権者の政治的行為の産物であるという仮説を補強する有名な盗聴事件がある。「초원복집（チョウォンふぐ屋）事件」は、1992年に政府の幹部たちが釜山にある초원복집（チョウォンふぐ屋）という飲食店に集まり、第14代大統領選挙に影響を与える目的で、地域感情を焚きつけようとの謀議をしたことが鄭周永側による盗聴行為によって暴露され大問題となった事件である[201]。これに対し金泳三側は事件は陰謀であると反論し、主要マスコミも官権選挙の不道徳性よりも住居侵入を犯してまで盗聴行為を行ったことの不道徳性を非難した。このために、盗聴行為を行った統一国民党は国民の非難を浴び、金泳三に対する支持層がより団結する結果をもたらした。この事件が追い風になって、金泳三が第14代大統領に当選した側面もある。

　権威主義政権時代に権力者は自己の権力を維持するために政治制度の歪曲化

を行ってきたことから、政治制度に関する論点は国民にとって核心的な問題にはなり得なかった。換言するならば、権威主義政権時代の政党間の対立軸は大統領直接選挙制、三選禁止改憲、議院内閣制などの選挙制度や政府形態に関する憲法改正問題であった。当時、国民は権威主義政権時代には不在であった政策対立の欠如という課題は、民主化を実現することによって解決されると考えていた。しかし、このような国民の期待や推測を裏切るかのように政党は、政策論議よりは地域対立を利用することにより国民の支持を集める様相を示したのである。

　不条理な存在である人間が政治を行っている限り、世界のいかなる国においても縁故主義的な地域偏重を消滅させることはできない。地域閥、学閥、閨閥、血縁などは世界中に普遍的な現象であるが、韓国における「地域主義」の最大の特徴は地域偏重が極端なまでに表出している現実にある。したがって、「地域主義」の現象を単一の原因に収斂させる作業には根本的な無理がある。産業化の過程で地域間に社会経済的な格差が生じたことや伝統的に継続している地域の人々の間の固定観念及び偏見などの先行研究が発掘した要因は、「地域主義」現象表出の重要な前提条件であったことは疑いようがない。しかし、これらの要素はあくまでも前提条件であって先行研究が指摘するような「地域主義」の発生原因ではあり得なかった。また、権威主義政権下における閉鎖的で恣意的な政治社会における人材任用も副次的にせよ前提条件となった。更に、政治制度に内在する要因、政治文化的な要因も前提条件の中に含めるべきである。しかし、前提条件が仮に全て整っていたとしても通常の条件における地域偏重は起こり得ても、極端な「地域主義」は表出しなかったと考えられる。したがって、合理的に考えるならば、このような複合的な前提条件の積み重ねの上に内在化したものを爆発させる発火装置の存在を予想しなければならない。

　第一に、李甲允が指摘したように権力側にとっては地域葛藤を利用しようという意図であり、非権力側の地域葛藤を利用し権力獲得競争に勝利しようという意図である。すなわち、人間の積極的な意図こそが「地域主義」を表出させた発火装置である。第二に、金大中、金泳三の民主化の闘士としてのカリスマ

性の存在である。このカリスマ性を選挙に活用しようという選挙参謀の意図を感じないわけにはいかない。表面には決して露出してこない裏方の意図も発火装置であった。第三に、新聞・テレビなどのマスコミも発火装置の一翼を担ったであろう。「地域主義」の問題を取り上げるたびに「地域主義」が象徴化され、「地域主義」の消滅を働きかけることが「地域主義」を助長することになったのである。

第4節　韓国社会の「地域主義」の固定化
── 政治意識調査の分析を踏まえて ──

　先行研究の問題点を検討することにより、「地域主義」の原因を単一的な静態的要因に求めることには無理があることがわかった。すなわち、このことは「地域主義」を動力学的なモデルとして把握しなければならないことを意味する。システムとして理解するためには中核となる原理の存在を前提としなければならない。本節では、中核原理を検証する目的で今回実施した社会調査の結果分析を通じて実証を試みる。したがって、社会文化的な面における設問結果に基づいて詳細な分析を実施した。嶺・湖南地域に居住する回答者が相手地域に対して持っている友好度、肯定的感情の強度、社会的関係についての解答を年齢別、1ヶ月平均所得別、学歴別に分けて検討してみた。【図表6－15】は湖南地域の人々が慶尚道出身者に対して抱いている友好度を整理したものであり、【図表6－16】は嶺南地域の人々が全羅道出身者に対して抱いている友好度を整理したものである。

　慶尚道出身者に対する湖南地域の回答には年齢別、所得別、学歴別に見て大きな差は見られない反面、全羅道出身者に対する嶺南地域の回答を見ると年齢別には35～39歳、60歳以上で、所得別には200～299万ウォンで、学歴別には中卒以下の集団において他の集団に比べて非友好的な性向が著しく表れている。総合的にまとめると、慶尚道出身者に対して湖南地域の回答者が持って

いる友好度は特性によって大きな差が見られない反面、全羅道出身者に対して嶺南地域の回答者が持っている友好度は年齢が上がれば上がるほど、所得や学歴が低ければ低いほど非友好的であることが調査の結果分かった(【図表6-15】および【図表6-16】を参照)。

　肯定的感情の強度について検討を加える目的で分析資料を整理した。【図表6-17】は湖南地域の人々が嶺南地域出身者に対して抱いている肯定的感情の強度を算出したものであり、【図表6-18】は嶺南地域の人々が湖南地域出身者に対して抱いている肯定的感情の強度を算出したものである。嶺南地域出身者に対する湖南地域の回答者の強度を見ると年齢別、学歴別には大きな差が見られないが、所得別には高所得になればなるほど点数がやや減少する傾向が見られる。一方、湖南地域出身者に対する嶺南地域の回答者の点数は、年齢別、

【図表6-15】慶尚道出身者に対する友好度(湖南地域の回答)　　(単位:件、%)

		事例数	非常に友好的	友好的	非友好的	非常に非友好的
	全体	300	91.7	6.3	1.0	1.0
地域	満19〜24歳	27	100.0	0.0	0.0	0.0
	満25〜29歳	31	96.8	3.2	0.0	0.0
	満30〜34歳	21	95.2	4.8	0.0	0.0
	満35〜39歳	39	87.2	10.3	2.6	0.0
	満40〜44歳	37	91.9	8.1	0.0	0.0
	満45〜49歳	29	89.7	6.9	3.4	0.0
	満50〜54歳	32	93.8	6.3	0.0	0.0
	満55〜59歳	16	81.3	12.5	0.0	6.3
	満60〜64歳	40	87.5	7.5	0.0	5.0
	満65歳以上	28	92.9	3.6	3.6	0.0
所得	100万ウォン以下	25	80.0	16.0	0.0	4.0
	100〜199万ウォン	44	88.6	6.8	0.0	4.5
	200〜299万ウォン	86	97.7	2.3	0.0	0.0
	300〜399万ウォン	66	92.4	4.5	3.0	0.0
	400〜499万ウォン	42	90.5	9.5	0.0	0.0
	500万ウォン以上	37	89.2	8.1	2.7	0.0
学歴	中卒以下	55	94.5	3.6	0.0	1.8
	高卒	107	87.9	8.4	1.9	1.9
	大学在学	22	100.0	0.0	0.0	0.0
	大卒(大学院)以上	116	92.2	6.9	0.9	0.0

出所)2010年5月に実施した政治意識調査の結果に基づき筆者作成。

【図表 6 − 16】 全羅道出身者に対する友好度（嶺南地域の回答）　　　（単位：件、％）

		事例数	非常に友好的	友好的	非友好的	非常に非友好的
全体		300	77.3	8.0	4.7	10.0
年齢	満 19 〜 24 歳	31	80.6	6.5	0.0	12.9
	満 25 〜 29 歳	27	85.2	3.7	0.0	11.1
	満 30 〜 34 歳	21	90.5	9.5	0.0	0.0
	満 35 〜 39 歳	39	71.8	5.1	12.8	10.3
	満 40 〜 44 歳	32	71.9	12.5	3.1	12.5
	満 45 〜 49 歳	34	82.4	8.8	2.9	5.9
	満 50 〜 54 歳	29	89.7	6.9	0.0	3.4
	満 55 〜 59 歳	25	64.0	20.0	0.0	16.0
	満 60 〜 64 歳	40	70.0	7.5	12.5	10.0
	満 65 歳以上	22	72.7	0.0	9.1	18.2
所得	100 万ウォン以下	14	64.3	21.4	7.1	7.1
	100 〜 199 万ウォン	41	78.0	7.3	4.9	9.8
	200 〜 299 万ウォン	58	72.4	3.4	5.2	19.0
	300 〜 399 万ウォン	96	85.4	8.3	2.1	4.2
	400 〜 499 万ウォン	59	71.2	8.5	10.2	10.2
	500 万ウォン以上	32	78.1	9.4	0.0	12.5
学歴	中卒以下	46	63.0	10.9	8.7	17.4
	高卒	125	78.4	8.0	5.6	8.0
	大学在学	37	81.1	5.4	0.0	13.5
	大卒（大学院）以上	92	81.5	7.6	3.3	7.6

出所）2010 年 5 月に実施した政治意識調査の結果に基づき筆者作成。

　学歴別には著しい差が見られないものの、所得別には高所得になればなるほどやや増加する傾向が見られる。要するに、嶺南地域出身者に対する湖南地域の回答者の肯定的感情の強度は高所得者になるほど減少する傾向があるのに対して、湖南地域出身者に対する嶺南地域の回答者の肯定的感情の強度は高所得者になるほど増加するという正反対の傾向を示した（【図表 6 − 17】および【図表 6 − 18】を参照）。

　社会的な関係における点数を見ると、慶尚道出身者に対する湖南地域の回答者は、全般的に年齢が高くなるほど点数が低くなる傾向が見られる。そして所得が高い人より低い人の点数が低い傾向がある。学歴においては高卒集団が他の集団に比べて低い点数となった。

　全羅道出身者に対する嶺南地域の回答者は、年齢別には 25 〜 29 歳と 55 〜

【図表6－17】慶尚道出身者に対する肯定的感情の強度（湖南地域の回答）

(単位：件、%)

		事例数	肯定的感情の強度			事例数	肯定的感情の強度
	全体	300	54.26		全体	300	54.26
年齢	満19～24歳	27	54.75	所得	100万ウォン以下	25	55.88
	満25～29歳	31	56.96		100～199万ウォン	44	53.20
	満30～34歳	21	53.72		200～299万ウォン	86	55.96
	満35～39歳	39	53.77		300～399万ウォン	66	54.02
	満40～44歳	37	56.17		400～499万ウォン	42	52.53
	満45～49歳	29	50.97		500万ウォン以上	37	52.87
	満50～54歳	32	54.39	学歴	中卒以下	55	55.40
	満55～59歳	16	52.54		高卒	107	53.39
	満60～64歳	40	53.20		大学在学	22	56.11
	満65歳以上	28	55.13		大卒（大学院）以上	116	54.18

出所）2010年5月に実施した政治意識調査の結果に基づき筆者作成。

【図表6－18】全羅道出身者に対する肯定的感情の強度（嶺南地域の回答）

(単位：件、%)

		事例数	肯定的感情の強度			事例数	肯定的感情の強度
	全体	300	53.15		全体	300	53.15
年齢	満19～24歳	31	50.40	所得	100万ウォン以下	14	46.65
	満25～29歳	27	55.44		100～199万ウォン	41	52.29
	満30～34歳	21	56.10		200～299万ウォン	58	52.26
	満35～39歳	39	54.25		300～399万ウォン	96	55.86
	満40～44歳	32	50.78		400～499万ウォン	59	52.86
	満45～49歳	34	55.06		500万ウォン以上	32	51.07
	満50～54歳	29	53.23	学歴	中卒以下	46	48.78
	満55～59歳	25	52.88		高卒	125	54.20
	満60～64歳	40	50.31		大学在学	37	50.51
	満65歳以上	22	55.26		大卒（大学院）以上	92	54.96

出所）2010年5月に実施した政治意識調査の結果に基づき筆者作成。

59歳で他の集団に比べて点数が低く、所得別には最低所得層である100万ウォン未満と最高所得層である500万ウォン以上の集団において最も低い。学歴別には大学に在学している集団の方が他の集団に比べて低い点数であった（【図表6－19】および【図表6－20】を参照）。

　社会的な側面における回答を、嶺・湖南地域に分けてそれぞれ年齢別、1ヶ

【図表6－19】慶尚道出身者に対する社会的関係（湖南地域の回答）（単位：件、％）

		事例数	肯定的感情の強度			事例数	肯定的感情の強度
全体		300	74.23		全体	300	74.23
年齢	満19～24歳	27	72.04	所得	100万ウォン以下	25	71.20
	満25～29歳	31	79.35		100～199万ウォン	44	70.80
	満30～34歳	21	81.43		200～299万ウォン	86	75.12
	満35～39歳	39	73.21		300～399万ウォン	66	75.68
	満40～44歳	37	76.35		400～499万ウォン	42	75.95
	満45～49歳	29	72.76		500万ウォン以上	37	73.78
	満50～54歳	32	74.53	学歴	中卒以下	55	74.18
	満55～59歳	16	70.63		高卒	107	71.78
	満60～64歳	40	71.88		大学在学	22	73.18
	満65歳以上	28	70.54		大卒（大学院）以上	116	76.72

出所）2010年5月に実施した政治意識調査の結果に基づき筆者作成。

【図表6－20】全羅道出身者に対する社会的関係（嶺南地域の回答）（単位：件、％）

		事例数	肯定的感情の強度			事例数	肯定的感情の強度
全体		300	68.52		全体	300	68.52
年齢	満19～24歳	31	67.26	所得	100万ウォン以下	14	63.57
	満25～29歳	27	64.44		100～199万ウォン	41	70.00
	満30～34歳	21	70.00		200～299万ウォン	58	66.72
	満35～39歳	39	70.77		300～399万ウォン	96	71.20
	満40～44歳	32	67.03		400～499万ウォン	59	69.41
	満45～49歳	34	68.53		500万ウォン以上	32	62.34
	満50～54歳	29	74.14	学歴	中卒以下	46	67.61
	満55～59歳	25	63.40		高卒	125	69.16
	満60～64歳	40	68.50		大学在学	37	65.14
	満65歳以上	22	70.45		大卒（大学院）以上	92	69.46

出所）2010年5月に実施した政治意識調査の結果に基づき筆者作成。

月の平均所得別、学歴別に分析した結果、湖南地域の人より嶺南地域の人が相手地域に対して非友好的で、所得が低い人ほど、そして学歴が低い人ほど非友好的であることがわかった。これを見る限り、地域対立感情が存在することが明確な形で表出しているといえる。

慶尚道と全羅道の間の葛藤を作らせた4つの原因が、地域対立感情や葛藤問題が存在するという認識にどのくらい影響を与えるのか、その因果関係を把握するために回帰分析（Regression analysis）を実施した。回帰分析を通して出さ

【図表6－21】嶺南地域と湖南地域の間に存在する地域葛藤の原因　（単位：件、％）

1)	慶尚道・全羅道間の地域葛藤の原因は慶尚道出身者の性格のためである。
2)	慶尚道・全羅道間の地域葛藤の原因は全羅道出身者の性格のためである。
3)	慶尚道・全羅道間の地域葛藤の原因は不公平な地域発展政策のためである。
4)	慶尚道・全羅道間の地域葛藤の原因は政治圏の煽動のためである。

出所）2010年5月に実施した政治意識調査の結果に基づき筆者作成。

れたそれぞれの独立変数に対する回帰係数（独立変数が従属変数に与える影響力をさす。大体β値という）を用いて独立変数が従属変数に与える全体の影響力（それぞれの独立変数の回帰係数の合計）を1とし、それぞれの独立変数が従属変数に与える影響力を比率に計算して、どの独立変数が従属変数に最も影響を与えるのかを調べる方法を用いた。

【図表6－21】に整理したように独立変数として①慶尚道・全羅道間の葛藤の原因は慶尚道出身者の性格のためである、②慶尚道・全羅道間の葛藤の原因は全羅道出身者の性格のためである、③慶尚道・全羅道間の葛藤の原因は不公平な地域発展政策のためである、④慶尚道・全羅道間の葛藤の原因は政治圏の煽動のためであるという4つの地域葛藤の原因を設定し、従属変数は地域対立感情や葛藤問題の存在の有無とした。回帰分析を通じてそれぞれの変数の影響力を計算した結果を整理したものが【図表6－22】である。【図表6－22】によると嶺南地域と湖南地域の差別的な地域発展政策の影響力を現す数値は0.319であり地域葛藤に最大の影響を与えていることを示している。しかし、慶尚道・全羅道出身者の性格のような社会文化的要因は相互の変数を合算すると0.475となり経済的な要因よりも影響の強度が強いという結果を得ることが

【図表6－22】地域対立感情を認識させる嶺・湖南間葛藤の原因の影響力

		影響力
独立変数	慶尚道・全羅道間の葛藤の原因は慶尚道出身者の性格のためである。	0.291
	慶尚道・全羅道間の葛藤の原因は全羅道出身者の性格のためである。	0.184
	慶尚道・全羅道間の葛藤の原因は不公平な地域発展政策のためである。	0.319
	慶尚道・全羅道間の葛藤の原因は政治圏の煽動のためである。	0.206
従属変数	地域対立感情や葛藤問題の存在の有無。	

出所）2010年5月に実施した政治意識調査の結果に基づき筆者作成。

できた(【図表6－22】を参照)。

地域葛藤の原因として①特定地域の出身者同士が互いに相手地域出身者の性格や人格に対して偏見を持っているためである、②1960年代以降政府が経済開発政策を推進する際に湖南地域を差別的に疎外したためである、③政党や政治家が選挙をするたびに地域対立感情を助長し利用したためである、④長い間、嶺南地域出身者が大統領となり権力を独占し湖南地域出身者を疎外したためである、⑤新聞や放送などのマスコミが特定地域に対して偏った報道をして地域対立感情を持たせたためである、⑥嶺・湖南地域間の地域対立葛藤は、三国時代、高麗時代、朝鮮時代から歴史的に対立していたためである、⑦学校や社会機関で地域対立感情を克服するための教育的な努力が足りなかったためであるという【図表6－23】に掲載した7つの項目を設定した。地域葛藤の問題が存在するという認識を持つことにどの程度の影響を与えるのかに関して回帰分析を行った。その結果、1960年代以降政府が経済開発政策を推進する際に湖南地域を差別的に疎外したためであるという変数が地域対立感情の存在を認識させるのに最も大きな影響力を持っていることを示した。更に、特定地域の出身者同士が互いに相手地域の出身者の性格や人格に対して偏見を持っているためであるという変数と新聞や放送などのマスコミが特定地域に対して偏っ

【図表6－23】慶尚道・全羅道間の地域葛藤の原因

1)	特定地域の出身者同士が互いに相手地域出身者の性格や人格に対して偏見を持っているためである。
2)	1960年代以降政府が経済開発政策を推進する際に湖南地域を差別的に疎外したためである。
3)	政党や政治家が選挙をするたびに地域対立感情を助長し利用したためである。
4)	長い間、嶺南地域出身者が大統領となり権力を独占し湖南地域出身者を疎外したためである。
5)	新聞や放送などのマスコミが特定地域に対して偏った報道をして地域対立感情を持たせたためである。
6)	嶺・湖南地域間の地域対立葛藤は、三国時代、高麗時代、朝鮮時代から歴史的に対立していたためである。
7)	学校や社会機関で地域対立感情を克服するための教育的な努力が足りなかったためである。

出所)2010年5月に実施した政治意識調査の結果に基づき筆者作成

【図表6－24】地域葛藤の原因が地域対立感情を認識させる影響力

		影響力
独立変数	特定の地域の出身者同士が互いに相手地域出身者の性格や人格に偏見を持っているためである。	0.237
	1960年代以降政府が経済開発政策を推進する際に湖南地域を差別的に疎外したためである。	0.252
	政党や政治家が選挙をするたびに地域対立感情を助長し利用したためである。	0.062
	長い間、嶺南地域出身者が大統領となり権力を独占し湖南地域出身者を疎外したためである。	0.082
	新聞や放送などのマスコミが特定の地域に対して偏った報道をして地域対立感情を持たせたためである。	0.225
	嶺・湖南地域間の地域対立葛藤は、三国時代、高麗時代、朝鮮時代から歴史的に対立していたためである。	0.022
	学校や社会機関で地域対立感情を克服するための教育的な努力が足りなかためである。	0.121
従属変数	地域対立感情や葛藤問題の存在の有無。	

出所) 2010年5月に実施した政治意識調査の結果に基づき筆者作成。

た報道をして地域対立感情を持たせたためであるという変数の影響力が非常に高い結果を示した(【図表6－24】を参照)。

【図表6－21】に呈示した嶺南地域と湖南地域の間に存在する地域葛藤の原因が地域葛藤の問題を深化させるのに与える影響の強度を調べるために回帰分析を行った。回帰分析の結果を整理したものが【図表6－25】である。4つの葛藤原因の中で全羅道出身者の性格が原因であるとする指標が0.417を示し、地域葛藤を深化させているのは全羅道出身者の性格という変数が最も大きいことがわかった。次に影響を与えている変数として政治圏における煽動及び利用

【図表6－25】嶺・湖南間の葛藤原因が地域対立感情を深化させる影響力

		影響力
独立変数	慶尚道・全羅道間の葛藤の原因は慶尚道出身者の性格のためである。	0.053
	慶尚道・全羅道間の葛藤の原因は全羅道出身者の性格のためである。	0.417
	慶尚道・全羅道間の葛藤の原因は不公平な地域発展政策のためである。	0.139
	慶尚道・全羅道間の葛藤の原因は政治圏の煽動のためである。	0.391
従属変数	地域対立感情や葛藤問題の存在の有無。	

出所) 2010年5月に実施した政治意識調査の結果に基づき筆者作成。

を指摘でき、地域対立感情や葛藤問題を深化させるのに悪い影響を与えているという結果を得ることができた(【図表6－25】を参照)。

【図表6－23】に掲示した地域対立感情や葛藤の7つの要因が地域葛藤を深化させるのにどのくらい影響を与えるのか回帰分析を通じて調べてみた。その結果、7つの項目の中で学校や社会機関で地域対立感情を克服するための教育的な努力不足が葛藤を深化させるのに強い影響を与えているという結果が出た。更に、三国時代、高麗時代、朝鮮時代からの歴史的な対立、新聞や放送などのマスコミが特定地域に対して偏った報道をして地域対立感情を持たせたと

【図表6－26】地域葛藤を引き起こした原因が地域葛藤を認識させる影響力

		影響力
独立変数	特定の地域の出身者同士が互いに相手地域出身者の性格や人格に偏見を持っているためである。	0.002
	1960年代以降政府が経済開発政策を推進する際に湖南地域を差別的に疎外したためである。	0.123
	政党や政治家が選挙をするたびに地域対立感情を助長し利用したためである。	0.056
	長い間、嶺南地域出身者が大統領となり権力を独占し湖南地域出身者を疎外したためである。	0.045
	新聞や放送などのマスコミが特定の地域に対して偏った報道をして地域対立感情を持たせたためである。	0.217
	嶺・湖南地域間の地域対立葛藤は、三国時代、高麗時代、朝鮮時代から歴史的に対立していたためである。	0.022
	学校や社会機関で地域対立感情を克服するための教育的な努力が足りなかためである。	0.121
従属変数	地域対立感情や葛藤問題の存在の有無。	

出所) 2010年5月に実施した政治意識調査の結果に基づき筆者作成。

【図表6－27】地域葛藤の原因が地域葛藤を深化させるのに与えた影響力

		影響力
独立変数	慶尚道・全羅道間の葛藤の原因は慶尚道出身者の性格のためである。	0.161
	慶尚道・全羅道間の葛藤の原因は全羅道出身者の性格のためである。	0.287
	慶尚道・全羅道間の葛藤の原因は不公平な地域発展政策のためである。	0.372
	慶尚道・全羅道間の葛藤の原因は政治圏の煽動のためである。	0.180
従属変数	地域対立感情や葛藤問題の存在の有無。	

出所) 2010年5月に実施した政治意識調査の結果に基づき筆者作成。

いう要因も地域葛藤を深化させる一因として作用したという結果を得ることができた（【図表6－26】を参照）。

【図表6－21】に提示した嶺南地域と湖南地域の間に存在する地域葛藤の原因が地域対立感情や葛藤問題を深化させるのにどのくらい影響を与えるのかを調べる目的で回帰分析を行った。回帰分析の結果、不公平な地域発展政策の変数、社会文化的要因である嶺・湖南出身者の性格の変数が地域葛藤の問題を深化させた重要な変数であるという結果を得ることができた（【図表6－27】を参照）。

【図表6－23】に提示した地域対立感情や葛藤の要因が地域葛藤を深化させるのに与える影響の強度を回帰分析の手法を用いて調べた結果、新聞や放送などのマスコミが特定地域に対して偏った報道をして地域対立感情を持たせたためであるという社会的側面に関する変数、長い間、嶺南地域出身者が大統領となり権力を独占し湖南地域出身者を疎外したためだという、特定地域の人を人事の際に排除したので嶺・湖南の間の葛藤問題をより深化させたと分析された（【図表6－28】を参照）。

【図表6－28】地域葛藤の原因が両地域の葛藤をより深化させるのに与えた影響力

		影響力
独立変数	特定の地域の出身者同士が互いに相手地域出身者の性格や人格に偏見を持っているためである。	0.122
	1960年代以降政府が経済開発政策を推進する際に湖南地域を差別的に疎外したためである。	0.108
	政党や政治家が選挙をするたびに地域対立感情を助長し利用したためである。	0.161
	長い間、嶺南地域出身者が大統領となり権力を独占し湖南地域出身者を疎外したためである。	0.201
	新聞や放送などのマスコミが特定の地域に対して偏った報道をして地域対立感情を持たせたためである。	0.267
	嶺・湖南地域間の地域対立葛藤は、三国時代、高麗時代、朝鮮時代から歴史的に対立していたためである。	0.016
	学校や社会機関で地域対立感情を克服するための教育的な努力が足りなかったためである。	0.126
従属変数	地域対立感情や葛藤問題の存在の有無。	

出所）2010年5月に実施した政治意識調査の結果に基づき筆者作成。

慶尚道と全羅道の間にある４つの葛藤原因（【図表６－21】）が地域対立感情や葛藤問題の解消可能性にどのくらい影響を与えるのか調べるために回帰分析を行った結果、不公平な地域発展政策と嶺・湖南出身者の性格の影響が最も大きいということであった。すなわち、慶尚道と全羅道の間に不公平な地域発展政策が成されたという人々の認識と、嶺・湖南出身者の性格のような社会的文化的要因が互いに調和しない限り地域葛藤の解消は難しいことを意味する（【図表６－29】を参照）。

　【図表６－23】に提示した地域対立感情や葛藤の７つの変数が、地域葛藤の

【図表６－29】地域葛藤の原因が地域葛藤の解消可能性に与える影響力

		影響力
独立変数	慶尚道・全羅道間の葛藤の原因は慶尚道出身者の性格のためである。	0.203
	慶尚道・全羅道間の葛藤の原因は全羅道出身者の性格のためである。	0.219
	慶尚道・全羅道間の葛藤の原因は不公平な地域発展政策のためである。	0.402
	慶尚道・全羅道間の葛藤の原因は政治圏の煽動のためである。	0.177
従属変数	地域対立感情や葛藤問題の存在の有無。	

出所）2010年５月に実施した政治意識調査の結果に基づき筆者作成。

【図表６－30】地域葛藤の原因が地域葛藤の解消に与える影響力

		影響力
独立変数	特定の地域の出身者同士が互いに相手地域出身者の性格や人格に偏見を持っているためである。	0.105
	1960年代以降政府が経済開発政策を推進する際に湖南地域を差別的に疎外したためである。	0.065
	政党や政治家が選挙をするたびに地域対立感情を助長し利用したためである。	0.182
	長い間、嶺南地域出身者が大統領となり権力を独占し湖南地域出身者を疎外したためである。	0.263
	新聞や放送などのマスコミが特定の地域に対して偏った報道をして地域対立感情を持たせたためである。	0.203
	嶺・湖南地域間の地域対立葛藤は、三国時代、高麗時代、朝鮮時代から歴史的に対立していたためである。	0.046
	学校や社会機関で地域対立感情を克服するための教育的な努力が足りなかっためである。	0.135
従属変数	地域対立感情や葛藤問題の存在の有無。	

出所）2010年５月に実施した政治意識調査の結果に基づき筆者作成。

解消にどのくらい影響力を与えるかを調べるために回帰分析を行った。回帰分析の結果は、社会的な側面での湖南地域出身者の人事における排除を撤廃すること、マスコミの不公平な報道を禁止すること、地域葛藤を助長する政治家の覚醒を促がす努力がなければ地域対立感情や葛藤の解消の手掛かりは見えないという結論を導くことができる（【図表6－30】を参照）。

第5節　韓国政治と「地域主義」の構図

　政治意識調査を踏まえた上で韓国の「地域主義」の社会文化的要因を把握すると、「地域主義」の対立は、「우리（ウリ）共同体」という文化的特質と深く関連しているという事実を確認した。つまり、ここでいう韓国社会の基本構造である「우리（ウリ）共同体」は、韓国人の社会的性格の特徴として共同体性、抵抗性、競争性、分派性、権威主義的性向、上昇志向性、道徳志向性などの諸要素と複雑に関係していることがわかった。このような韓国の「地域主義」の社会文化的性格は、韓国社会の構造自体が「우리（ウリ）共同体」を形成していることから共同体内部において共同体性が助長されることは当然の帰結であると思われる。そして、「우리（ウリ）共同体」という文化的特質は、自らが帰属している共同体性を強化する一方で、その反作用を誘発し他者に対しての抵抗性を形成することに繋がると考えられる。すなわち、自己の所属する共同体の利害関係に関連する課題に対しては他者に対しての抵抗性が競争性に変容することになる。したがって、競争社会では敗北は滅亡を意味することからも、「우리（ウリ）共同体」の生存を確保するために敵対する他者であっても妥協して連衡し、新たに拡大した「우리（ウリ）共同体」を形成する必要性が生じる。包摂される側の「우리（ウリ）共同体」の立場からは、滅亡か生存かの二者択一を迫られることであり「우리（ウリ）共同体」の性格により対応は異なってくる。一方、包摂する側の「우리（ウリ）共同体」からすると自己の共同体の勢力拡大に直結することであるから、恭順の意を表する限りにお

いては柔軟に対応する。すなわち、「우리（ウリ）共同体」が変幻自在の柔構造を持っている所以である。

　「우리（ウリ）共同体」が拡大して党派を形成するようになると、競争性が分派性に変容し党派争いが展開されることになる。したがって、分派性は競争性と表裏一体の関係にあるといえる。党派は自己の派閥の正当性を巡って弁論術を駆使することで「우리（ウリ）共同体」の優位性を確保することになる。朱子学を背景とした優位性の確保は権威主義的性向を醸成することに直結し上昇志向性とも密接な関係を持つことになる。これらの社会的性格の特徴を背後から裏づけているのが道徳志向性に他ならない。朱子学が社会の隅々にまで浸透している社会にあっては自己の正当性の根拠は朱子学的倫理規範でなければならないからである。

　このような社会的性格は儒教思想を背景として長い歴史の中で形成されてきた民族性であり短期間で変容する性質のものではない。したがって、韓国人の社会的性格は「地域主義」の表出と強い関連を持つと考えられる。地域葛藤と韓国人の社会的性格との関係は湖南地域と嶺南地域のみならず他の地域に関しても妥当するが、「地域主義」の問題を議論する場合に議論が散漫になることを回避するために湖南地域と嶺南地域の両地域に局限して議論を展開することにする。

　大統領選挙や国会議員選挙において「地域主義」が表出した理由は共同体意識を活性化する要因が存在したことに原因を求めることができる。歴史的に湖南地域と嶺南地域はそれぞれ「우리（ウリ）共同体」意識を共有する「우리（ウリ）共同体」を形成しているといえる。換言するならば、地域の誇りを賭けたアイデンティティを共有しているといえる。「우리（ウリ）共同体」同志はお互いに「남（ナム）」すなわち他人の関係にあり相互に抵抗性は本来的に内在化している。すなわち、「우리（ウリ）共同体」は利害関係と密接な関係を持つことから、共同体内部の利益に関連する課題に対しては共同体性が強化され、その反作用として抵抗性が強化されるメカニズムを本質的に享有している。したがって、経済的利益をはじめとする様々な課題が共同体の利害と関

係を持つと認識された場合には「우리（ウリ）共同体」意識が地域の住民に共有されることになる。

　大統領選挙や国会議員選挙のような地域の利害と直結する課題に対しては「우리（ウリ）共同体」意識は敏感に反応し深刻な「地域主義」現象として表出する。ただし、地域の利害と無関係な課題に対しては抵抗性が弱化する傾向があることは忠清道地域などの投票行動から把握できる傾向である。更に、韓国人の社会的性格である抵抗性は、ある程度の自由な言論空間と政治空間が確保されている条件の下で表出する傾向を持っている。このことは民主化以降の選挙においては「地域主義」が表出しているが、権威主義政権時代には表出していないことからも理解できる。権威主義的性向は権威に対して表面的には従順な行動を取る傾向があり、権威主義政権時代に地域的な共同体の形成と表出が発見できない事実から類推することができる。しかし、面従腹背的な行動様式と抵抗性が結合すると、変革を生み出すに至る爆発的な原動力を形成することを忘れてはならない。G・ホフステードの分析によると、権力格差の大きい国の政治システムの変更は革命の形式で起こることが指摘されている。(202) このことは朝鮮王朝末期からの民衆反乱の歴史に始まり植民地時代の抗日独立運動までの韓国の歴史を見ると容易に把握できる。

　要するに、権威主義政権時代においては共同体意識の強化が非民主対民主の構図の中で行われ、抵抗性は学生・民衆の運動となって4・19学生革命や1987年の民主化運動という形で表出したといえるのである。すなわち、独裁的な統治に反対する国民の意識が「우리（ウリ）共同体」意識の中核を形成し、地域意識を紐帯とする「우리（ウリ）共同体」意識が形成される余地が希薄であったことが「地域主義」の表出を潜在化させたと考えられるのである。

　一部の先行研究では「地域主義」の発生を差別的な経済政策に原因を求めたり、権威主義政権時代における嶺南地域の優先的な人事優遇に起因する縁故主義に原因を求めたりしてきた。しかし、李甲允が「地域主義」の現象を政治現象として把握すべきことを主張してから、政治家による作為が「地域主義」を生み出したという認識が有力な見解として登場してきた。「地域主義」は選挙

における特殊な投票行動を意味することから政治現象として把握するべきであることはいうまでもない。投票行動は合理的な判断能力を持った人間の行為であって、様々な要因が複雑に絡み合って表出するものであると考えられる。

　ミシガン大学のキャンベルたちの研究グループは従来の社会学モデルの問題点を克服する目的で社会心理学の手法を取り入れたミシガンモデル（Michigan Model）を構築した。ミシガンモデルでは心理学的要因として政党帰属意識（Party Identification）、有権者が抱く候補者イメージ（Candidate image）、争点態度（Issue Position）を設定して設計されている。しかし、西洋社会と東洋社会の違いを示す文化次元をG・ホフステードが発見したようにアメリカの政治理論を韓国政治に単純に適用しても無理がある。したがって、ミシガンモデルを参考にして「地域主義」表出のモデルを【図表6－31】に提示した。心理学的要因の中で争点態度だけは韓国の投票行動においても妥当するものであるこ

【図表6－31】湖南地域の投票行動モデル

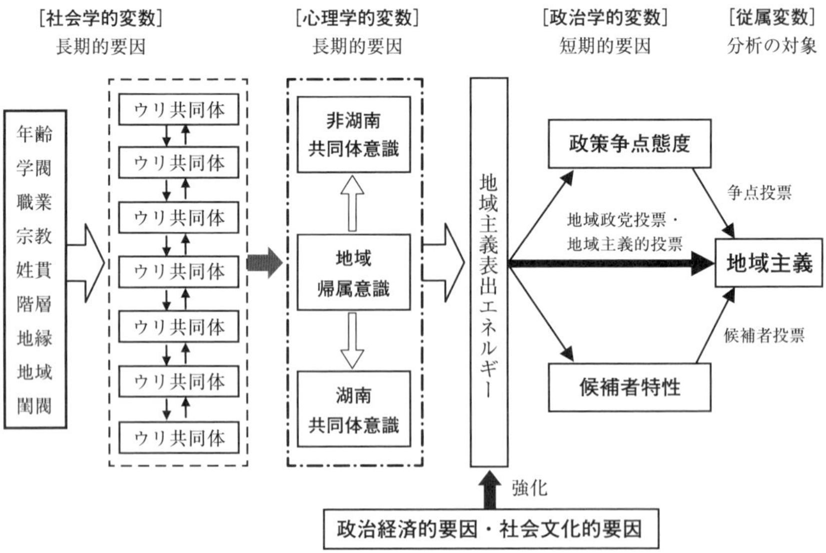

出所）著者作成。

とから採用し、候補者イメージは完全には妥当するとは考えられないので候補者の特性に置換している。

　第5章において韓国の社会構造を多重層構造からなる「우리（ウリ）共同体」構造を形成していることを示した。学閥、閨閥、姓貫、階層、地縁などの社会学的変数により様々な「우리（ウリ）共同体」が形成され、それぞれの「우리（ウリ）共同体」は対抗関係を維持している。更に、「우리（ウリ）共同体」の最小単位である家族の内部では「孝」を中核とする儒教的倫理が貫徹している。しかし、「사촌이 땅을 사면 배가 아프다（従兄弟が土地を買えば腹が痛む）」という格言に象徴されるように最も近い関係にある間柄同志でも競争性が機能しているのが韓国社会である。これは韓国社会が競争社会であることに起因する抵抗性の表出であり、民主的な経済社会の中では平衡状態を保ち他の様々な「우리（ウリ）共同体」との合従連衡を繰り返している。このような現象は人間社会が利益追求集団の共鳴混成体（Resonance Hybrid）を形成していることに起因するものであるから韓国社会に特有な現象とはいえないかもしれない。しかし、韓国社会の「우리（ウリ）共同体」の特殊性は利害関係などの課題に対応して変幻自在に変容を遂げる柔構造にある。学閥、閨閥、姓貫、階層、地縁などにより共同体意識を共有する「우리（ウリ）共同体」を構成していることから「우리（ウリ）共同体」は多元的な構造体を形成している。国政選挙の場合は「우리（ウリ）共同体」意識が拡大し地域帰属意識にまで昇華した「우리（ウリ）共同体」を形成するに至る。

　「地域主義」との関連で考えるならば、地域帰属意識は湖南共同体意識を醸成し地域主義表出エネルギーとして蓄積されていくことになる。したがって、民主化以前の大統領選挙や国会議員選挙においても地域葛藤は存在したと考えられるが目に見える形で表出していないだけのことであると考えた方が妥当性がある。長い歴史に裏付けられた嶺南地域に対する反感は、湖南地域の人々の深層心理の中に潜在化し被害者意識という形で固定化されてきた。湖南地域と嶺南地域の間に存在する地域葛藤の原因は様々な要因が複雑に関連する多次元モデルを形成している。政治意識調査において湖南地域の人々は「地域主義」

の原因を差別的な経済政策のためであると考えている人々が多いという事実も、伝統的に形成されてきた湖南地域の人々の被差別意識の反映であると考えられる。経済指標を見る限り湖南地域だけが特に冷遇されている事実は発見できなかった。人口水準が等しい忠清地域と湖南地域の国内総生産や付加価値額などの民主化以降の経済指標を比較しても忠清地域と湖南地域は同水準であると考えてよい。しかし、忠清地域では湖南地域に見られるような明確な形での「地域主義」は発見できない。この事実は湖南地域が嶺南地域に対して持っている潜在的な競争心の表れであると考える方が合理的な解釈である。

極端な社会現象が起きるためには様々な要因から形成される爆発的な作用エネルギーの存在を想定しなければならない。したがって、「地域主義」の場合には現象を表出させる地域主義表出エネルギーの存在を想定できる。地域主義

【図表6−32】 地域別の1人当たり総生産の前年比伸び率（単位：％）

	首都圏	嶺南地域	湖南地域	忠清地方	その他
2001年	6.84	8.05	6.86	4.41	5.30
2002年	10.74	9.70	12.01	11.14	10.03
2003年	4.47	7.24	6.67	9.68	10.15
2004年	4.34	10.08	9.75	9.41	5.52
2005年	3.80	4.84	7.60	5.01	3.61
2006年	5.06	4.02	3.23	5.86	4.44
2007年	6.48	7.99	9.90	6.79	8.12
2008年	2.23	7.83	9.08	3.99	2.43

注）韓国統計庁経済統計局（http://kostat.go.kr/portal/korea/index.action）。

【図表6−33】 地域別の1人当たり付加価値額の前年比伸び率（単位：％）

	首都圏	嶺南地域	湖南地域	忠清地方	その他
2001年	7.00	8.16	7.11	4.25	5.08
2002年	10.05	7.87	10.06	10.34	8.96
2003年	4.23	8.33	7.61	8.53	10.51
2004年	5.65	10.45	10.37	8.83	5.39
2005年	3.75	5.66	8.47	5.53	4.90
2006年	4.83	4.04	3.82	6.41	4.51
2007年	6.39	8.14	8.81	7.16	8.28

注）韓国統計庁経済統計局（http://kostat.go.kr/portal/korea/index.action）。

表出エネルギーを増大させる役割を果たしたのが政治経済的要因であり社会文化的要因であると考えられる。その中でも最も大きな役割を担ったと考えられるのが、経済発展政策が差別的に行われたという幻想に近い思い込みである。国家の経済発展を考える時に特定地域重点的な傾斜的施策を採用することは常識であり、傾斜的な経済政策と財閥を利用することで奇跡的な経済発展を韓国は成し遂げたのである。湖南地域の経済規模は確実に拡大してきたし地域住民の所得や生活水準も確実に向上してきたことは承認しなければならない。この事実にも拘らず湖南地域の人々は、「地域主義」の原因を差別的な経済政策に求めようとする傾向が他の地域よりも強いことが今回の政治意識調査から明らかになった。

　【図表6－32】は1人当たり総生産額の前年比伸び率を地域別に整理したものである。湖南地域と嶺南地域を比較すると2002年、2005年、2007年、2008年では湖南地域が嶺南地域を上回っている。嶺南地域が上回っている年度に関しても格差はそれ程大きくはなく、湖南地域は順調に経済発展していると評価して差し支えない。更に、2002年、2005年、2007年、2008年では1人当たり総生産額の前年比伸び率は全国で最も高い伸び率を示している。

　【図表6－33】は地域別の1人当たり付加価値額の前年比伸び率を表したものである。【図表6－32】で示した地域別の1人当たり総生産の前年比伸び率と同様に1人当たり付加価値額の前年比伸び率に関しても湖南地域の着実な経済発展を裏づけるものである。2002年、2005年、2007年に関しては全国一の伸び率を記録している。このような経済実態にも拘らず、湖南地域の人々が「地域主義」の原因を差別的な経済政策に求めようとすることは歴史的に形成された湖南地域の人々の被害者意識が機能していると考えられる。すなわち、歴史的に形成された被害者意識を払拭することは非常に困難なことであり社会文化的要因を「地域主義」の表出要因として完全に排除することは不適当である。

　地域主義表出エネルギーが蓄積されただけでは「地域主義」が表出するとは限らない。政治的な政策対立は大きく有権者の投票行動を規制するであろ

うし、候補者の性格や外見的なイメージなどの候補者個人の特性に起因する与件も投票行動に影響を与える。例えば、湖南地域での金大中の極端な得票率は候補者特性の要因が大きく影響を与えた事例であると考えられ、第16代大統領選挙、第17代大統領選挙において金大中の得票率を上回る得票率を獲得した候補者も地域もないことから候補者の特性が投票行動に大きく作用することは明らかである。金大中の民主化の闘士としてのカリスマ性は湖南地域では神話化しており、将来にわたって金大中の得票率を越える候補者が現れることは極めて困難である。しかし、カリスマ性を「地域主義」の原因と考えることには疑問も多い。光州広域市の得票率を比較して見ると、第15代大統領選挙の時の金大中の得票率は97.3％、第16代大統領選挙の時の盧武鉉の得票率は95.2％であり僅か2.1％の格差しかない。カリスマ性という観点からすると金大中と盧武鉉では比較にならず、カリスマ性は補助的な要因に留まっていることがわかる。

　もちろん、盧武鉉は金大中の後継者として位置づけられたことから湖南地域の支持を集めたのであるが、盧武鉉は嶺南地域出身の人物であることから本来的には湖南地域での得票は限界があるはずである。しかし、盧武鉉の湖南地域での得票率は金大中には僅かに及ばないものの圧倒的な支持を集めている。すなわち、第16代大統領選挙の湖南地域の有権者の投票行動が「地域主義」の解明に重要な素材を提供してくれるのである。歴史的な側面からの地域葛藤が「地域主義」の原因であるとすると第16代大統領選挙の結果に対する説明が困難になる。このことは、歴史的に形成されてきた湖南地域と嶺南地域の地域葛藤が「地域主義」の直接的な原因にはなり得ず、歴史的な要因は「地域主義」の問題の副次的な要因に過ぎないことを示すものである。

　第17代大統領選挙の結果は「地域主義」の問題の本質が湖南地域と嶺南地域の有権者の投票行動の特殊性にあることを示す。したがって、両地域の投票行動を動力学的なモデルとして検討しなければならないことを示している。すなわち、「地域主義」の原因を単一の原因に集約しようとするのではなくシステムとして把握しなければならないことを暗示しているといえる。【図表6－

31】に「地域主義」の表出モデルを提示したのは以上の理由によるものである。第16代大統領選挙において盧武鉉が湖南地域において高い得票率を獲得できた理由は、湖南地域の人々が盧武鉉を「우리（ウリ）共同体」意識を共有する湖南共同体に受容したことを意味し、同時に、盧武鉉は嶺南地域の人々にとっての背信者として位置づけられることになったのである。

終章

　民主化以降の韓国政治社会のなかで最も大きな課題であると指摘されてきた問題に「地域主義」がある。様々な政治状況の変化のなかで選挙ごとに争点や性格が異なるにも拘わらず民主化以降の国政選挙において一貫して表出したのは「地域主義」の現象であった。すなわち、特定地域を排他的な支持基盤とした政党が各選挙において当該地域出身者の票を独占的に獲得する「地域主義」の現象が全ての国政選挙で表出したのである。1990年代以降、様々な分野から「地域主義」の現象について論証が試みられてきたが、現在に至るまで「地域主義」の現象を正確に把握できている状況にはないのが現状である

　本書では、「地域主義」を政治現象であると把握することを前提にして「地域主義」の表出の遠因とメカニズムを検証することを目的とした。すなわち、嶺南地域と湖南地域の間に存在する地域葛藤が民主化以降の選挙において「地域主義」として表出した理由を説明することを図ったのである。そのために、本書では、選挙結果の中で現れている「地域主義」の現象を、独自に実施した政治意識調査に基づき嶺南地域と湖南地域の間の地域葛藤の実態を、政治、経済、社会文化という3つの側面から実証的分析を行った。

　第1章では、植民地から解放された後に憲法改正を繰り返し統治制度や選挙制度を改変しながら着実に民主国家への道を歩んできた約60年の歴史を憲法改正という切り口から整理し地域葛藤が「地域主義」に熟成する過程を辿った。第1節では、植民地からの解放以降に大韓民国憲法が制定され1987年の第9次憲法改正まで約40年間に9回の憲法改正を実施してきた歴史を概観した。第2節では、大韓民国憲法の制定過程の歴史を解説し、第3節では、混乱

期の文民政権下での憲法改正の実態を明らかにし権力者の恣意的な意図に基づいて統治制度や選挙制度が変更されてきた歴史を辿った。第4節では、第2共和国が崩壊してから以降の軍人政権時代の憲法改正過程を辿ることにより、権力者の権力維持の思惑の中で国民の直接選挙制が廃止され間接選挙制度が導入されていった実態を明らかにした。

　第2章では、大統領選挙に焦点をあてて、「地域主義」が韓国政治においてどのように現われたのかを時系列に検討した。第1節では、権威主義政権時代の大統領選挙の結果を整理して「地域主義」の特徴を把握した。独裁政権下の選挙結果によると、民主化運動が展開される中で、既存の支配政党によって政治的目的で意図的に助長されたという事実を確認した。第2節では、民主化以降の選挙結果に基づき、「地域主義」の実態を把握した。特に、民主化以降の大統領選挙では、支配政党の意図とは関係なく、有権者の間の自発的意識の中で、「地域主義」が内在していることが現れていたのである。第3節と第4節では、「地域主義」の問題で論じられることの少ない第16代大統領選挙と第17代大統領選挙関して単独の節を設定して詳細に分析を加えた。その結果からみると、選挙を重ねる度に、「地域主義」の現象は依然としてなくならず、顕在化していることを確認したのである。

　第3章では、国会議員選挙結果の分析を通じて「地域主義」の現象を検討した。第1節では、権威主義政権時代の「地域主義」の現象を把握した。この時期は、大都市圏では民主的傾向をもつ野党勢力が優勢で農村部では保守的な傾向をもつ与党勢力が優勢であるという政治的状況を把握した。第2節では、民主化以降に実施された第13代国会議員総選挙から2008年に実施された第18代国会議員総選挙までの選挙結果の実態を把握した。選挙結果の分析を通して民主化以降の全ての国会議員選挙において「地域主義」が明確に表出していることを把握した。全羅道地域では全羅道を基盤とする地域政党が圧倒的な強さを見せるのに対して、慶尚道地域では慶尚道を支持基盤とする地域政党が圧倒的に議席を確保する傾向を全ての選挙において把握できた。すなわち、国会議員選挙における獲得議席の極端な偏在化現象は「地域主義」が候補者のカ

リスマ性や個人的な特性要因を超越した問題であることを意味する。アメリカでは大統領制の下で共和党と民主党の二大政党制が確立しており政党帰属意識が有権者の投票行動に大きく影響を与えることが知られている。しかし、韓国の政党は選挙戦略の観点から離合集散を繰り返し、各選挙のたびに政党名や政党構成員の変更が行われてきた現実から考えると政党帰属意識の影響は問題にならない。すなわち、韓国の場合は特定地域を代表する地域政党としての性格が強いために政党帰属意識という概念ではなく地域代表的政党の性格を持っていることを選挙結果は示している。

　第4章では2010年5月に実施した政治意識調査の結果を用いて実証分析を行った。「地域主義」を政治経済的側面から検討することを目的として設定した設問の回答を図表に整理して分析を試みた。第1節では「地域主義」の経済的要因を主として取り上げた。今回の政治意識調査の結果、有権者の80％以上の人々が差別的な経済政策が行われたと考えており首都圏と嶺南地域が特に優遇されたと考えている。経済規模からすると首都圏が圧倒的に大きく第2番目は嶺南地域であり、次いで湖南地域と忠清地域は人口や他の経済指標を検討する限りにおいて同水準であると考えて差し支えない。特徴的なことは、湖南地域と忠清地域の人々は同様に嶺南地域が最も優遇された地域であると考えている事実である。有権者の経済的な要因に関する認識が「地域主義」の原因であるとするならば、湖南地域においては「地域主義」が極端な形で表出しているにも拘らず忠清地域では表出しない理由の説明ができない。したがって、経済的要因は「地域主義」の補強要因としては承認できるが他の要因の検討の不可欠であることを示唆しているといえる。第2節では「地域主義」に対する政治的側面からの接近を図る目的で政治意識調査の政治的要因分析を実施した。その結果、「地域主義」の原因を選挙の際に政治家が地域対立感情を助長したからであると考えている人々は国民の過半数を超えることが確認できた。更に、韓国人のほとんど全ての人が地域対立感情は依然として存在していると認識しており様々な形で地域対立感情に起因する影響があると考えている事実を把握したのである。

第5章では、「地域主義」の社会文化的要因に関しての分析を行った。第1節では、2010年5月に実施した政治意識調査の結果を用いて社会文化的な側面から「地域主義」に関する実証分析を行った。政治意識調査では地域葛藤に関する多様な設問を用意し多角的な分析が可能になるように実施した。韓国人は慶尚道出身者に対しては友好的であると感じ、全羅道出身者に対しては非友好的であると感じているという結果を得た。また、両地域の人々が相互に抱いているイメージに対しての様々な質問に対する分析を行った。政治意識調査の結果を総合すると、嶺南地域の人々は湖南地域の人々に対して否定的感情を持っており、逆に湖南地域の人々は嶺南地域の人々に対して否定的感情を持っている一般的な傾向があることが確認できた。更に、地域葛藤が形成された原因を長い間嶺南出身の大統領が出たことから権力を独占し湖南地域を疎外したからであると考える人が湖南地域の人々の中に非常に多いことも把握できた。この結果からみると、湖南地域の被害者意識が地域葛藤の原因であると分析することができる。第2節では、韓国の社会空間である「우리（ウリ）共同体」という韓国社会の特有の社会構造がどのように形成されているのかを、政治理論の枠組みから検討した。第3節では、地縁、血縁、学縁などを通じた私的なネットワークが利害関係と強く結合し「우리（ウリ）共同体」構造にどのような影響を与えるのかを論じた。私的な人間関係のネットワークは指導者階層と民衆の相互作用の下で歴史的に形成されたものであり、権力による収奪と対立競争の中で自己の生活と安全を守りながら自己利益を実現する上昇志向性の基盤として機能しているという内容を確認した。第4節では、韓国特有の帰属組織である「우리（ウリ）共同体」が自らの利権を獲得・維持する中で生れた過度な競争社会の構図に関して説明を行った。すなわち、2010年5月に実施した政治意識調査の自由記述の中で記載されている内容分析を行うことで、伝統的政治文化に起因する競争性は韓国社会に深く定着していることを確認した。

　第6章では、韓国の「地域主義」の特徴と表出原因を検討することを目的とした。第1節では、先行研究の問題点を指摘し先行研究の限界に検討を加えた。地域間の経済格差が「地域主義」の原因であるという見解は説得力を持つ

ていることは今回実施した政治意識調査で多くの人々の認識から明らかになった。しかし、この結果は有権者の多くが「地域主義」の原因を経済格差問題であると考えているに過ぎず、「地域主義」の原因と考えることは短絡的過ぎる。経済統計を参考にする限り、湖南地域と嶺南地域にのみ限定的に「地域主義」が表出する理由に関して説得的な説明がなされておらず限界が存在することを指摘した。すなわち、表面的には、「地域主義」は経済利権を廻る地域対立の様相を見せてはいるが、その前提としての歴史的に形成された地域感情を無視する解釈は皮相的な見解であるとの批判を免れない。また、伝統的に蓄積された地域差別感情も「地域主義」の原因の一部をなすことは心理学的なアプローチから説明が加えられ、最近では認知心理学の成果を取り入れた分析が行われているが、社会心理学的な切り口からは「地域主義」が政治現象である視点が欠如している。したがって、「地域主義」を政治現象と把握する限り副次的な要因分析に留まり湖南地域に表出した極端な有権者の投票行動を説明するには至っていない。更に、政治エリートの偏在的な人事配置に関しても単なる統計的な数値の遊戯に過ぎず説明根拠としては薄弱であるとの批判を免れない。李承晩政権から金大中政権までの行政エリートの統計を比較すると絶対数では慶尚道優位の結果を得ることができるが、人口比で考えると格差はそれ程大きくはないと判断できる。韓国社会は縁故主義が貫徹されている社会であることから政権担当者の出身者が優遇されることは当然のことであって、そのことが「地域主義」の主たる原因と考えることは論理の飛躍である。嶺南地域が人事的に優遇されているという漠然とした感覚を持ちえても湖南地域の全ての有権者が統計的な数値を把握し分析を行っているとは考えられない。不公平な人事配置は経済発展にも関係をもつことから、「地域主義」の表出要因ではないと断言することは困難であるが影響は極めて限定的であると考える方が合理性をもっている。

　第2節では、法制度的要因分析の視点を踏まえて統治制度と「地域主義」との関連性について検討を加えた。アジアバロメーターの研究成果を利用して韓国人が権威主義的な政権を志向する傾向があることを示し、民主主義的な国民

直接選挙という制度自体が「地域主義」を活性化させた理由の一部であることを示した。更に、第3節では「地域主義」の背景要因に説明を加えた。民主化以降の選挙において「地域主義」が表出した背景を探り、静態的な要因を抽出するだけでは「地域主義」を説明することはできないことを指摘した。

　第4節では、今回実施した政治意識調査の結果から回帰分析の手法を用いて「地域主義」の原因分析を実施した。政治現象とは支配と服従の関係性の中で人間の多様な信念と価値観が織り成す闘争の過程であるといえる。したがって、人間の価値観や信念を形成する社会心理学的な側面も見逃すことはできない。このような観点から、社会文化的な側面からのアプローチが必要不可欠であると考え政治意識調査結果に回帰分析の手法を取り入れて分析を加えた。今回実施した政治意識調査は「地域主義」の現象を説明するためには様々な要因が動力学的に作用した政治現象であることを承認しなければならないことを示唆している。その結果、①不公平な経済政策、②両地域の人々が持つ否定的感情、③政治家の煽動が地域葛藤の原因として大きな比重を占めていることがわかった。

　第5節において「地域主義」の表出メカニズムを提示し、本書の展開を踏まえて「地域主義」の表出メカニズムをモデル化して解説を加えた。地縁、血縁、学閥、姓貫などの社会学的変数が様々な「우리（ウリ）共同体」を形成する触媒機能を担い、平衡状態にある多元的な「우리（ウリ）共同体」の多重構造は特定の課題解決のために地域帰属意識を喚起されることがある。すなわち、地域対立が課題となる場合には地域帰属意識が強化され地域主義表出エネルギーとして蓄積されてくる。地域主義表出エネルギーが政策争点態度に作用すると争点投票を生み出し、候補者特性に作用すると候補者投票を生み出す。しかし、最も影響力を発揮するのは地域主義表出エネルギーが直接に地域主義的投票行動に作用することである。このようにして「地域主義」の原因を静態的に把握するのではなく動力学的なシステムとして理解することにより「地域主義」の本質を理解することが可能であることを確認した。

注

(1) 森康郎（2009a）「韓国の第17代大統領選挙における地域主義の特徴とその評価」『アジア太平洋研究科論集』第17号、2009年4月、123～142頁。蘇淳昌「韓国地方選の地域主義と政党支持」『選挙研究』第12号、1997年、231～247頁。小林英夫「韓国の大統領選挙と政治変容」『アジア太平洋討究』第5号、2003年3月、21～33頁。大西裕「地域主義とそのゆくえ」『比較・政治研究（新版）』ミネルヴァ書房、2004年、173～220頁。
(2) 大西裕、同上、175頁。
(3) 大西裕、同上、177頁。
(4) 森山茂徳『韓国現代政治』東京大学出版会、1998年、169～192頁。
(5) 【原文】其八日　車峴以南　公州江外　山形地勢　並趨背逆　人心亦然彼下州郡人　參與朝廷　興王侯國戚婚姻　得秉國政　則或變亂國家　或啣統合之怨　犯蹕生亂　『高麗史』〈太祖世家　26年の條〉。李宣根編『大韓国史』第二巻：統一祖国の形成編〈訓要十條の第八條〉新太陽社、1973年、72頁。【日本語訳】車嶺山脈以南と錦江の以南の地域は山形と地勢の並びが背逆になっており、人心も同様である。その州郡の人々が王政に参加し王侯国戚と婚姻し国政に影響を与えるようになれば、或いは国家を変乱し或いは統合の時の怨恨を抱いているから乱を起こすことになる。（日本語訳は筆者）
(6) 武田幸男編『朝鮮史』山川出版社、2000年、190頁。
(7) 己丑獄事は1587年に全羅道で起きた東人の鄭汝立の謀反事件を契機に西人派が東人派を粛清した政変。
(8) 韓永愚著・吉田光男訳『韓国社会の歴史』明石書店、2003年、325頁。
(9) 極めて少数の門閥から生員・進士試合格者が輩出され、朝鮮時代の高級官僚を調査するとその大多数は主要門閥の子弟である。朝鮮王朝時代を通じて最低であ

る6人の生員・進士試合格者を出している姓貫は33姓貫であり、10人以下の姓貫は105姓貫、10人以上20人未満の姓貫は101姓貫に上る。生員・進士試の合格者を輩出した姓貫は447家門に上るが、最少は6人から最多は全州李氏の2,719人まで格差は甚だしく大きかった。崔珍玉『朝鮮時代生員進士研究』集文堂、1998年、266～291頁を用いて筆者が集計整理。

(10) 李成茂著・平木實・中村葉子訳『韓国の科挙制度』日本評論社、2008年、245～246頁。

(11) 文科の1次試験は受験科目の違いにより生員試と進士試とがあったが、生員・進士試は文科を受験するための資格試験の性格を持っており本来的には官吏登用を目的とするものではなかった。生員・進士試に合格した者を生員・進士と呼び尊重された。

(12) 東学は崔済愚が創唱した朝鮮民族独自の民族思想と評価されるものである。東学は儒教・仏教・道教の三教合一を目指し、三教以外の伝統的天神信仰・土俗的鬼神信仰・シャーマニズム信仰・『鄭鑑録』信仰などの影響を受けているとされるが、思想の根幹を構成するのは儒教思想であり、仁義礼智や三綱五倫を絶対化している。趙景達『異端の民衆反乱』岩波書店、1998年、34～35頁。

(13) 東学農民革命が勃発してまもなく東学は運動路線の相違から北接と南接に分裂した。武装闘争路線を主張したのは全琫準をはじめとする南接の指導者たちであった。歴史的に北接・南接の区別は組織の地方性を根拠として名づけられたものではなく党派の区別として用いられてきた。呉知泳・梶村秀樹訳注『東学史』平凡社、1970年、205頁。したがって、南接が主導したことで全羅道地域に抗日抗争が局限化されるわけではなく東学の包接組織が人的ネットワークで結合しているために全国的に拡散する要素を本質的に内包していた。森康郎（2010a）「東学と『天主実義』」『アジア太平洋研究科論集』第19号、2010年5月、233～253頁。森康郎「3・1独立運動の再検討」『アジア太平洋研究科論集』第20号、2011年1月、235～262頁。

(14) 義兵とは国家の危急に際し義を持って蜂起し政府の命令や徴発をまたずして軍務に従事し敵と対決した民軍のことである。朴殷植著・姜徳相訳『朝鮮独立運動

の血史Ⅰ』平凡社、1972年、44頁。義兵は三国時代以来の歴史的伝統であり、外敵の侵略に対して決起して勲功を立てた歴史的事実が多くある。朝鮮王朝の第14代国王宣祖時代に倭寇の侵略を受けた時にも在地両班や僧侶が国王への忠義を掲げて義兵を組織し奇襲作戦などによって日本軍に抗戦した。武田幸男編、前掲書、192〜193頁。

(15) 姜在彦『朝鮮の儒教と近代』明石書店、1996年、74頁。

(16) 朴成壽『独立運動史研究』創作과批評社（創作と批評社）、1980年、168〜172頁。

(17) 森山茂徳は韓国のナショナリズムを「抵抗民族主義」として位置づけ解説を行っている。森山茂徳、前掲書、10〜18頁。

(18) 大西裕、前掲論文、175頁。

(19) 정기선（ジョンキソン）(2005)「지역감정과 역갈등인식의 변화：1988년과 2003년비교（地域感情と期域葛藤認識の変化——1988年と2003年の比較）」『한국사회학（韓国社会学）』第39巻2号、2005年、69〜99頁。

(20) 김욱（キムウク）「한국지역주의의 지역별 특성과 변화가능성：대전・충청지역을 중심으로（韓国地域主義の地域別特性と変化の可能性——大田・忠清地域を中心に）」『21세기정치학회보（21世紀政治学会報）』第14巻第1号、2004年、83〜105頁。조순제（ジョスンジェ）「동서갈등과 지역주의 극복방안（東西葛藤と地域主義の克服方案）」『대한정치학회보（大韓政治学会報）』第12巻第1号、2004年、191〜212頁。강원택（カンウォンテク）「2002년 대통령선거와 지역주의（2002年大統領選挙と地域主義）」『한국정치학회 2003년도 춘계학술회의 발표논문집（韓国政治学会2003年度春季学術会議発表論文集）』2003年、47〜67頁。강명세（カンミョンセ）「지역주의는 언제 시작되었는가：역대대통령 선거를 기반으로（地域主義はいつから始ったか：歴代大統領選挙を基盤として）」『한국과 국제정치（韓国と国際政治）』第17号、慶南大学校極東問題研究所、2001年、127〜158頁。양재인（ヤンジェイン）「한국의 선거와 투표행태：지역주의가 표출된 국회의원선거를 중심으로（韓国の選挙と投票形態：国会議員選挙を中心に）」『한국과 국제정치（韓国と国際政治）』第17号、慶南大学校極東問題研究所、2001年 1〜33頁。

(21) 유의영 (ユウィヨン)「한국의 지역주의 : 사회 각 분야 지도급 인사 구성에 나타난 지역편중도 (韓国の地域主義——社会各分野の指導者構成に表出する地域偏重度)」김성국 (キムソング)・석현호 (ソクヒョンホ)・임현진 (イムヒョンジン)・유석춘 (ユソクチュン) 編『우리에게 연구는 무엇인가 : 한국의 집단주의와 네트워크 (我々の研究は何か——韓国の集団主義とネットワーク)』전통과현대 (伝統と現代)、2003 年、128 ～ 191 頁。김용학 (キムヨンハク)「엘리트충원에 있어서의 지역격차 (エリート層における地域格差)」한국사회학회 (韓国社会学会) 編『한국의 지역주의와 지역갈등 (韓国の地域主義と地域葛藤)』성원사 (ソンウォンサ)、1990 年、265 ～ 301 頁。오수열 (オスヨル)「한국사회의 남남갈등과 그 해소를 통한 국민통합 방안—지역갈등을 중심으로 (韓国社会の南南葛藤とその解消を通した国民統合の方案——地域葛藤を中心に)」『통일문제연구 (統一問題研究)』第 20 巻 2 号、조선대학교 통일문제연구소 (朝鮮大学校統一問題研究所)、2005 年、1 ～ 20 頁。

(22) 김윤상 (キムユンサン)「ＤＪ시대의 영호남 (ＤＪ時代の嶺湖南)」『광주・전남행정학회보 (光州・全南行政学会報)』第 4 号、1998 年、1 ～ 16 頁。려영부 (リョヨンブ)「제 16 대 국회의원 선거에 나타난 지역감정에 관한 고찰 (第 16 代国会議員選挙に表出した地域感情に関する考察)」『한국사회 (韓国社会)』第 4 号、2001 年、247 ～ 272 頁。김만흠 (キムマンフム)「한국의 정치균열에 관한 연구 : 지역균열의 정치과정에 대한 구조적 접근 (韓国の政治亀裂に関する研究——地域亀裂の政治過程に対する構造的接近)」서울대학교박사논문 (ソウル大学校博士論文)、1991 年、7 ～ 21 頁。

(23) 문석남 (ムンソクナム)「지역편차와 갈등에 관한 한 연구 : 영호남 두지역을 중심으로 (地域偏差と葛藤に関する研究——嶺湖南 2 地域を中心に)」『韓国社会学』、1984 年、184 ～ 209 頁。오수창 (オスチャン)「조선시대 지역사 인식의 지역적 성격 (朝鮮時代地域史認識の地域的性格)」『한국 지역주의의 현실과 문화적맥각 (韓国地域主義の現実と文化的脈絡)』민속원 (民俗院)、2004 年、52 ～ 73 頁。김기현 (キムギヒョン)「연남성리학과 기호성리학의 지역주의적 경합 구도에 대한 현대적 조면 (嶺南性理学と畿湖性理学の地域主義的競合構図に対する現代的照明)」

『한국 지역주의의 현실과 문화적맥락（韓国地域主義の現実と文化的脈絡）』민속원（民俗院）、2004 年、76 〜 101 頁。

(24) 이정진（イジョンジン）「정당연합과 지역주의（政党連合と地域主義）」『한국과 국제정치（韓国と国際政治）』第 19 巻第 3 号、2003 年、111 〜 138 頁。이갑윤（李甲允）「지역주의의 정치적 정향과 태도（地域主義の政治的定向と態度）」『한국과 국제정치（韓国と国際政治）』第 18 巻第 2 号、2002 年、155 〜 178 頁。

(25) 최원규（チェウォンギュ）『경제개발의 격차와 지역감정（経済発展の格差と地域感情）』成均館大学出版部、1991 年、2 〜 25 頁。

(26) 문석남（ムンソクナム）、前掲論文、184 〜 209 頁。

(27) 이병휴（イビョンヒュ）「지역갈등의 역사（地域葛藤の歴史）」『한국 지역주의의 현실과 문화적맥락（韓国地域主義の現実と文化的脈絡）』민속원（民俗院）2004 年　12 〜 49 頁。

(28) 유의영（ユウィヨン）、前掲論文、128 〜 191 頁。김용학（キムヨンハク）、前掲論文、265 〜 301 頁。

(29) 김욱（キムウク）、前掲論文、83 〜 105 頁。조순제（ジョスンジェ）、前掲論文、191 〜 212 頁。강원택（カンウォンテク）、前掲論文、47 〜 67 頁。강명세（カンミョンセ）、前掲論文、127 〜 158 頁。양재인（ヤンジェイン）、前掲論文、1 〜 33 頁。온만금（オンマンクム）「역대 대통령선거에 나타난 지역주의 추이와 양상（歴代大統領選挙に表出した地域主義の推移と様相）」『한국사회학（韓国社会学)』第 31 号、1997 年、737 〜 757 頁。온만금（オンマンクム）「한국정당체계의 형성과 변화에 관한 이론（韓国政党体系の形成と変化に関する理論）」『한국사회학（韓国社会学)』第 37 巻第 3 号、2003 年、135 〜 157 頁。

(30) 김진국（キムジング）(1984)「지역민간의 편견적 태도연구（地域民間の偏見的態度研究）」『학생생활연구（学生生活研究)』第 16 号、전남대학교（全南大学校）、1984 年、1 〜 27 頁。김진국（キムジング）(1988)「지역감정의 실상과 그 해소방안（地域感情の実情と解消方案）」한국심리학회（韓国心理学会）編『심리학에서 본 지역감정（心理学から見る地域感情）』성원사（ソンウォンサ）、1988 年、123 〜 169 頁。이진숙（イジンスク）「8 도인의 성격특성에 대한 선입관념（8 道人

の性格特性に対する先入観念)」『사상계（思想界）』第 12 号、1959 年、74 〜 87 頁。김혜숙（キムエスク）「지역간 고정관념과 편견의 실상: 세대간 전이가 존재하는가（地域間固定観念と偏見の実情——世代間転移が存在するか）」한국심리학회（韓国心理学会）編、『심리학에서 본 지역감정（心理学から見る地域感情）』성원사（ソンウォンサ）、1988 年、221 〜 253 頁。이소영（イソヨン）・정철희（ジョンチョルヒ）「전통적 가치와 지역감정（伝統的価値と地域感情）」『한국사회학（韓国社会学）』第 37 巻 5 号、2003 年、31 〜 54 頁。최준영（チェジュンヨン）・김순흥（キムスンフン）「지역간 거리감을 통해서 본 지역주의의 실상과 문제점（地域間距離感を通して見る地域主義の実情と問題点）」『사회연구（社会研究）』第 1 号、2000 年、65 〜 95 頁。

(31) 김혜숙（キムエスク）(1988)、前掲論文、221 〜 253 頁。나간채（ナガンチェ）「지역(민)간의 사회적 거리감（地域間の社会的距離感）」한국사회학회（韓国社会学会）編『한국의 지역주의와 지역갈등（韓国の地域主義と地域葛藤）』성원사（ソンウォンサ）、1990 年、79 〜 105 頁。정기선（ジョンキソン）「탈북자에 대한 이미지연구（脱北者に対するイメージ研究）」『통일문제연구（統一問題研究）』第 11 巻第 1 号、1999 年、173 〜 189 頁。정기선（ジョンキソン）(2005)、前掲論文、69 〜 99 頁。조경근（ジョギョングン）「정치사회화의 시각에서 본 영·호남간의 지역감정 실재와 악화 및 그 해소: 광주 및 대구지역의 대학생들에 대한 설문조사를 중심으로（政治社会の視角から見る嶺·湖南間の地域感情の実情と悪化及び解消——光州及び大邱地域の大学生に対する質問調査を中心に）」『제 7 회 한국정치학회·재북미한국인정치학자 합동학술대회 발표논문집（第 7 回韓国政治学会·在北米韓国人政治学者合同学術大会発表論文集）』1987 年、107 〜 126 頁。

(32) 김혜숙（キムエスク）(1988)、前掲論文、221 〜 253 頁。김범준（キムボンジュン）「사회적 범주화가 지역감정형성에 미치는 영향（社会的範疇化が地域感情形成に与える影響）」한국심리학회（韓国心理学会）編『사회 및 성격（社会と性格）』第 16 巻第 1 号、2002 年、1 〜 18 頁。

(33) 김혜숙（キムエスク）「지역고정관념이 귀인판단과 인상형성에 미치는 영향（地域固定観念が判断と印象形成に与える影響）」한국심리학회（韓国心理学会）編『사

会（社会）』第 7 巻第 1 号、1993 年、53 ～ 70 頁。김진국（キムジング）（1988）、前掲論文、123 ～ 169 頁。나간채（ナガンチェ）、前掲論文、79 ～ 105 頁。

(34) 김혜숙（キムエスク）「집단범주에 대한 신념과 호감도가 편견적 판단에 미치는 영향：미국의 성편견, 인종편견과 한국의 성편견, 지역편견의 비교（集団カテゴリーに対する信念と好感度が偏見的判断に与える影響——米国の性偏見・人種偏見と韓国の性偏見と地域偏見の比較）」한국심리학회（韓国心理学会）編『사회 및 성격（社会と性格）』第 15 巻第 1 号、2001 年、1 ～ 16 頁。

(35) 송관재（ソングァンジェ）『지각적 특출성과 내외집단편파가 개인의 착각상관에 미치는 영향：기억추론과 온라인 추록과정의 비교（知覚的特出性と内外集団偏頗が個人の錯覚相関に与える影響——記憶推論とオンライン推測過程の比較）』연세대학교 박사학위논문（延世大学博士学位論文）1992 年、4 ～ 26 頁。

(36) 박군석（パクグンソク）・한덕웅（ハンドックン）「영호남인의 사회구조요인지각과 사회정체성이 상대적 박탈과 집합전략에 미치는 영향（嶺湖南人の社会構造要因知覚と社会的アイデンティティが相対的剥奪と集合戦略に与える影響）」한국심리학회（韓国心理学会）編『사회 및 성격（社会と性格）』第 17 巻第 2 号、2003 年、59 ～ 72 頁。

(37) 이갑윤（李甲允）『한국의 선거와 지역주의（韓国の選挙と地域主義）』오름（オルム）、1998 年、165 ～ 175 頁。李甲允の議論に影響を受けている論文は多い。例えば、大西裕、前掲論文、175 ～ 220 頁。出水薫（1996）「韓国政治における地域割拠現象——第 6 共和国の国政選挙結果にみるその実態と変化」『外務省調査月報』3 月号、1996 年 3 月、1 ～ 31 頁。出水薫（1998）「韓国国政選挙における地域割拠現象再論——第 15 代大統領選挙を対象として」『政治研究』第 45 号、1998 年 3 月、61 ～ 85 頁。

(38) 이갑윤（李甲允）、前掲書、116 頁。

(39) ハビトゥス（habitus）は、フランスの社会学者であるブルデュー（Pierre Bourdieu）が提示した用語であり、社会的に獲得された性向の総体の意味で用いている。人間が社会化されるメカニズムを説明する概念として有用である。

(40) 憲法改正の頻繁性は、1919 年に上海で成立した大韓民国臨時政府の憲法史で

もみられる。すなわち、臨時政府憲法は同年9月に公布されて以来、45年の解放までの26年間に4回も改正がなされた。これらの改憲の原因ないし目的も国家権力構成の変更に関してであった。したがって、臨時政府の正統性は解放後の韓国にとって圧倒的であった。それゆえに、韓国政府が制憲憲法を制定したとき、この政府が臨時政府の法的正統性を継承するという規定が憲法前文におかれている。この規定は後の憲法のすべてに継承されている。大韓民国憲法前文を参照。趙相元『小法典』현암사（ヒョンアムサ）、2007年、2頁。森山茂徳、前掲書、141～143頁。

(41) 森康郎（2009b）「韓国における憲法改正過程と問題点」『アジア太平洋研究科論集』第18号、2009年11月、401～430頁。

(42) 権寧星（2007a）『改訂版　憲法学原論』法文社、2007年、103～104頁。

(43) 森康郎（2009b）前掲論文、401～430頁。

(44) 金栄秀『韓国憲法史』学文社、2000年、399～729頁。

(45) 金栄秀、同上、197～200頁。

(46) 金栄秀、同上、213～352頁。

(47) 韓国問題に関する4項目の決議書の内容は以下の通りである。①民主主義の原則のもとに、独立国家を建設するために臨時政府を樹立する。②臨時政府樹立を助けるために米ソ共同委員会を設置する。③米英ソ中は韓国を最大5年間共同管理（信託統治）する。④2週間以内に米ソ司令部の代表会議を開催する。

(48) 与党系57議席の内訳は、大韓国民党24議席、国民会12議席、大韓青年団10議席、一民倶楽部4議席、大韓労働総連盟2議席、朝鮮民主党2議席、大韓婦人会1議席、愛国団体連合会1議席、中央仏教委員会1議席であった。一方、野党系は民主国民党23議席、社会党2議席、民族自主連盟1議席の26議席を占め、127議席が野党系無所属であった。

(49) 金哲洙（2007）『憲法学概論（第19版）』博英社、2007年、115頁。（日本語訳は筆者）

(50) 許營『韓国憲法論』博英社、2007年、103頁。（日本語訳は筆者）

(51) 高木八尺・末延三次・宮沢俊義編『人権宣言集』岩波文庫、1957年、133頁。

(52) 権寧星は違憲の理由として①一事不再議の原則違反、②公告手続きを欠いた改憲案の議決、③討論の自由が保障されていないこと、④議決の強制、などを挙げている。権寧星（2007b）『韓国憲法論』博英社、2007年、94頁。同様に憲法違反を主張しているものに、洪性邦『憲法学』현암사（ヒョンアムサ）、2007年、46頁。鄭宗燮『憲法学原論（第2版）』博英社、2006年、170頁。이승우（イスンウ）『憲法学』두남（トゥナム）、2009年、177頁。
(53) 武田幸男編、前掲書、343～346頁。
(54) 自由党側の解説は以下のような詭弁の論理に基づくものであった。203に3分の2を乗じると135.3333……という結果を得る。135.3333……を四捨五入すれば、解は135となる。すなわち、135票は憲法の規定にいう「3分の2以上」を満足するものであるという論理である。
(55) 金哲洙（2007）、前掲書、115～116頁。（日本語訳は筆者）
(56) 許營、前掲書、104頁。（日本語訳は筆者）
(57) 権寧星（2007b）、前掲書、95頁。（日本語訳は筆者）
(58) 洪性邦、前掲書、47頁。本文に掲げた以外の違憲論が説明されている。同様に憲法違反を主張しているものに、鄭宗燮、前掲書、171頁。이승우（イスンウ）、前掲書、178頁。
(59) 金哲洙『韓国憲法の50年』敬文堂、1998年、143～144頁。
(60) 韓泰淵『憲法学』法文社、1983年、363～364頁。
(61) 尹世昌「議院内閣制の是正点」『考試界』1961年6月号、30頁。
(62) 尹世昌、同上、31～33頁。
(63) 鄭萬喜『憲法と統治構造』法文社、2003年、57～59頁。
(64) 李康爀「韓国における憲法の改正」『比較憲法学研究』1996年10月、111頁。
(65) 無限界説は、憲法改正権は憲法制定権力と同質であり、制定された制定された憲法の枠には拘束されない、また法は社会の変化に応じて変化すべきであり憲法もその例外ではない、と主張する。無限界説を採用すると、憲法所定の改正手続に基づくものである限り、もとの憲法の基本原理を変更することも法的に認められることになる。一方、限界説を採用する学説。佐藤幸治『憲法（第3版）』青林

注

書院、1997 年、39 〜 40 頁。芦部信喜『憲法（新版）』岩波書店、1999 年、356 〜 358 頁。清宮四郎『憲法Ⅰ』有斐閣、1971 年、402 〜 406 頁。

(66) 芦部信喜、同上、358 頁。初宿正典・辻村みよ子編『新解説世界憲法集』三省堂、2006 年、177 頁及び 240 頁を参照。

(67) 金哲洙（2007）、前掲書、117 頁。（日本語訳は筆者）

(68) 許營、前掲書、107 頁。（日本語訳は筆者）

(69) 革命公約とは、5・16 軍事クーデター直後に発表された公約である。その内容は、以下の通りである。①今までスローガンに終わっていた反共体制を再整備・強化する、②国連憲章を遵守し国際協約を誠実に履行して米国を初めとした自由友邦との紐帯をいっそう強固にする、③現政権の腐敗を一掃して頽廃した国民道義と民族正気を振作する、④貧困と飢餓のなかで民生苦を直ちに解決し、国家自主経済体制を完成する、⑤国民の宿願である国土統一のために反共実力を培養する、⑥このようなわれわれの課業が成就されれば、新しい良心的な政治人たちに政権を移譲し、われわれは本来の任務に復帰するであろう。池明観『韓国民主化への道』岩波書店、1995 年、53 頁。金栄秀、前掲書、503 〜 504 頁を参照。

(70) 国家再建非常措置法は、4 章 24 ヶ条及び附則で構成されている。その内容は、以下の通りである。①大韓民国の最高統治機関として国家再建最高会議が三権を統合・管掌し、②国民の基本的人権は革命課業完遂に支障のない限度内で保証し、③国家再建最高会議は国会の権限を行使し、内閣はその最高会議に対して連帯債務を負う、④大法院長と大法院判事は最高会議の提請で大統領が任命し、憲法裁判所は効力を停止させる、⑤第 2 共和国憲法は非常措置法に抵触しない範囲内でのみ効力をもつ。李康爀、前掲論文、112 頁。金栄秀、同上、503 〜 504 頁を参照。

(71) 金哲洙（2007）、前掲書、44 頁。

(72) 金哲洙（2007）、同上、119 頁。

(73) 金哲洙（2007）、同上、119 頁。

(74) 李康爀、前掲論文、114 頁。

(75) 李康爀、同上、114 頁。

(76) 金哲洙（2007）、前掲書、119 頁。

(77) 「10.17非常措置」の主要な内容は①国会の解散、②政党などの政治活動停止のための憲法の一部条項の効力停止、③非常国務会議による国会の権限代行、④10月27日までに非常国務会議が憲法改正案を公告しこれを国民投票で確定すること、⑤憲法改正案が確定されれば、改正された憲法手続きにしたがって1972年末以前に憲法秩序の正常化を図ることなどである。金栄秀、前掲書、557頁。

(78) 李康爀は論文の中で、1994年6月30日の憲法裁判所決定において、このような国家保衛に関する特別措置法は「超法規的な国家緊急権を大統領に付与しているという点で、これは憲法を否定して破壊する反立憲主義、反法治主義の違憲法律である」と明確な憲法違反を指摘していることを紹介している。李康爀、前掲論文、124頁。

(79) 権寧星は、「第7次憲法改正は俗に維新憲法と呼ぶ」と述べるに留まっている。権寧星（2007a）、前掲書、98頁。

(80) 金哲洙（2007）、前掲書、121〜122頁。

(81) YH貿易事件：経営が悪化したYH貿易の廃業問題に関して、従業員が抗議する目的で新民党本部に篭城した。その際、突入した警官隊との乱闘中に女子労働者が投身自殺した事件。

(82) 金載圭は穏健論であり、車智澈は強硬論であった。

(83) 4月21日に江原道舎北邑の炭鉱で労働争議が紛糾し、3,000人が暴動を起こした。5月15日に戒厳令解除を要求する学生デモが拡大し10万人の規模になった。

(84) 「6・29民主化宣言」の日本語訳は、姜尚求『民主主義と統一の時代』柿の葉会 1990年、393〜399頁を参照。また、李康爀も論文の中で、この宣言は「国民の民主化運動に対する一種の降伏文書の性格をもつものと評価されている」としている。李康爀、前掲論文、120頁。さらに、白楽晴「6月民主抗争の意義を考える」『世界』岩波書店、1997年8月号、137〜149頁。

(85) 中央選挙管理委員会編『歴代大統領選挙状況』中央選挙管理委員会、1996年、23〜45頁。

(86) 尹景徹『分断後の韓国政治』木鐸社、1986年、311頁。

(87) 中央選挙管理委員会編、前掲書、123〜153頁。

(88) 尹景徹、前掲書、330 頁。
(89) 尹景徹、同上、334 頁。
(90) 中央選挙管理委員会編、前掲書、155 〜 187 頁。
(91) 大西裕、前掲論文、183 頁。
(92) 中央選挙管理委員会編、前掲書、215 〜 240 頁。
(93) 中央選挙管理委員会編、同上、241 〜 280 頁。
(94) 「三金」とは、金大中、金泳三、金鍾泌のこと。
(95) 2002 年 6 月に行われた統一地方選挙の投票率 48.9％と比較すると、第 16 代大統領選挙の投票率が 70.8％であることからして 20％以上の格差がある。したがって、大統領選挙は依然として高い投票率を保持していると評価することができる。もちろん、政治状況や大統領選挙と地方選挙という性格の差はあるが、統一地方選挙においてハンナラ党が圧勝したことから、下落した 20％の有権者の多くが民主党の盧武鉉に流れたと推測できる。すなわち、統一地方選挙においては棄権したが、今回の大統領選挙では投票した有権者の多くが盧武鉉に投票した事実は変革を求める韓国国民の意思の現われと見ることもできる。要するに、李会昌は世代交代の流れに抗しきれなかったとの評価が成り立つ。
(96) 小林英夫、前掲論文、2003 年 3 月、32 頁。
(97) 小林英夫、同上、31 頁。
(98) 이갑윤（李甲允）、前掲書、34 頁。
(99) 玄武岩『韓国のデジタル・デモクラシー』集英社新書、2005 年、12 〜 18 頁。
(100) 重村智計『韓国の品格』三笠書房、2008 年、150 頁。
(101) 韓国ギャロップ編『第 16 代大統領選挙投票形態』韓国ギャロップ社、2003 年、12 〜 14 頁。
(102) 玄武岩、前掲書、88 〜 90 頁。
(103) 選挙日前 6 日から選挙日の投票終了時まで世論調査の結果を発表してはならない（公職選挙法第 108 条第 1 項）。
(104) 『読売新聞』2007 年 12 月 18 日。
(105) 中央選挙管理委員会編『第 17 代大統領選挙総覧』中央選挙管理委員会、2008

年、102 頁。

(106) ただし、1960 年 3 月 15 日に実施された第 4 代大統領選挙において、野党候補が選挙公示後に死亡したために、李承晩が対立候補不在のまま 9,633,376 票を獲得し当選したことがある。このときの、李承晩の得票率は 100％であった。これは、民主主義制度の下では極めて特殊なケースといえる。

(107) 尹景轍、前掲書、89 頁。

(108) 金浩鎮著・李健雨訳『韓国政治の研究』三一書房、1993 年、235 頁。

(109) 尹景轍、前掲書、143 頁。

(110) 尹景轍、同上、204 ～ 205 頁。

(111) 金浩鎮著・李健雨訳、前掲書、236 頁。

(112) 金浩鎮著・李健雨訳、同上、239 頁。

(113) 金浩鎮著・李健雨訳、同上、241 頁。

(114) 木村幹「韓国における民主化と政党」『講座　東アジア近現代史 4』青木書店、2002 年、211 ～ 248 頁。若畑省二「権威主義体制下における農業政策と農村社会」『国家学会雑誌』第 114 巻第 1 ～ 4 号、2001 年、870 ～ 932 頁。

(115) 大西裕、前掲論文、185 頁。

(116) 이갑윤（李甲允）、前掲書、34 頁。

(117) 大西裕、前掲論文、185 頁。

(118) 大西裕、同上、186 頁。大西裕は、政府・与党による動員論や開発政策に関する利益の主張が成功しているとは言いがたいとしている。

(119) 이갑윤（李甲允）、前掲書、65 ～ 76 頁。

(120) 大西裕、前掲論文、186 頁。

(121) 大西裕、同上、185 頁。

(122) ｔ‐検証は両集団の平均値を比較する時に使われる検証法。

(123) 分散分析は 3 つ以上の集団における平均値を比べる際に使われる検証法である。

(124) 1975 年に英国マンチェスター大学で社会学の博士号取得。米国ボストン大学社会学部教授。心に関する考え方を社会学的なエスノメソドロジー的な観点から

再構成することを目指す研究を続けている。

(125) Coulter.J. *The social construction of mind* London Macmillan ,1979, pp.81~82.

(126) アメリカの心理学者で行動心理学の創始者。伝統的な精神分析を中心とする実験心理学に反対し、客観的に観察可能な行動を対象にするべきであると主張した。

(127) James W.Kalat,Michelle N.Shiota, 민경환（ミンギョンファン）訳『정서심리학（情緒心理学）』시그마플레스（シグマプレス）、2007年、266頁。

(128) Miller J.G. Culture and the development of everyday social explanation, *Journal of Personality and Social Psychology*,1961,p.46.

(129) 佐々木毅『政治学講義』東京大学出版会、1999年、173～174頁。

(130) 佐々木毅、同上、174頁。

(131) Campbell,Augus,Philip E.Converse,Warren E.Miller,and Donald E.Stokes,*The American Voter* New York Wiley,1960,p.32.

(132) 송현주（ソンヒョンジュ）「정서와 정치 커뮤니케이션 연구（情緒と政治コミュニケーション研究）」『커뮤니케이션 이론（コミュニケーション理論）』第4巻、第1号、2008年、56頁。

(133) Marcus G.Mackuen M. Anxiety,enthusiasm,and the vote:the emotional underpinning of learning and involvement during presidential campaign,*American Political Science Review* 8,1993,pp.672~685.

(134) 송현주（ソンヒョンジュ）、前掲論文、61頁。

(135) 森山茂徳、前掲書、231頁。

(136) 平野健一郎『国際文化論』東京大学出版会、2000年、7頁。

(137) 平野健一郎、同上、10～11頁。

(138) 平野健一郎、同上、12頁。

(139) 崔在錫著・伊藤亜人・嶋陸奥彦訳『韓国人の社会的性格』学生社、1977年、32～33頁。

(140) 森山茂徳、前掲書、231頁。

(141) 宮嶋博史『両班』中公新書、1995年、116頁。

注

(142) マルセル・モース著・有地亨訳『贈与論（新装版）』勁草書房、2008年、226頁。
(143) エドワード・T・ホール著・岩田慶治・谷泰訳『文化を超えて』ＴＢＳブリタニカ、1979年、102～133頁。
(144) 綾部恒雄編『文化人類学最新術語100』弘文堂、2002年、63頁。
(145) 姜漢永「文学としてのパンソリ」『パンソリ』平凡社、1982年、319～320頁。
(146) 金台俊「春香伝の現代的解釈」許南麒訳『春香伝』岩波書店、1956年、163頁。
(147) 小倉紀蔵『韓国は一個の哲学である』講談社新書、1998年、47頁。
(148) 多田富雄『免疫の意味論』青土社、1993年、8頁。
(149) 平野健一郎、前掲書、108～109頁。
(150) 小針進『韓国と韓国人』平凡社、1999年、165頁。
(151) 若田恭二『大衆と政治の心理学』勁草書房、1995年、238～239頁。
(152) 若田恭二、同上、244頁。
(153) 宮嶋博史、前掲書、140～141頁。
(154) 森山茂徳、前掲書、235頁。
(155) 森山茂徳、同上、235頁。
(156) G・ホフステード著・岩井紀子・岩井八郎訳『多文化世界』有斐閣、1995年、22～81頁。
(157) 森山茂徳、前掲書、232頁。
(158) 森山茂徳、同上、234頁。
(159) グレゴリー・ヘンダーソン著・鈴木沙雄・大塚喬重訳『朝鮮の政治社会』サイマル出版会、1973年、5頁。
(160) G・ホフステード著・岩井紀子・岩井八郎訳、前掲書、36頁。
(161) 森康郎（2010b）『地域主義に関する意識調査（2010年5月実施）』博士学位申請論文付属資料、2010年、40～41頁。
(162) 森康郎（2010b）、同上、40～41頁。
(163) 森康郎（2010b）、同上、40～41頁。
(164) 【図表6－3】～【図表6－6】を参照すると地域間の経済発展には格差が存在するものの有権者の大多数が地域葛藤の原因を偏重的な経済発展に直結して考

えているほどではない。なぜならば、最も発展している地域はソウルを中心とする首都圏に他ならないからである。更に、【図表6-7】～【図表6-11】を参照して地域別の国内総生産や地域別の付加価値額をはじめとする経済指標を検討すると民主化以降の方がそれ以前よりも格差が拡大していることがわかる。この現実を踏まえると、本来的には「地域主義」の拡大傾向が検出されるはずであるのにも拘らず、2002年や2007年の大統領選挙においては「地域主義」が弱化している。したがって、「사촌이 땅을 사면 배가 아프다（従兄弟が土地を買えば腹が痛む）」という格言に象徴されるように地域の競争性が機能していると考えることも可能である。

(165) 小針進、前掲書、89～104頁。

(166) 이갑윤（李甲允）、前掲書、44頁。

(167) 이갑윤（李甲允）、同上、43～49頁。

(168) 宇垣総督の就任後、日本の大資本の進出を促すことにより、工業化を本格的に推進した。工業化を主導したのは日窒財閥による朝鮮半島北部における大規模な電力開発と化学工場群の建設であった。多くの工場労働者を必要としたため、南部から北部へ労働者の移動が起こった。武田幸男編、前掲書、304～305頁。

(169) 이갑윤（李甲允）、前掲書、49頁。

(170) 이병휴（イビョンヒュ）、前掲論文、12～49頁。

(171) 이병휴（イビョンヒュ）、同上、22頁。

(172) 차현：차령산맥 이남과 공주강 외는 산형과 지세가 함께 배역으로 달리니 인심도 또한 그러한지라, 저 아래 고을(주군)사람이 왕정에 참여하여 왕후・국척과 혼인하여 국정을 잡게 되면 혹은 국가를 변란케 하거나 혹은 통합된 원한을 품고 거동하는 길을 범하여 난을 일으킬 것이다. 또 일찍이 관사의 노비와 진역의 잡척에 속하던 무리가 혹은 권세에 붙어 이면하고, 혹은 왕후궁원에 붙어 언어를 간묘하게 하여 권세를 농하고 정사를 어지럽힘으로써 재변을 일으키는 자가 반드시 있을 것이니 비록 양민이라 할지라도 마땅히 벼슬자리에 두어 일을 보게 하지 말지어다.

(173) 崔昌祚著・三浦國雄監訳『韓国の風水思想』人文書院、1997年、49～53頁。

(174) 崔昌祚著・三浦國雄監訳、同上、52頁。
(175) 이병휴（イビョンヒュ）、前掲論文、23頁。
(176) 이병휴（イビョンヒュ）、同上、53頁。
(177) 이병휴（イビョンヒュ）、同上、54頁。
(178) 小針進、前掲書、93〜94頁。
(179) 김만흠（キムマンフム）『한국 정치의 재인식（韓国政治の再認識）』풀빛（プルピッ）1997年 171〜182頁。
(180) 大西裕、前掲書、187頁。
(181) 「歴代大法院判事以上の司法府の主要エリート87名を対象に分析した結果、湖南出身者が23％を占め嶺南出身者の20.6％より多い」という指摘もある。金浩鎮著・李健雨訳、前掲書、301頁。
(182) 이갑윤（李甲允）、前掲書、57〜58頁。
(183) 現行憲法第130条は、国会の議決に関し在籍議員の3分の2以上の賛成を必要としている。
(184) 佐藤幸治、前掲書、33頁。
(185) 韓国憲法改正の特徴として、改憲の頻度が高い事実を指摘する者が多い。権寧星（b）前掲書、103〜104頁。李康爀、前掲論文、122頁。
(186) 森康郎（2009b）、前掲論文、401〜430頁。
(187) 李康爀、前掲論文、124頁。
(188) 國分典子「韓国憲法における民主主義と立憲主義」『憲法問題』第11号、三省堂、2000年、90〜91頁。
(189) 金哲洙（2007）、前掲書、8〜10頁。
(190) 権寧星（2007a）、前掲書、7〜8頁。
(191) 金鍾鐵「韓国大統領制の課題と展望」『法律時報』第77巻第8号、2005年、103頁。
(192) 伊藤光利・田中愛治・真渕勝『政治過程論』有斐閣、2000年、195頁。
(193) 森山茂徳、前掲書、177頁。
(194) アジアバロメーターとは、アジア10カ国の政治や社会文化状況に関する比較

調査。韓国のデータは3段階確率的サンプリングに基づき800人の韓国人に対して、2003年6月3日から6月21日にかけて面接により実施された。回答者は男性が50.9％、女性が49.1％であり、年齢分布は20代が28.2％、30代が30.1％、40代が26.1％、50代が15.6％である。

(195) 他のアジアの国々の政府に対する信頼度は、日本が18％、中国が91％、マレーシアが91％、タイが86％、インドが78％、スリランカが58％、ウズベキスタンが58％である。国会に対する信頼度は、日本が12％、中国が85％、マレーシアが89％、タイが70％、インドが70％、スリランカが41％、ウズベキスタンが54％である。軍隊に対する信頼度は、日本が27％、中国が91％、マレーシアが89％、タイが92％、インドが97％、スリランカが79％、ウズベキスタンが65％である。猪口孝他編著『アジア・バロメーター（都市部の価値観と生活スタイル）』明石書店、2005年、367～369頁。

(196) 猪口孝他編著、同上、68頁。

(197) 猪口孝他編著、同上、79頁。

(198) 손호영の説は、1987年からの金大中と金泳三の対立が原因であるとする。손호영（ソン・ホヨン）『현대 한국정치 이론과 역사（現代韓国政治の理論と歴史）1945-2003』社会評論、1995年、4～26頁。

(199) 出水薫は「カリスマ順送り説」を主張している。出水薫（1996）、前掲論文、24～27頁。出水薫（1998）、前掲論文、69～71頁。

(200) 姜尚求、前掲書、393～399頁（再引用）。

(201) この事件の概要は次のようなものである。1992年12月11日午前7時、釜山の초원복집（チョウォンふぐ屋）という飲食店に김기춘（キムキチュン）前法務部長官、김영환（キムヨンファン）釜山市長、박일용（パクイルヨン）釜山市部長、이규삼（イキュサム）安企部釜山支部長、김대균（キムテギュン）釜山機務部大将、우명수（ウミョンス）釜山市教育監、정경식（チョンギョンシク）釜山地検所長、박남수（パクナムス）釜山商工会議所会頭などが集まり、民主自由党の候補であった金泳三を当選させる目的で地域感情を煽り、鄭周永、金大中など野党の候補を誹謗する内容を流布しようなど官権選挙に関連する会話の内容を、鄭周永候補側

の統一国民党が盗聴し、この事実を暴露した。保守層の票を獲得するために、民主党の恥部を暴露するために安企部の前職職員と共謀し、盗聴機器を密かに隠し録音したものであった。

(202) G・ホフステード著・岩井紀子・岩井八郎訳、前掲書、42頁。

参考文献

[日本語書籍（アイウエオ順）]

青野正明『朝鮮農村の民族宗教』社会評論社、2001年。

阿部吉雄『日本朱子学と朝鮮』東京大学出版会、1965年。

芦部信喜『憲法（新版）』岩波書店、1999年。

綾部恒雄編『文化人類学最新術語100』弘文堂、2002年。

有田伸『韓国の教育と社会階層』東京大学出版会、2006年。

李成茂著・平木實・中村葉子訳『韓国の科挙制度』日本評論社、2008年。

李成茂著・金容権訳『朝鮮王朝史（上）』日本評論社、2006年

李成茂著・金容権訳『朝鮮王朝史（下）』日本評論社、2006年

李泰鎮著・六反田豊訳『朝鮮王朝社会と儒教』法政大学出版局、2000年。

李勛相著・宮嶋博史訳『朝鮮後期の郷吏』法政大学出版局、2007年。

猪口孝他編著『アジアバロメーター（都市部の価値観と生活スタイル）』明石書店、2005年。

石田英一郎『文化人類学入門』講談社学術文庫、1976年。

市川正明編『3・1独立運動』第1巻、原書房、1983年。

市川正明編『3・1独立運動』第2巻、原書房、1984年。

市川正明編『3・1独立運動』第3巻、原書房、1984年。

市川正明編『3・1独立運動』第4巻、原書房、1984年。

市来津由彦『朱熹門人集団形成の研究』創文社、2002年。

一然著・金思燁訳『三国遺事』明石書店、1997年。

伊藤光利・田中愛治・真渕勝『政治過程論』有斐閣、2000年。

レイモンド・ウィリアムズ著・若松繁信訳『文化と社会』ミネルヴァ書房、1973年。

レイモンド・ウィリアムズ著・小池民夫訳『文化とは』晶文社、1985年。

呉知泳著・梶村秀樹訳注『東学史』平凡社、1970年。

大西裕『韓国経済の政治分析――大統領の政策選択』有斐閣、2005年。

小川晴久『朝鮮実学と日本』花伝社、1994年。

岡田武彦『王陽明大伝（1）』明徳出版社、2002年。

岡田武彦『王陽明大伝（2）』明徳出版社、2003年。

岡田武彦『朱子の伝記と学問』明徳出版社、2008年。

岡田武彦『宋明哲学の本質』明徳出版社、2008年。

小此木政夫・張達重編『戦後日韓関係の展開』慶応義塾大学出版会、2005年。

賈鍾壽『韓国伝統文化論』大学教育出版、2008年。

垣内景子・恩田裕正編『朱子語類訳注』汲古書院、2007年。

加藤秀次郎・岩渕美克編『政治社会学』一藝社、2004年。

金谷治訳注『大学・中庸』岩波文庫、1998年。

蒲島郁夫『政治参加』東京大学出版会、1988年。

ブルース・カミングス著・横田安司・小林知子訳『現代朝鮮の歴史』明石書店、2003年。

河宇鳳著・井上厚史訳『朝鮮実学者の見た近世日本』ぺりかん社、2001年。

河合隼雄『ユング心理学入門』培風館、1967年。

川瀬貴也『植民地朝鮮の宗教と学知』青弓社、2009年。

韓永愚著・吉田光男訳『韓国社会の歴史』明石書店、2003年。

韓㳓欣著・平木實訳『韓国通史』学生社、1976年。

韓国基督教歴史研究所著・韓晢曦・蔵田雅彦訳『韓国キリスト教の受難と抵抗』新教出版社、1995年。

韓国基督教歴史研究所編著・信長正義訳『三・一独立運動と堤岩里教会事件』神戸学生青年センター出版部、1998年。

姜在彦『近代朝鮮の変革思想』日本評論社、1973年。

姜在彦『朝鮮儒教の2000年』朝日新聞社、2001年。

姜在彦『朝鮮の儒教と近代』明石書店、1996年。

姜徳相『朝鮮三・一独立運動』新幹社、2002 年。

姜徳相『上海臨時政府』新幹社、2005 年。

姜尚求『民主主義と統一の時代』柿の葉会、1990 年。

姜萬吉編著・太田修・庵逧由香訳『朝鮮民族解放運動の歴史』法政大学出版局、2005 年。

北山忍『自己と感情』共立出版、1998 年。

木村幹『朝鮮・韓国ナショナリズムと「小国」意識』ミネルヴァ書房、2000 年。

木村幹『民主化の韓国政治』名古屋大学出版会、2008 年。

木村幹『韓国における権威主義的体制の成立』ミネルヴァ書房、2003 年。

清宮四郎『憲法Ⅰ』有斐閣、1971 年。

Ｊ・キャンベル、Ｂ・モイヤーズ著・飛田茂雄訳『神話の力』早川書房、1992 年。

金義煥『近代朝鮮東学農民運動史の研究』和泉書院、1986 年。

金教斌著・金明順訳『人物でみる韓国哲学の系譜』日本評論社、2008 年。

金九著・梶村秀樹訳『白凡逸志』平凡社、1973 年。

金潤根『朴正熙軍事政権の誕生』彩流社、1996 年。

金哲洙『韓国憲法の 50 年』敬文堂、1998 年。

金浩鎮著・李健雨訳『韓国政治の研究』三一書房、1993 年。

金浩鎮著・小針進・羅京洙訳『韓国歴代大統領とリーダーシップ』つげ書房新社、2007 年。

窪徳忠『道教史』山川出版社、1977 年。

国立国会図書館調査及び立法考査局編『外国の立法』第 235 － 2 号、2008 年 5 月。

小島武司・韓相範『韓国法の現在（上）』中央大学出版部、1993 年。

小島武司・韓相範『韓国法の現在（下)』中央大学出版部、1993 年。

小島毅『宋学の形成と展開』創文社、1999 年。

小島毅『近代日本の陽明学』講談社、2006 年。

小針進『韓国と韓国人』平凡社、1999 年。

小林良彰『選挙・投票行動』東京大学出版会、2000 年。

孔星鎮・川勝平太編『韓国の政治』早稲田大学出版部、1997 年。

佐々木毅『政治学講義』東京大学出版会、1999年。

佐藤幸治『憲法（第3版）』青林書院、1997年。

澤正彦『朝鮮キリスト教史』日本基督教団出版局、1991年。

嶋陸奥彦『韓国社会の歴史人類学』風響社、2010年。

島田虔次『大学・中庸（上）』朝日新聞社、1978年。

島田虔次『大学・中庸（下）』朝日新聞社、1978年。

申在孝著・姜漢永・田中明訳注『パンソリ』平凡社、1982年。

慎斗範『韓国政治の現在』有斐閣、1993年。

宋讚燮・洪淳権著・藤井正昭訳『韓国の歴史』明石書店、2004年。

多田富雄『免疫の意味論』青土社、1993年。

R・A・ダール著・高畠通敏訳『現代政治分析』岩波書店、1999年。

滝沢秀樹『韓国の経済発展と社会構造』御茶の水書房、1992年。

武田康裕『民主化の比較政治』ミネルヴァ書房、2001年。

武田幸男編『朝鮮史』山川出版社、2000年。

田中謙二『朱子語類外任篇訳註』汲古書院、1994年。

田中誠一『韓国官僚制の研究』大阪経済法科大学出版部、1997年。

池明観『韓国文化史』高麗書林、1979年。

池明観『韓国近現代史』明石書店、2010年。

崔吉城著・真鍋祐子訳『恨（ハン）の人類学』平河出版社、1994年。

崔昌祚著・三浦國雄監訳『韓国の風水思想』人文書院、1997年。

崔在錫著・伊藤亜人・嶋陸奥彦訳『韓国人の社会的性格』学生社、1977年。

崔章集著・中村福治訳『現代韓国の政治変動』木鐸社、1997年。

崔章集著・中村福治訳『韓国現代政治の条件』法政大学出版局、1999年。

趙景達『異端の民衆反乱』岩波書店、1998年。

趙景達『植民地期朝鮮の知識人と民衆』有志舎、2008年。

趙淳著・深川博史監訳『韓国経済発展のダイナミズム』法政大学出版局、2005年。

朝鮮総督府編『朝鮮の風水』国書刊行会、1972年。

戸川芳郎・蜂屋芳夫・溝口雄三『儒教史』山川出版社、1987年。

土田健次郎『道学の形成』創文社、2002年。

土屋昌明編『東アジア社会における儒教の変容』専修大学出版局、2007年。

中名生正昭・朴進山『日本と韓国の官僚制度』南雲堂、2004年。

中村菊男『政治文化論』講談社学術文庫、1985年。

長田彰文『セオドア・ルーズベルトと韓国』未来社、1992年。

西尾陽太郎『李容九小伝』葦書房、1977年。

野崎充彦『韓国の風水師たち』人文書院、1994年。

服部民夫『韓国――ネットワークと政治文化』東京大学出版会、1992年。

服部民夫『韓国工業化発展の構図』アジア経済研究所、1987年。

朴殷植著・姜徳相訳『朝鮮独立運動の血史Ⅰ』平凡社、1972年。

朴殷植著・姜徳相訳『朝鮮独立運動の血史Ⅱ』平凡社、1972年。

朴慶植『朝鮮三・一独立運動』平凡社、1976年。

朴倍暎『儒教と近代国家』講談社、2006年。

サミュエル・ハンチントン著・鈴木主税訳『文明の衝突』集英社、1998年。

サミュエル・ハンチントン著・坪郷實・中道寿一・藪野祐三訳『第三の波』三嶺書房、1995年。

平野健一郎『国際文化論』東京大学出版会、2000年。

閔庚培著・金忠一訳『韓国キリスト教会史』新教出版社、1981年。

オフェル・フェルドマン『政治心理学』ミネルヴァ書房、2006年。

グレゴリー・ヘンダーソン著・鈴木沙雄・大塚喬重訳『朝鮮の政治社会』サイマル出版会、1973年。

裴宗鎬著・川原秀城監訳『朝鮮儒学史』和泉書館、2007年。

許南麒訳『春香伝』岩波文庫、1956年。

G・ホフステード著・岩井紀子・岩井八郎訳『多文化世界』有斐閣、1995年。

G・ホフステード著・万成博・安藤文四郎訳『経営文化の国際比較――多国籍企業の中の国民性』産業能率大学出版部、1984年。

エドワード・T・ホール著・岩田慶治・谷泰訳『文化を超えて』TBSブリタニカ、1979年。

エドワード・T・ホール著・国弘正雄・長井善見訳『沈黙のことば』南雲堂、1966年。
槙蒼宇『植民地朝鮮の警察と民衆世界』有志舎、2008年。
松下圭一『現代政治――発想と回想』法政大学出版局、2006年。
F・A・マッケンジー著・韓晢曦訳『義兵闘争から三一運動』大平出版社、1972年。
三浦國雄『「朱子語類」抄』講談社学術文庫、2008年。
三宅一郎『政治参加と投票行動』ミネルヴァ書房、1990年。
宮嶋博史『両班』中公新書、1995年。
宮嶋博史・金容徳編『近代交流史と相互認識Ⅰ』慶応義塾大学出版会、2001年。
宮嶋博史・金容徳編『近代交流史と相互認識Ⅱ』慶応義塾大学出版会、2005年。
森山茂徳『韓国現代政治』東京大学出版会、1998年。
マルセル・モース著・有地亨訳『贈与論（新装版）』勁草書房、2008年。
山口勧編『社会心理学』東京大学出版会、2003年。
山口裕幸『多数派結成行動の社会心理学』ナカニシヤ出版、1998年。
尹景徹『分断後の韓国政治』木鐸社、1986年。
吉田光男『韓国朝鮮の歴史と社会』放送大学教育振興会、2004年。
マテオ・リッチ著・柴田篤訳『天主実義』平凡社、2004年。
ウォルター・リップマン著・河崎吉紀訳『幻の公衆』柏書房、2007年。
若田恭二『大衆と政治の心理学』勁草書房、1995年。
渡邊欣雄『風水気の景勝地理学』人文書院、1994年。

［日本語論文（アイウエオ順）］

李慶熹「韓国政党政治の評価と展望」『政経研究』第35巻第3号、1998年3月、35〜65頁。
李康爀「韓国における憲法の改正」『比較憲法学研究』第8号、1996年10月、106〜125頁。
出水薫「韓国政治における地域割拠現象――第6共和国の国政選挙結果にみるその実態と変化」『外務省調査月報』3月号、1996年3月、1〜31頁。

出水薫「韓国国政選挙における地域割拠現象再論——第 15 代大統領選挙を対象として」『政治研究』第 45 号、1998 年 3 月、61 〜 85 頁。

出水薫「韓国の国会議員選挙と政治変動——その因果関係に関する一考察」『九州法学』第 76 号、1998 年、314 〜 348 頁。

大西裕「落選運動はなぜ成功したのか：韓国における圧力団体とマスメディア」『行政管理研究』第 91 号、2000 年 9 月、53 〜 67 頁。

大西裕「地域主義とそのゆくえ」『新版　比較・選挙政治』ミネルヴァ書房、2004 年、173 〜 220 頁。

韓相範・尹龍澤訳「韓国法制 40 年の問題と課題」『言語文化研究』第 7 号、1986 年、129 〜 136 頁。

韓泰淵「韓国憲法の 30 年」『現代韓国の憲法理論』成文堂、1984 年、219 〜 272 頁。

姜漢永「文学としてのパンソリ」『パンソリ』平凡社、1982 年、303 〜 326 頁。

木村幹「韓国における民主化と政府党」『講座　東アジア近現代史 4』青木書店、2002 年、211 〜 248 頁。

金道昶著・尹龍澤訳「韓国第 2 共和国憲法に対する解説と批判」『言語文化研究』第 8 号、1987 年、112 〜 147 頁。

金鍾鐵「韓国大統領制の課題と展望」『法律時報』第 77 巻 8 号、2005 年、99 〜 105 頁。

倉田秀也「三党合同体制崩壊後の韓国政治」『国際問題』第 433 号、1996 年 4 月、30 〜 44 頁。

小林英夫「韓国の大統領選挙と政治変容」『アジア太平洋討究』第 5 号、2003 年 3 月、21 〜 33 頁。

金哲洙著・尹龍澤訳「韓国憲法の制定と改正経過小考」『創大アジア研究』第 5 号、1984 年 3 月、243 〜 278 頁。

國分典子「韓国における民主主義と立憲主義」『憲法問題』第 11 号、三省堂、2000 年、90 〜 102 頁。

蘇淳昌「韓国地方選の地域主義と政党支持」『選挙研究』第 12 号、1997 年 3 月、231 〜 247 頁。

孫熙斗「韓国の選挙管理：その制度と実際」『選挙研究』第 12 号、1997 年 3 月、216 ～ 230 頁。

武田康裕「政治的民主化の決定と構造」『アジア研究』第 42 巻 4 号、1996 年 6 月、1 ～ 32 頁。

西野純也「韓国・新しい対立軸は何か」『アステイオン』第 71 号、2009 年、92 ～ 106 頁。

新田隆信「韓国憲法変遷史 (1)」『富山大学日本海経済研究所研究年報』第 3 号、1977 年、1 ～ 21 頁。

新田隆信「韓国憲法変遷史 (2)」『富山大学日本海経済研究所研究年報』第 4 号、1978 年、1 ～ 59 頁。

朴賛郁・金亨俊「韓国における第 15 代国会議員選挙の実証研究」『選挙研究』第 12 号、1997 年、196 ～ 215 頁。

村瀬洋一・高選圭・李鎮遠「政治意識と社会構造の国際比較：韓国と日本における政治的有効性感覚の規定因」『応用社会学研究』第 50 号、2008 年 3 月、53 ～ 70 頁。

森康郎「韓国の第 17 代大統領選挙における地域主義の特徴とその評価」『アジア太平洋研究科論集』第 17 号、2009 年 4 月、123 ～ 142 頁。

森康郎「韓国における憲法改正過程と問題点」『アジア太平洋研究科論集』第 18 号 2009 年 11 月、401 ～ 430 頁。

森康郎「東学と『天主実義』」『アジア太平洋研究科論集』第 19 号、2010 年 5 月、233 ～ 253 頁。

森康郎「3・1 独立運動の再検討」『アジア太平洋研究科論集』第 20 号、2011 年 1 月、235 ～ 262 頁。

山田紀浩「韓国における地域対立構造について――解放後の政治変遷から」『東日本国際大学経済学部研究紀要』第 15 巻第 1 号、2010 年、91 ～ 102 頁。

柳根鎬「韓・日政治倫理の比較――儒教倫理の受容と変容過程を中心に」『東京女子大学比較文化研究所紀要』第 63 号、2002 年、87 ～ 103 頁。

尹敬勲「韓国政治における地域主義研究の論争的考察」『流通経済大学論集』第 44

巻3号、2009年11月、45〜54頁。

尹龍澤「韓国憲政30年の政府形態の変遷」『創大アジア研究』第4号、1983年3月、299〜319頁。

尹龍澤「韓国第一共和国憲法の制定前史に関する一考察」『言語文化研究』第9号、1987年、88〜113頁。

尹龍澤訳「韓国憲法学会編：憲法改正研究（要約版）（上）」『創価法学』第36巻第3号、2007年3月、63〜89頁。

尹龍澤訳「韓国憲法学会編：憲法改正研究（要約版）（下）」『創価法学』第37巻第1号、2007年9月、291〜323頁。

若畑省二「権威主義体制下における農業政策と農村社会」『国家学会雑誌』第114巻第1〜4号、2001年、870〜932頁。

渡辺利夫「韓国：経済発展と権威主義の熔解」『アジア研究』第36巻3号、1990年7月、15〜24頁。

[韓国語書籍（カナダラ順）]

고성훈（コソンフン）他編『민란의시대（民乱の時代）』가람기획（カラム企画）、2000年。

고성훈（コフンファ）『자료로 엮은 한국인의 지역감정（資料から見る韓国人の地域感情）』성원사（ソンウォンサ）、1989年。

国史編纂委員会編『韓国史』第9巻、탐구당（タングタン）、2003年。

国史編纂委員会編『韓国史』第47巻、탐구당（タングタン）　2001年。

権寧星『改訂版　憲法学原論』法文社、2007年。

権寧星『韓国憲法論』博英社、2007年。

김강녕（キムガンニョン）『한국정치와민족정신（韓国政治と民族精神）』신지서원（シンジソウォン）、2008年。

김대권（金大權）『동학천도교 용어 사전（東学天道教用語辞典）』世宗出版社、2000年。

김대권（金大權）『동학천도교 용어 사전 2（東学天道教用語辞典 2）』世宗出版社、2007 年。

김만흠（キムマンフム）『한국사회 지역갈등 연구 : 영・호남지방을 중심으로（韓国社会の地域葛藤研究 : 嶺・湖南地域を中心に）』현대사회연구소（現代社会研究所）、1987 年。

김만흠（キムマンフム）『한국의 정치균열에 관한 연구 : 지역균열의 정치과정에 대한 구조적 접근（韓国の政治亀裂に関する研究 : 地域亀裂の政治過程に対する構造的接近）』서울대학교박사논문（ソウル大学校博士論文）、1991 年。

김만흠（キムマンフム）『한국 정치의 재인식（韓国政治の再認識）』풀빛（プルピッ）、1997 年。

金栄秀『韓国憲法史』学文社、2000 年。

김용호（キムヨンホ）他編『17 대총선현장리포드（17 代総選現場報告）』푸른길（プルンキル）、2004 年。

김은정（キムウンジョン）他『동학농민혁명 100 년（東学農民革命 100 年)』나남출판（ナナム出版）、1995 年。

金哲洙『憲法学概論（第 19 版）』博英社、2007 年。

김현우（キムヒョンウ）『한국 정당통합운동사（韓国政党統合運動史）』을유문화사（ウルユ文化社）、2000 年。

盧鏞弼『東学史와執綱所研究（東学史と執綱所研究)』国学資料院、2001 年。

민경환（ミンギョンファン）『정서심리학（情緒心理学）』시그마플레스（シグマプレス）、2007 年。

박성수（朴成壽）『独立運動史研究』창작과비평사（創作と批評社）、1980 年。

박성수（朴成壽）『조선시대왕과신하들（朝鮮王朝の王と臣下)』三英社、2009 年。

박성수（朴成壽）『부패의역사（腐敗の歴史）』모시는사람들（モシヌンサラムドル）、2009 年。

손호철（ソンホチョル）『전환기의 한국 정치（転換期の韓国政治）』창작과비평사（創作と批評社）、1993 年。

송관재（ソングァンジェ）『지각적 특출성과 내외집단편파가 개인의 착각상관에 미치

は影響：기억추론과 온라인 추록과정의 비교（知覚的特出性と内外集団偏頗が個人の錯覚相関に与える影響：記憶推論とオンライン推測過程の比較）』연세대학교 박사학위논문（延世大学博士学位論文）、1992 年。

慎鏞廈『東学과甲午農民戦争研究』일조각（一潮閣）、1993 年。

양창윤（ヤンチャンユン）『정치문화와선거（政治文化と選挙）』韓国学術情報、2007 年。

어수영（オスヨン）『한국의선거（韓国の選挙）Ⅴ』오름（オルム）、2006 年。

유재일他編『18 대총선현장리포드（18 代総選現場報告）』푸른길（プルンキル）、2009 年。

윤석산（尹錫山）『初期東学의歴史　道源記書（初期東学の歴史　道源記書）』신서원（シンソウォン）、2000 年。

윤석산（尹錫山）他編『천도교약사（天道教略史）』천도교중앙총부출판부（天道教中央総部出版部）、2006 年。

윤석산（尹錫山）『천도교（天道教）』천도교중앙총부출판부（天道教中央総部出版部）、2008 年。

윤석산（尹錫山）『東学経典』동학사（トンハクサ）、2009 年。

윤종빈（ユンジョンビン）『한국의 선거와 민주주의（韓国の選挙と民主主義）』집문당（チプムンダン）、2007 年。

義庵孫秉熙先生記念事業会編『義庵孫秉熙先生伝記』開闢社、1967 年。

이갑윤（李甲允）『한국의 선거와 지역주의（韓国の選挙と地域主義）』오름（オルム）、1998 年。

李光奎『韓国文化의心理人類学（韓国文化の心理人類学）』집문당（チプムンダン）、1997 年。

李基白『민족과 역사民族と歴史）』일조각（一潮閣）、1977 年。

李基白・李基東共著『韓国史講座一巻：古代編』일조각（一潮閣）、1982 年。

李基白『韓国史新論』일조각（一潮閣）、1990 年。

李丙燾『高麗時代研究』乙酉文化社、1948 年。

李宣根編『大韓国史』第 2 巻、新太陽社、1973 年。

이승우（イスヌウ）『憲法学』두남（トゥナム）、2009 年。

이이화（イイファ）『ス한국의 파벌（韓国の派閥）』어문각（オムンカク）、1983年。

이준한（イジュナン）他編『제4회 지방선거현장리포트（第4回地方選挙現場報告）』푸른길（プルンキル）、2007年。

李進熙『朝鮮時代通信使』国立中央博物館、1986年。

鄭萬喜『憲法과統治構造（憲法と統治構造）』法文社、2003年。

鄭宗燮『憲法学原論（第2版）』博英社、2006年。

趙基周編著『東学의源流（東学の源流）』普成社、1979年。

天道教経典『東経大全』천도교중앙총부출판부（天道教中央総部出版部）、2006年。

天道教経典『용담유사（龍潭遺詞）』천도교중앙총부출판부（天道教中央総部出版部）、2006年。

天道教経典『海月神師法説』천도교중앙총부출판부（天道教中央総部出版部）、2006年。

최원규（チェウォンギュ）『경제개발의 격차와 지역감정（経済発展の格差と地域感情）』학민사（ハクミンサ）、1991年。

최장집（崔章集）『한국 민주주의의 이론（韓国民主主義の理論）』한길사（ハンギルサ）、1993年。

崔珍玉『朝鮮時代生員進士研究』集文社、1998年。

韓国ギャロップ編『第16代大統領選挙投票形態』韓国ギャロップ社、2003年。

韓泰淵『憲法学』法文社、1983年。

한흥수（韓興壽）編『한국정치동태론（韓国政治動態論）』오름（オルム）、1996年。

許營『韓国憲法論』博英社、2007年。

洪性邦『憲法学』현암사（ヒョンアムサ）、2007年。

湖南大学校編『湖南文化』学文社、2002年。

［韓国語論文（カナダラ順）］

강경태（カンギョンテ）「17대 총선과 자역주의：영남권을 중심으로（17代総選と地域主義──嶺南圏を中心にして）」『대한정치학회보（大韓政治学会報）』第12

巻第 1 号、2004 年、86 〜 104 頁。

강명세（カンミョンセ）「한국선거의 주요쟁점：지역주의는 언제 시작되었는가：역대대통령 선거를 기반으로（韓国選挙の主要争点：地域主義はいつ始ったのか：歴代大統領選挙を基盤にして）」『한국과 국제정치（韓国と国際政治）』17 号、경남대학교 극동문제연구소（慶南大学校極東問題研究所）、2001 年、127 〜 158 頁。

강원택（カンウォンテク）「지역주의 투표와 합리적 선택：비판적 고찰（地域主義得票と合理的選択：批判的考察）」『한국정치학회보（韓国政治学会報）』第 34 巻第 2 号、2000 年、51 〜 67 頁。

강원택（カンウォンテク）「2002 년 대통령선거와 지역주의（2002 年大統領選挙と地域主義）」『한국정치학회 2003 년도 춘계학술회의 발표논문집（韓国政治学会 2003 年度春季学術会議発表論文集）』2003 年、47 〜 67 頁。

권오철（コンオチョル）「중앙지방간 갈등에 대한 공무원의 의식조사연구（中央地方間葛藤に対する公務員の意識調査）」『자방행정연구（地方行政研究）』第 11 巻第 2 号、1996 年、123 〜 142 頁。

김만흠（キンマンフム）「지역주의 문제의 재인식과 당면 정치쟁점（地域主義問題の再認識と当面の政治争点）」『한국정치학회기획학술회의 제 1 회의 발표 논문（韓国政治学会学術会議の第 1 回発表論文）』1997 年、1 〜 21 頁。

김상태（キムサンテ）「한국 자역주의의 현실과 문화적 맥락：근현대지역갈등의 양상과 그 추이（韓国地域主義の現実と文化的脈絡：近現代地域葛藤の様相とその推移）」『인문학연구（人文学研究）』第 10 号、2003 年、75 〜 94 頁。

김범준（キムボンジュン）「사회적 범주화가 지역감정형성에 미치는 영향（社会的範疇化が地域感情形成に与える影響）」한국심리학회（韓国心理学会）編『사회 및 성격（社会と性格）』第 16 巻第 1 号、2002 年、1 〜 18 頁。

김용학（キムヨンハク）「엘리트충원에 있어서의 지역격차（エリート採用における地域主義）」한국사회학회編『한국의 지역주의와 지역갈등（韓国の地域主義と地域葛藤）』성원사（ソンウォンサ）、1990 年、265 〜 301 頁。

김용학（キムヨンハク）「엘리트충원에 있어서의 지역격차（エリート層における地域格差）」한국사회학회（韓国社会学会）編『한국의 지역주의와 지역갈등（韓国

の地域主義と地域葛藤）』成元社（ソンウォンサ）、1990 年、265 〜 301 頁。

김욱（キムウク）「한국지역주의의 지역별 특성과 변화가능성：대전・충청지역을 중심으로（韓国地域主義の地域別特性と変化可能性：大田・忠清地域を中心に）」『21세기정치학회보（21 世紀政治学会報）』第 14 巻第 1 号、2004 年、83 〜 105 頁。

김진국（キムジング）「지역민간의 편견적 태도연구（地域民間の偏見的態度研究）」『학생생활연구（学生生活研究）』第 16 号、전남대학교（全南大学校）、1984 年、1 〜 27 頁。

김진국（キムジング）「지역감정의 실상과 그 해소방안（地域感情の実情と解消方案）」한국심리학회（韓国心理学会）編『심리학에서 본 지역감정（心理学から見る地域感情）』성원사（ソンウォンサ）、1988 年、123 〜 169 頁。

김혜숙（キムエスク）「지역간 고정관념과 편견의 실상：세대간 전이가 존재하는가（地域間固定観念と偏見の実情：世代間転移が存在するか）」한국심리학회（韓国心리学会）編『심리학에서 본 지역감정（心理学から見る地域感情）』성원사（ソンウォンサ）、1988 年、221 〜 253 頁。

김혜숙（キムエスク）「지역고정관념이 귀인판단과 인상형성에 미치는 영향（地域固定観念が判断と印象形成に与える影響）」한국심리학회（韓国心理学会）編『사회（社会）』第 7 巻第 1 号、1993 年、53 〜 70 頁。

김혜숙（キムエスク）「집단범주에 대한 신념과 호감도가 편견적 판단에 미치는 영향：미국의 성편견 인종편견과 한국의 성편견, 지역편견의 비교（集団カテゴリーに対する信念と好感度が偏見的判断に与える影響：米国の性偏見・人種偏見と韓国の性偏見と地域偏見の比較）」한국심리학회（韓国心理学会）編『사회 및 성격（社会と性格）』第 15 巻第 1 号、2001 年、1 〜 16 頁。

나간채（ナガンチェ）「지역(민) 간의 사회적 거리감（地域間の社会的距離感）」한국사회학회（韓国社会学会）編『한국의 지역주의와 지역갈등（韓国の地域主義と地域葛藤）』성원사（ソンウォンサ）、1990 年、79 〜 105 頁。

森康郎「한국 영호남 지역의 전통문화 속에 담긴 정치정서와 정치이념 비교 연구（韓国嶺湖南地域の伝統文化に潜む政治意識と政治理念に関する比較研究）」『한국사회적기업연구（韓国社会企業研究）』第 1 号、2010 年 6 月、27 〜 58 頁。

문석남（ムンソクナム）「지역편차와 갈등에 관한 한 연구：영호남 두지역을 중심으로（地域偏差と葛藤に関する研究――嶺・湖南地域を中心に）」『한국사회학（韓国社会学）』第18号、1984年、184～209頁。

박군석（パクグンソク）・한덕웅（ハンドックン）「영호남인의 사회구조요인지각과 사회정체성이 상대적 박탈과 집합전략에 미치는 영향（嶺湖南人の社会構造要因知覚と社会的アイデンティティが相対的剥奪と集合戦略に与える影響）」한국심리학회（韓国心理学会）編『사회 및 성격（社会と性格）』第17巻第2号、2003年、59～72頁。

박재규（パクジェギュ）「민주화세력의 분열과 지역주의적 선거（民主化勢力の分裂と地域主義的選挙）」『사회과학연구（社会科学研究）』第25号、1999年、59～77頁。

안철현（アンチョルヒョン）「지역주의 정치와 16대 대선（地域主義政治と16代大選）」『21세기정치학회보（21世紀政治学会報）』第13巻第2号、2003年、177～197頁。

양재인（ヤンジェイン）「한국의 선거와 투표행태：지역주의가 표출된 국회의원 선거를 중심으로（韓国の選挙と投票行動：地域主義が表出した国会議員選挙を中心に）」『한국과 국제정치（韓国と国際政治）』第17号　경남대학교 극동문제연구소（慶南大学校極東問題研究所）、2001年、1～33頁。

오수열（オスヨル）「한국사회의 남남갈등과 그 해소를 통한 국민통합 방안―지역갈등을 중심으로―（韓国社会の南南葛藤とその解消を通した国民統合の方案――地域葛藤を中心に）」『통일문제연구（統一問題研究）』第20巻第2号、조선대학교 통일문제연구소（朝鮮大学校統一問題研究所）、2005年、1～20頁。

온만금（オンマンクム）「역대 대통령선거에 나타난 지역주의 추이와 양상（歴代大統領選挙に表出した地域主義の推移と様相）」『한국사회학（韓国社会学）』第31号、1997年、735～757頁。

온만금（オンマンクム）「한국정당체계의 형성과 변화에 관한 이론（韓国政党体系の形成と変化に関する理論）」『한국사회학（韓国社会学）』第37巻第3号、2003年、135～157頁。

유의영（ユウィヨン）「한국의 지역주의：사회 각 분야 지도급 인사 구성에 나타난 지역편중도（韓国の地域主義――社会各分野の指導者構成に表出する地域偏重度）」김성국（キムソング）・석현호」（ソクヒョンホ）・임현진（イムヒョンジン）・유석춘（ユソクチュン）編『우리에게 연구는 무엇인가：한국의 집단주의와 네트워크（我々の研究は何か：韓国の集団主義とネットワーク）』전통과현대（伝統と現代）、2003年、128～191頁。

유재일（ユジェイル）「지역주의 정치지형의 동태와 과제：대전지역을 중심으로（地域主義政治地形の動態と課題：大田地域を中心に）」『정치정보연구（政治情報研究）』第7巻第2号、2004年、135～159頁。

이갑윤（李甲允）「지역주의의 정치적 정향과 태도（地域主義の政治的定向と態度）」『한국과 국제정치（韓国と国際政治）』第18巻第2号、2002年、155～178頁。

이병휴（イビョンヒュ）「지역갈등의 역사（地域葛藤の歴史）」『한국 지역주의의 현실과 문화적맥락（韓国地域主義の現実と文化的脈絡）』민속원（民俗院）、2004年、12～49頁。

이소영（イソヨン）・정철희（ジョンチョルヒ）「전통적 가치와 지역감정（伝統的価値と地域感情）」『한국사회학（韓国社会学）』第37巻第5号、2003年、31～54頁。

이정진（イジョンジン）「정당연합과 지역주의（政党連合と地域主義）」『한국과 국제정치（韓国と国際政治）』第19巻第3号、2003年、111～138頁。

이진숙（イジンスク）「8도인의 성격특성에 대한 선입관념（8道人の性格特性に対する先入観念）」『사상계（思想界）』第12号、1959年、74～87頁。

정기선（ジョンキソン）「탈북자에 대한 이미지연구（脱北者に対するイメージ研究）」『통일문제연구（統一問題研究）』第11巻第1号、1999年、173～189頁。

정기선（ジョンキソン）「지역감정과 역갈등인식의변화：1988년과 2003년비교（地域感情と期域葛藤認識の変化：1988年と2003年の比較）」『한국사회학（韓国社会学）』第39巻第2号、2005年、69～99頁。

조경근（ジョギョングン）「정치사회화의 시각에서 본 영・호남간의 지역감정 실재와 악화 및 그 해소：광주 및 대구지역의 대학생들에 대한 설문조사를 중심으로（政治社会の視角から見る嶺・湖南間の地域感情の実情と悪化及び解消；光州及び大邱

地域の大学生に対する質問調査を中心に)」『제 7 회 한국정치학회・재북미한국인 정치학자 합동학술대회 발표논문집 (第 7 回韓国政治学会在北米韓国人政治学者合同学術大会発表論文集)』1987 年、107〜126 頁。

조순제 (ジョスンジェ)「동서갈등과 지역주의 극복방안 (東西葛藤と地域主義の克服方案)」『대한정치학회보 (大韓政治学会報)』第 12 巻第 1 号、2004 年、191〜212 頁。

조중빈 (ジョジュンビン)「16 대 대통령 선거와 세대 (16 代大統領選挙と世代)」『한국정치학회 2003 년도춘계학술회의 발표 논문집 (韓国政治学会 2003 年度春季学術会議発表論文集)』2003 年、71〜93 頁。

최준영 (チェジュンヨン)・김순흥 (キムスンフン)「지역간 거리감을 통해서 본 지역주의의 실상과 문제점 (地域間距離感を通して見る地域主義の実情と問題点)」『사회연구 (社会研究)』第 1 号、2000 年、65〜95 頁。

[政府刊行物]

中央選挙管理委員会編『歴代大統領選挙状況』中央選挙管理委員会、1996 年。
中央選挙管理委員会編『第 13 代大統領選挙総覧』中央選挙管理委員会、1988 年。
中央選挙管理委員会編『第 14 代大統領選挙総覧』中央選挙管理委員会、1993 年。
中央選挙管理委員会編『第 15 代大統領選挙総覧』中央選挙管理委員会、1998 年。
中央選挙管理委員会編『第 16 代大統領選挙総覧』中央選挙管理委員会、2003 年。
中央選挙管理委員会編『第 17 代大統領選挙総覧』中央選挙管理委員会、2008 年。

[ホームページ]

韓国統計庁経済統計局：(http://kostat.go.kr/portal/korea/index.action/)
連合ニュース：(http://www.yonhapnews.co.kr/)
中央日報：(http://www.joins.com/)
東亜日報：(http://www.donga.com/)

朝鮮日報：(http://www.chosun.com/)

[英語文献（ABC 順）]

Campbell, Augus, Philip E.Converse, Warren E.Miller, and Donald E.Stokes,*The American Voter,* New York Wiley,1960.

Coulter.J. *The social construction of mind* London Macmillan,1979.

De Mooij, M.K.*Global Marketing and Advertising：Understanding Cultural Paradoxes,*Sage publications CA　1998.

Gudykunst, W.B.,S.M.Yang and T.Nishida,Cultural Differences in Self-Consciousness and Self-Monitoring,*Communication Research* 14,1987.

Marcus G.Mackuen M. Anxiety,enthusiasm, and the vote:the emotional underpinning of learning and involvement during presidential campaign,*American Political Science Review* 8,1993.

Miller J.G. Culture and the development of everyday social explanation, *Journal of Personality and Social Psychology,*1984.

あとがき

　このたび、多くの方々のご協力のおかげで本書を刊行する運びになったことは非常に感慨深いものがある。振り返ってみると、韓国語を基礎から学び韓国社会及び韓国政治に関して若干の知識を得て本書を刊行するまでに約20年の歳月を要したことになる。以前から、21世紀はアジアの時代になるとの確信から様々なアジアの言語の習得に努めたが、韓国語の習得が最も早かったという単純な理由から文献を読み漁り、現在まで韓国の歴史や政治に関して小論を発表してきた。韓国政治に焦点を絞って研究を進めてみると、大統領選挙や国会議員選挙において有権者の投票行動の特異性に非常に興味を覚えた。現実政治の中で、衆議院議員選挙、参議院議員選挙をはじめとして様々な選挙を実際に体験して来た経験から、韓国で出現する「地域主義」の現象に関心が向くことは当然の成り行きであった。このことが本書の執筆動機であるといっても過言ではない。

　本書の特徴として最初に挙げることができるのは、全国規模での政治意識調査の分析を通して「地域主義」の問題を検討したことにある。公的機関の援助もなく、政治意識調査を個人の力で行うことは非常な困難を伴ったが、様々な方々の物心両面にわたる励ましと援助のお蔭で無事に完了することができた。政治意識調査の分析がどの程度成功しているかは、今後の研究者の論評を待つばかりである。政治意識調査の結果は「地域主義」の問題が韓国独自の政治文化と密接な関係があることを示唆し、「地域主義」は先行研究が抽出したような特定の要因に根拠を求めるのではなく多元的に把握しなければならないことを示している。したがって、韓国独自の政治文化を形成してきた要因である

韓国人の社会的性格を抽出し、独自の分析を試みたことに本書の特徴があるといえる。特に、「우리（ウリ）共同体」という用語を提示し韓国人の社会的性格について論じていることに大きな特徴を持つといえる。韓国文化の理解のためには韓国性理学に対する知見が不可欠であり、退渓・李滉、栗谷・李珥、茶山・丁若鏞などの大儒学者の言説の理解が必要となり、とりわけ朱子の著した『大学章句』の熟読が求められると考える。京都大学の小倉紀蔵准教授は、韓国は一種の哲学空間であることを指摘しておられるが全く同感である。すなわち、韓国人の社会的性格の形成過程において韓国性理学は大きな役割を担っているといえるのである。

韓国の有権者の投票行動に表出する「地域主義」の問題を解明しようとの目的意識が韓国文化論の扉を開く契機となった。国家を理解するためには、その構成員である国民への理解が必要不可欠である。したがって、韓国文化論を論じる一方途として韓国人の社会的性格を分析し理解することは韓国を理解する一助となるものと信じる。近年の変貌する東アジアの国際状況の中にあって、日本にとり隣国である韓国との相互理解は極めて重要であると考える。本書では、「우리（ウリ）共同体」意識という用語を用いて韓国人の社会的性格を分析している。この部分関しては試論的性格を持つものであり、今後様々な検討が必要である。韓国人の社会的性格の形成過程に関しては、思索を深め別に稿を新しくしたい。

本書を執筆するに当たり、多くの方々に感謝を申し上げなければならない。最初に、早稲田大学の小林英夫教授には、浅学菲才の筆者に対して長期間にわたりご指導を頂き心から感謝申し上げる次第である。小林英夫教授には学問的な側面のみならず、文章表現の細部にわたるまで懇切丁寧にご指導頂いた。さらに、早稲田大学の後藤乾一教授、村嶋英治教授、東京経済大学の橋谷弘教授に対して心から感謝を申し上げたい。特に、橋谷弘教授には、政治意識調査の質問事項の作成の折にご多忙な公務の時間を筆者のために割いて頂き多くの貴重な指摘を頂戴した。政治意識調査の可否は質問事項の内容次第で左右されることはいうまでもない。もし、本書の中で分析を加えている政治意識調査が一

定の評価を受けることができるならば、そのことは橋谷弘教授のご指導のお蔭である。もちろん、調査結果に関する全ての責任は筆者にあることはいうまでもない。

　また、流通経済大学の尹敬勲准教授には本書を執筆するにあたり最もお世話になったことを記しておかなければならない。尹敬勲准教授の様々な分野での協力と援助がなければ本書が出版されることはなかったといっても過言ではない。尹敬勲准教授と交わした様々な議論を通して得られた知見は計り知れず、尹敬勲准教授の知識と洞察力には感嘆させられると共に非常に勉強になった。この場をかりて心より感謝の気持ちを表したい。また、韓国に関する文筆活動をされている野口文さんには、校正段階で原稿の校正をして頂いた。

　韓国でも様々な方々のお世話になった。ソウル大学校国際大学院の金顕哲教授には、社会調査に関して貴重な助言を頂くと共に、マクロゲイト社の최정택（チェジョンテク）社長をご紹介頂いた。さらには、金顕哲教授の助手を務めていた大学院生を様々な資料収集に協力して頂くことに許可を与えて頂いた。また、ソウル大学校国際大学院の韓栄恵教授には韓国での活動に便宜をはかって頂いた。ご配慮に深く感謝を申し上げたい。韓国の歴史研究で著名な韓国学中央研究院の朴成壽名誉教授には、何度となくお目にかかり貴重なご意見を頂戴した。ご自宅近くの仏光洞にまで何度も出向き、長時間にわたり先生の講義を拝聴できたことは幸運であった。さらに、先生の貴重な資料もお借りすることができ大変に参考になった。また、この場でお名前を挙げることはしないが、韓国では多くの方々に助力して頂いた。その方たちの援助がなければ到底本書は完成しなかったであろう。この場を借りて御礼申し上げたい。

　東学（天道教）の記述に関しては、現在の天道教教団の数多くの幹部の方々のお世話になった。毎日の如く仁寺洞にある天道教教団の本部に通い続けたことも今となっては良い思い出である。後に教団幹部から聞いた話であるが、頻繁に訪問する筆者のことを最初は日本から来たスパイのごとく考えていたことを聞いて驚いた。東学思想や天道教教団の内部事情に至るまで毎日の如く質問攻めにあった教団幹部の方々にしてみれば当然の反応であったといえる。し

かし、研究の趣旨を理解して頂いた後は、いつ訪問しても非常に協力的に対処してくださった。東学思想への理解が深まると19世紀末から20世紀中葉に至るまでの間に東学の果たした役割の大きさを再認識することになった。東学思想に関して研究されている日本人研究者は限られており、今後は東学に関する研究が進展することを願うばかりである。天道教関係者の中では、特に天道教宗学大学院で活躍されている鄭貞淑教化観長には本当にお世話になった。日本から来た異邦人の質問や資料収集に関して積極的に協力して頂き、東学に対する私の知識はもっぱら鄭貞淑教化観長のお蔭である。更に、天道教の前教領（前教主）金東煥氏、現教領（現教主）林雲吉氏には天道教教団の内部で活動するに際して様々な便宜をはかって頂いた。

　次に、2010年5月に実施した政治意識調査に関して述べなければならない。政治意識調査を成功させるために、今回の調査は早稲田大学アジア研究機構の名称で行うことができた。このことは早稲田大学アジア研究機構の奥島孝康機構長（当時）のご配慮がなければ不可能なことであった。本来ならばソウル大学と早稲田大学の共同名義で実施したかったのであるが、個人的な研究の目的での社会調査であるとの理由からソウル大学からは許可を頂けなかった。

　実際の調査は韓国の有力な調査会社であるマクロゲイト社に依頼したが、事前の打ち合わせにために何度も韓国を訪問し、質問事項の順序や内容に関して詳細な検討を重ねたことは良い思い出になっている。また、毎回の打ち合わせに日本から参加して下さった尹敬勲准教授に重ねて感謝申し上げると共に、根気強く筆者の要求に耳を傾けて下さったマクロゲイト社の최정택（チェジョンテク）社長に感謝申し上げたい。さらに、今回の社会調査は個人の経済力では不可能なことであったので、数多くの方々の援助を頂いた。特に、有限会社リモーネの浅見まゆみ社長には物心両面で多大なご援助を頂き心より感謝申し上げる次第である。

　最後になったが、今回の出版を快く引き受けていただいた社会評論社の松田健二社長にお礼を申し上げなければならない。本書が社会調査をベースにしている性格上、図表が多く掲載されていることから出版に関しては経済的にも困

難を伴うことを承知の上で出版を引き受けてくださったことに感謝したいと思う。また、編集を担当して頂いた新孝一氏には様々な身勝手に快く対応して頂いたことに感謝申し上げたい。

　本書において報告した社会調査の分析結果が韓国政治研究にささやかな貢献ができることを祈念するばかりである。

2011年9月

森康郎　記

［著者紹介］

森康郎（もり・やすろう）
早稲田大学理工学部卒業、早稲田大学大学院アジア太平洋研究科修士課程修了、早稲田大学大学院アジア太平洋研究科博士課程後期修了。博士（学術）早稲田大学。
早稲田大学理工学部有機合成化学研究室助手、参議院議員秘書、衆議院議員秘書、政治団体代表など政界において20数年にわたり活動。現在、早稲田大学ナノ理工研究機構研究戦略統括監。早稲田大学先端科学・健康医療融合研究機構客員主任研究員、早稲田大学アジア研究機構招聘研究員、東アジア研究所所長を兼務。
主要論文：「韓国の第17代大統領選挙における地域主義の特徴とその評価」『アジア太平洋研究科論集』第17号、「韓国における憲法改正過程と問題点」『アジア太平洋研究科論集』第18号、「東学と『天主実義』」『アジア太平洋研究科論集』第19号、「3・1独立運動の再検討」『アジア太平洋研究科論集』第20号、「한국 영호남 지역의 전통문화 속에 담긴 정치정서와 정치이념 비교 연구」『Journal of the Korea Social Enterprise Studies』第1号（韓国語）。

韓国政治・社会における地域主義

2011年10月6日　初版第1刷発行

編著者＊森康郎
装　幀＊後藤トシノブ
発行人＊松田健二
発行所＊株式会社社会評論社
　　　　東京都文京区本郷2-3-10
　　　　tel.03-3814-3861/fax.03-3818-2808
　　　　http://www.shahyo.com/
印刷・製本＊倉敷印刷株式会社

Printed in Japan

朝鮮半島 危機から平和構築へ

●菅英輝編　　四六判★2300円

米国・日本・韓国・中国・ロシアの対北朝鮮政策を分析し、危機と対立の構造から緊張緩和と平和構築へ到る可能性を探る。この地域の多国間安全保障システムの構築をめざす日韓両国の共同研究の成果。

朝鮮半島の新ミレニアム
分断時代の神話を超えて

●李泳禧　　四六判★2000円

南北首脳会議の歴史的意義。朝鮮戦争以後、半世紀にわたる南と北の偶像と神話を超えて、人間らしい生が具現される新たな民族共同体の形成として統一を展望する韓国知識人の最新評論集。

韓国プロテスタントの南北統一の思想と運動
国家と宗教の間で

●李鎔哲　　A5判★3200円

80年代の韓国にあって、既存の政治秩序の批判的変革をめざし、対話と寛容をもって南北の平和的統一を図ろうとしたプロテスタントの運動。「政教間対立」から市民社会における合意形成の試みを考察する。

現代韓国の社会運動
民主化後・冷戦後の展開

●金栄鎬　　四六判★2600円

民主化運動をリードした韓国の在野運動は、多様な展開を見せつつ、いまなお韓国政治のあり方を深部で規定し続けている。民衆運動の急進化、市民運動の分化、政権との関係、諸運動の組織的な推移と主張など。

光州 五月の記憶
尹祥源・評伝

●林洛平　　A5判★2700円

1980年5月27日未明、光州の全羅南道道庁に立て籠もり、戒厳軍の銃弾に倒れた市民軍スポークスマン尹祥源の生涯。光州市民の民主化のたたかいの全容と尹祥源をとりまく青春群像を描く。

韓国経済 挫折と再挑戦

●姜英之　　四六判★2000円

金融危機と再編、大量失業と労働紛争の激化、財閥改革と世界的企業の誕生、IMF体制下の経済改革。10年にわたる激動する韓国経済の構造を平易に分析。あわせて日韓経済協力の実態を解明する。

現代アジアのフロンティア
グローバル化のなかで

●小林英夫編著　　四六判★2000円

アメリカ主導のグローバル化の波が、日本も含めたアジアを変えている。21世紀アジアはどこへいくのか。第一線研究者が論じる。

アジア自動車市場の変化と日本企業の課題
地球環境問題への対応を中心に

●小林英夫　　A5判★2800円

いま、世界の注目を浴びているアジア自動車市場。特に中国市場はいまやアメリカを抜いて世界最大だ。日本の自動車・同部品企業は、この巨大市場とどのように向き合うのか。その現状と課題を分析する。

表示価格は税抜きです。